Krischan Koch

Mordseekrabben

Für Dorfpolizist Thies Detlefsen aus dem nordfriesischen Örtchen Fredenbüll steht der Sommerurlaub an. Wie jedes Jahr geht es mit der ganzen Familie rüber nach Amrum. Ehefrau Heike freut sich auf die Wellness-Pension, doch dort entdecken die Zwillingsmädchen gleich mal einen toten Golfspieler in ihrem blau-weißen Friesenbett. Noch ehe Thies die Dienstmütze aufsetzen kann, ist die Leiche wieder verschwunden. Gibt es den Toten wirklich oder regt die Hitchcock-Reihe im Inselkino die Fantasie der Urlauber zu sehr an? Da tauchen zwei weitere Tote auf, und für Thies ist sonnenklar: Ein Serienmörder geht um auf der Nordseeinsel!

Krischan Koch wurde 1953 in Hamburg geboren. Die für einen Autor üblichen Karrierestationen als Seefahrer, Rockmusiker und Kneipenwirt hat er sich geschenkt. Stattdessen macht er Kabarett und Kurzfilme und schreibt Filmkritiken u. a. für ›Die Zeit‹ und den NDR. Koch lebt mit seiner Frau in Hamburg und auf der Nordseeinsel Amrum, wo er auch seine Kriminalromane schreibt. Mit seinem Helden, dem Dorfpolizisten Thies Detlefsen, verbindet ihn die Liebe zur Nordsee, zu Krabbenbrötchen am Stehtisch und einem chronisch krisengeschüttelten Fußballverein.

Krischan Koch

Mordseekrabben

Ein Insel-Krimi

dtv

Von Krischan Koch
sind bei dtv außerdem erschienen:
Flucht übers Watt
Venedig sehen und stehlen
Ruhe oder es knallt!
Die Fredenbüll-Reihe:
Rote Grütze mit Schuss
Rollmopskommando
Dreimal Tote Tante
Backfischalarm
Pannfisch für den Paten
Mörder mögen keine Matjes
Friedhof der Krustentiere
Der weiße Heilbutt
Mord im Nord-Ostsee-Express
Schnappt Scholle
Krieg der Seesterne
Das Schweigen der Kegelrobben

MIX
Papier | Fördert gute Waldnutzung
FSC® C019821

Originalausgabe 2014
12. Auflage 2025

Tumblingerstraße 21, 80337 München
produktsicherheit@dtv.de
Umschlagkonzept: Balk & Brumshagen
Umschlagbild: Gerhard Glück
Gesetzt aus der Garamond 10/13·
Gesamtherstellung: Druckerei C.H.Beck, Nördlingen
Printed in Germany · ISBN 978-3-423-21515-2

Für Mia, Nora, Leoni
und die Zwergseeschwalben

»Als er noch lebte,
hatte ich nicht halb so viel Ärger mit ihm.«
Alfred Hitchcock, ›Immer Ärger mit Harry‹

1

»Bounty spielt mit seiner Band drüben auf der Insel.« Imbisswirtin Antje zieht energisch einen Frittierkorb mit Pommes aus dem heißen Fett. »Solidaritätskonzert für die Löffelente.«

»Löffel…ente?« Piet Paulsen, Landmaschinenvertreter im Ruhestand und einer der drei Stammgäste in dem Stehimbiss »De Hidde Kist«, wundert sich. »Is mal wat anderes.«

»Hast nich in der Zeitung gelesen, auf der großen Salzwiese auf Amrum is 'ne Löffelente vom Golfball getroffen worden – tödlich!«

»Wat?«, krächzt Paulsen und schiebt sich die Gleitsichtbrille auf die Nase zurück. »Auf Amrum gibt's doch gar keinen Golfplatz.«

»Eben! Is doch komisch.«

Das rötliche Blitzen der Radarfalle zuckt kurz auf. Für einen Moment scheint alles stillzustehen. Der grüne Jaguar-Oldtimer wirkt wie auf dem Asphalt festgeklebt. Sogar der Schwarm Eiderenten scheint im Flug erstarrt. Es ist nur der Bruchteil einer Sekunde. Dann rast die englische Limousine weiter die Küstenstraße hinunter und die Enten flattern lärmend über den Deich unter dem knallblauen Himmel hinweg Richtung Wattenmeer und Inseln davon.

»Hundertdreiundfünfzig! Alle Achtung!«, sagt Thies Detlefsen. »Tagesbestzeit.« Das sind zwei Punkte in Flensburg, mindestens, rechnet Thies. »Und der Führerschein ist erst mal für ’n Weilchen weg.« Der Fredenbüller Dorfpolizist kann sich ein breites Grinsen nicht verkneifen. Postbote Klaas, der seinen Freund im Einsatzfahrzeug gerade mit einem Kaffee aus dem Imbiss versorgt, nickt anerkennend.

Groß und deutlich zeigt der Monitor des Traffipax die gemessene Geschwindigkeit und ein gestochen scharfes Foto des Temposünders, der lässig, einen Arm aus dem Seitenfenster gehängt, hinter dem Steuer sitzt. Der Mann trägt Sonnenbrille und längeres, mit Brillantine nach hinten gekämmtes Haar. Auf der Rückbank des vorbeiflitzenden Oldtimers sieht Thies ein Bündel Golfschläger ins Heckfenster ragen. Neben dem Hamburger Nummernschild prangt unübersehbar ein Aufkleber: »Golfers do it on the Green«.

»Wenn er seinen Lappen los ist, darf er noch öfter ins Grüne«, sagt Klaas. »Auf’m Fahrrad mit seine Golftasche immer schön am Deich lang.«

Zum Ferienbeginn hat Thies Detlefsen wieder seinen Radarblitzer an der Landstraße hinter dem Ortsausgang von Fredenbüll aufgestellt, wo so mancher Autofahrer auf dem graden Stück wieder kräftig Gas gibt. Der Polizeiwagen steht ein Stück weiter versteckt hinter dem Reklameschild vom Geflügelhof Dossmann: »Freiheit, die man schmeckt«.

Thies Detlefsen braucht dringend neue Kundschaft. Nach den spektakulären Mordfällen ist es in dem nordfriesischen Örtchen bedenklich ruhig geworden. Und schon dringen aus dem Kieler Innenministerium wieder alarmierende Gerüchte, dass die Polizeinebendienststelle in Fredenbüll dichtgemacht werden soll.

Mit der Kriminalität stand es in den letzten Wochen tatsächlich nicht zum Besten. Sogar der Eppendorfer HNO-Professor in seinem schnieken Reetdachhaus am Deich hat seine Beschwerden über den Jauchemief eingestellt. Den Geflügelhof von Dossmann hatten sie schließlich wegen eines Dioxinfunds in seinen »Fredenbüller Landeiern« vorübergehend geschlossen. Außer ein paar Falschparkern am Deich war in letzter Zeit nicht viel gewesen. Für Thies ist es sonnenklar: Nach dem Urlaub muss was passieren.

»Aber Mord ist eben Glückssache«, sagt er zu Klaas, wischt sich resigniert den Schweiß von der Stirn und richtet den blonden Frontigel.

»Ja, dat muss schon irgendwie passen«, weiß inzwischen auch der Postbote, der Thies, wenn Not am Mann ist, immer mal als Assistent zur Hand geht.

Der Bettenwechsel auf den Inseln am Samstag hilft ein bisschen, über die flaue Zeit zu kommen. Urlauber aus dem Süden, die den halben Tag vor dem Hamburger Elbtunnel im Stau gestanden haben, versuchen auf den graden Strecken am Deich entlang die verlorene Zeit wieder einzuholen, um die gebuchte Fähre noch zu erwischen. Das ist die Chance für Thies. Dafür hat er sogar seinen ersten Urlaubstag geopfert. Seine Frau Heike ist mit den Zwillingen schon nach Amrum vorgefahren.

Nach einem weiteren Hamburger mit Golfschlägern im Heck tappt ein bis unters Dach mit Zeltplanen und allerlei Krempel vollgepackter und mit seltsamen Symbolen wie aus einem Fantasy-Comic besprayter VW-Bus mit defektem Auspuff und vergleichsweise müden hundertzwanzig in die Radarfalle. Alles dabei, aber bestimmt kein Warndreieck, denkt Thies noch. Plötzlich wird das Geknatter des Kleinbusses durch das Röhren eines aufdrehenden Motors aus Richtung Fredenbüll übertönt. Dann zuckt ein Blitz über die Deichlandschaft, sofort darauf ein zweiter.

»Die Hamburger bringen deinen Blitzer hier gleich zum Glühen.« Klaas wird vom Zugucken schon warm und knöpft sich die Postjacke auf.

»Ja, der Umsatz stimmt heute. Bettenwechsel auf den Inseln, dat is für mich wie verkaufsoffener Sonnabend vor Weihnachten.«

»Saisongeschäft, nä.«

»Wir haben auch übers Jahr im ganzen Kreis Nordschleswig nirgends so viele Tempoverstöße wie bei uns in Fredenbüll.«

»Na ja, Thies, finden aber auch nirgends so viele Kontrollen statt wie in Fredenbüll.«

Das erste der beiden Autos – der Monitor des Traffipax zeigt hundertsechsundsechzig km/h – ist ein silberner italienischer Sportwagen mit Hamburger Kennzeichen und einer blonden Frau am Steuer. Thies hat das Modell bisher nur in der Autozeitung gesehen, aber er erkennt es sofort: ein neuer Maserati Gran Tourismo. Unglaublich! Davon sind gerade mal hundert Fahrzeuge in Deutschland zugelassen, weiß Thies. Auf dem

Heck erkennt er wieder diesen Aufkleber »Golfers do it on the Green«. Hinter dem Maserati klebt ein Alfa-Coupé, dessen Fahrer sich von dem Blitzen der Radarfalle überhaupt nicht beeindrucken lässt. Er setzt mit einem Seitenhüpfer zum Überholen an. Seite an Seite schießen die beiden Autos nebeneinander den Deich entlang, ehe sie sich mit einem fernen Röhren in der Weite der Küstenlandschaft verlieren.

Das Bild des Alfa-Fahrers kann Thies auf seinem Monitor nur undeutlich sehen. Hinter den dunkel getönten Scheiben meint er einen südländischen Mann im dunklen Anzug mit Sonnenbrille zu erkennen. Aber das italienische Kennzeichen der dunkelblauen Alfetta ist deutlich zu sehen.

»PA?«

»Pisa?« Klaas zieht seine Postjacke aus.

»Pisa?« Thies überlegt. »Nee, Palermo!« Er ist sich auf einmal ganz sicher. »Na, Klaas, klingelt da wat?«

»Komm, Thies, hör auf, nich schon wieder Selbstmordattentäter.« Hinter jedem Falschparker am Deich wittert Thies immer gleich einen terroristischen Hintergrund.

»Klaas! Überleg doch mal! – Palermo! – Mafia!«

»Komm, Thies, der hat 'ne Pizzeria auf Föhr, oder so.«

»Alles nur Tarnung.« Thies Detlefsen ist jetzt voll in seinem Element. »Palermo! Dat is einer von der Mafia. Ganz klar!«

»Meinst du?« Klaas blickt ungläubig. »Wat will die Mafia denn bei uns in Nordfriesland? Dat bringt doch nichts.«

Während der Reiseverkehr auf der Landstraße vorbeirauscht, bleibt das nordfriesische Örtchen Fredenbüll an diesem sonnigen ersten Ferientag davon weitgehend unbeeindruckt. Vor dem Schaufenster des Frisiersalons »Alexandra«, der vor Kurzem erst Schauplatz eines grauenhaften Mordes war, sonnen sich Lehrling Janine und Chefin Alexandra gleich neben dem Schild »Neu: Chinesische Kopfmassage«. Edeka-Mann und Bürgermeister Hans-Jürgen Ahlbeck schiebt ratternd eine Palette mit Leergut über den kaum besetzten Parkplatz seiner kleinen Filiale und kommt dabei mächtig ins Schwitzen.

Nur in dem Fredenbüller Imbiss »De Hidde Kist«, wo Wirtin Antje »Internationale Spezialitäten« von der berühmten Roten Grütze bis zum »Putenschaschlik Hawaii« serviert, herrscht Hochbetrieb. Neben der Stammbesetzung an Tisch zwei, Piet Paulsen, Postbote Klaas und Dorfpolizist Thies Detlefsen, die ihren Beobachtungsposten hinter dem Dossmann'schen Reklameschild mittlerweile aufgegeben haben, ist ausnahmsweise auch der andere Stehtisch besetzt. Ein Elternpaar aus dem Schwäbischen, das die gebuchte Fähre verpasst hat, versucht seine beiden quengelnden Kinder mit einer dreifachen Portion Pommes ruhigzustellen. Die Eltern teilen sich nach eingehendem Preisvergleich eine »Riesenknacker mit Kartoffelsalat«.

»Mr sotts ned denga. Fascht vier Euro für so a Würschtle.«

Piet Paulsen mustert die Durchreisenden über seine Gleitsichtbrille hinweg. »Dat is aber auch die Riesenknacker«, krächzt der Landmaschinenvertreter im

Ruhestand und zerlegt fachkundig sein Putenschaschlik. Imbisshund Susi wendet sich angeekelt ab. Seit einer Fleischvergiftung nach einer Großpackung Paprikaknacker mit abgelaufenem Verfallsdatum ist der Schäfermischling Vegetarier.

»Heute ordentlich was los hier bei dir, Antje.« Zwischen zwei Fähren genehmigt sich Thies einen Latte Macchiato und Croque »Störtebeker«, die neusten Errungenschaften in »De Hidde Kist«.

»Wie immer, Thies, Coffee to go?«, fragt die vollschlanke Imbisswirtin.

»Ja, Antje, aber einen zum Hiertrinken.«

In der einen Hand eine Schale mit Kartoffelsalat, bedient Antje mit der anderen die neue italienische Kaffeemaschine. »Und morgen wollt ihr mich alle verlassen und nach Amrum rüber?«

»Wieso, wer denn noch?«, wundert sich Thies.

»Piet hab'n sie nach zehn Jahren jetzt endlich seine Kur genehmigt.«

»Eigentlich wollte ich ja nach Davos runter«, erklärt Paulsen und pult sich die Reste des Putenschaschliks Hawaii aus den zu groß geratenen dritten Zähnen. »Und jetzt is wohl spontan im ›Mutter-und-Kind-Heim‹ auf Amrum wat frei geworden.« Wie zur Begründung seiner Kurmaßnahme lässt Paulsen die Zahnpflege in ein Husten übergehen.

»Piet bei den jungen Müttern, wenn dat man gut geht«, feixt Postbote Klaas.

»Mal was anderes.« Paulsen lässt den Verschluss zweier kleiner Jägermeisterfläschchen knacken und reicht Klaas eine.

»Prost Piet. Auf deinen Kuraufenthalt.«

»Ich hoffe mal, dass ich dat überleb. So 'n Putenschaschlik wie bei Antje kriegst du auf den ganzen Inseln nich.«

Mischlingshündin Susi sieht traurig zu ihm hoch.

»Und teuer is dat Essen dort«, sagt Klaas.

Dem schwäbischen Familienvater bleibt vor Schreck das letzte Stück Riesenknacker im Hals stecken.

Antje serviert Thies seinen Kaffee. »Statt Scampis machen die auf Sylt jetzt wieder Currywurst und dazu Schampus.«

»Auf den Inseln drehen sie langsam durch.« Der kleine Postbote streicht sich die verschwitzten Haare aus dem Gesicht.

»Und statt Geländewagen fahren sie auf einmal alle Oldtimer. Hinten drin alle so 'ne Golftasche«, sagt Thies.

»Wo die mit ihre Golfschläger bloß auf einmal alle hinwollen?« Paulsen nimmt zur Feier des Tages ein zweites Jägermeisterfläschchen in Angriff.

In Thies' eng sitzender Polizeijacke vibriert es. Er kramt das Handy heraus. Am anderen Ende meldet sich Knut Boyksen, sein alter Kollege, der seit der Pensionierung wieder auf seiner Heimatinsel Amrum lebt.

»Thies, du musst sofort die nächste Fähre nehmen.« Boyksen klingt für seine Verhältnisse seltsam aufgeregt.

2

Eine laue Brise pustet von Nordost müde ein paar Wellen über die See. Zwischen den Möwen brummt wie ein Spielzeug eine kleine Propellermaschine Richtung Sylt über den Himmel. Alles strahlt an diesem Sommertag in sattem Blau. Nur der Kniepsand ist als leuchtend goldener Strich einmal durchs Bild gezogen. Wie daraufgestellt wirkt der rot-weiß gestreifte Amrumer Leuchtturm. Heike Detlefsen hält ihr Gesicht mit der neuen Gucci-Riesensonnenbrille, die sie zum Sonderpreis auf der letzten Shoppingtour in Hamburg erstanden hat, ins gleißende Licht. Ihre Zwillinge Telje und Tadje haben sich die Zeit auf der Fähre mit dem neuen Spielzeug-Polizei-Set, den Oma und Opa zum Ferienbeginn spendiert haben, vertrieben. Jetzt turnen sie mit Polizeimütze und Kelle unter den bewundernden Blicken eines blassen Jungen auf der Reling herum. Tadje hat ihre Schwester mit Handschellen ans Geländer gekettet und hält sie mit einer babyblauen Erbsenpistole in Schach.

Die »Utlande« ist noch ein ganzes Stück vom Anleger entfernt, schon drängeln die Urlauber mit ihren Rollkoffern nervös gen Ausstieg im Bug. Die ersten Autofahrer lassen bereits die Motoren an. Die Tagesausflügler satteln ihre Rücksäcke und blockieren die Treppen zum Unterdeck. Stammgäste drängen den

Mitreisenden die ultimativen Geheimtipps für die Insel auf. Protestierenden Kindern wird die erste Ölung mit Sonnenmilch verabreicht. Auf dem Autodeck zwängen sich zwei agile Rentnerinnen mit Baseballkappe und Walkingstöcken durch Familien mit Kleinkindern hindurch, an Sackkarren, Bobby Cars und Riesenrucksäcken vorbei auf die Rampe.

»Na, ihr Süßen, schon vorher von Bord oder erst mal warten, bis wir anlegen?«, blafft der Fährmann der »Wyker Dampfschiff Reederei« die beiden provozierend an und verzieht dabei keine Miene. Die sportlichen Seniorinnen stoßen ein kleinlautes Juchzen aus. Doch nachdem die Fähre mit einem stählernen Rumpeln angelegt hat, staksen sie als Erste im Walkingschritt mit einem kleinen Mann um die Wette über die Anlegebrücke. Das Männchen zieht seinen Rollkoffer nicht, sondern wird von dem übermächtigen Gepäckstück zum Bus geschoben und stolpernd als Erster durch die sich schnaufend öffnende Bustür geschubst.

Vor dem Anleger wartet der Kleinbus des Norddorfer Hotels auf Hausgäste. Auf den Anschlagtafeln vor dem Tourismusbüro hängen neben Ankündigungen zur nächsten Wattwanderung und den heutigen Wassertemperaturen mehrere Filmplakate. Im Inselkino läuft während der Ferien eine Reihe mit Hitchcock-Klassikern: ›Immer Ärger mit Harry‹, ›Die Vögel‹, ›Cocktail für eine Leiche‹. Daneben der Schaukasten des Hamburger Großmaklers »Jungius & Schacht« mit den neusten Eigentumswohnungen unter Reet zu Schnäppchenpreisen ab einer halben Million. Unmittelbar darunter hängt ein Poster: ROCK

DIE DÜNE – Solidaritätskonzert für die Löffelente mit »Stormy Weather«.

»Mama, guck mal, Bounty tritt hier auf!«, rufen die Detlefsen-Zwillinge, die auch von ihren Eltern kaum auseinanderzuhalten sind, voller Stolz im Chor.

Ein bisschen mehr als in Fredenbüll ist ja los, stellt Heike Detlefsen fest. Aber um den Fredenbüller Althippie Bounty und seine Band »Stormy Weather« zu erleben, hätte sie nicht unbedingt in Urlaub fahren müssen. Bounty geht ihr mit seinen Stones-Klassikern aus den Siebzigern bei jedem örtlichen Feuerwehrfest gehörig auf die Nerven. Irgendwie hatte Heike sich ihre Ferien sowieso anders vorgestellt. Während sie im Bus eingezwängt zwischen hektischen Urlaubern, einen Rucksack vor dem Gesicht und ein Surfbrett in den Rippen, die Insel Richtung Norddorf hinaufschaukelt, träumt Heike von Kokospalmen an weißen Stränden, vom Käpt'ns-Dinner in Abendgarderobe, von exotischen Früchten und feurigen Salsatänzern unter nachtblauem Karibikhimmel.

»Leuchtturm! Campingplatz!«, plärrt die Durchsage aus dem Buslautsprecher. »Blaue Maus!«

»'ne blaue Maus? Das gibt's doch gar nich!«, ruft die dösige Tadje durch den ganzen Bus.

»So heißt die Kneipe hier. Hat über hundert Whiskeysorten«, doziert ein Stammgast mit Schiffermütze aus Frottee, ebenfalls blau.

»Wissen wir«, sagt Heike genervt. »Wir sind von hier… das heißt vom Festland.« Sie drängelt sich mit Gepäck und Kindern Richtung Tür, um auszusteigen. Bei der Gelegenheit schmiert ihr ein fremdes

Kind den öligen Belag eines Fischbrötchens auf die neuen Shorts.

»Passen Sie doch auf!«, ranzt sie die Mutter des Kindes an.

»Mama, ich will auch so ’n Fischbrötchen«, quakt Telje, wobei ihr im Gedrängel die weiße Polizeimütze ins Gesicht rutscht.

Es ist ein strahlender Sommertag an der See. Der Wetterbericht für die nächsten Tage ist allerdings katastrophal. Heikes Stimmung verfinstert sich zusehends. Seit einem ganzen Jahr hat sie Thies nun bearbeitet, um ihn zu einer Kreuzfahrt zu überreden. Sie hatte ganze Stapel von Prospekten durchforstet, bis sie dieses tolle Sonderangebot gefunden hatte: »Auf den Spuren von Odysseus«. »So ’n büschen Kultur würd uns auch nich schaden«, hatte Heike gemeint. So lange auf See herumzuirren wie dieser Odysseus, das könne er sich schon rein beruflich nicht erlauben, war Thies’ lapidare Antwort gewesen.

Es ist immer dasselbe. Heike liebt die Abwechslung. Alle paar Monate wechselt sie mit tatkräftiger Unterstützung des Fredenbüller »Salons Alexandra« ihre Frisuren. Jetzt gerade hat sie ihren üblichen blonden Heuwagen auf dem Kopf mit ein paar orangenen Strähnchen veredelt. Und ab und an muss es ein schicker neuer Dreisitzer fürs Wohnzimmer oder wenigstens ein Windlichtset aus dem Dekoshop im fernen Flensburg sein.

Thies kann damit gar nichts anfangen. Er will, dass alles so bleibt, Fredenbüll, seine Polizeistation und das sommerliche Grillen am Deich. Statt auf die Malediven oder nach Griechenland fährt Thies im Urlaub am liebsten einfach mit der Fähre nach Amrum rüber. Dort sitzt er dann mit seinem alten Kollegen und früheren Chef Knut Boyksen am Steenodder Hafen, pult Krabben und diskutiert den rasanten Anstieg der Kriminalität in Nordfriesland. Heute Morgen, allerdings, hat er sich doch tatsächlich noch mal die Uniform angezogen, weil er ja unbedingt noch Jagd auf Raser machen wollte.

Heike ist immer noch sauer. Wieder ein Sommer mehr, in dem es, statt kühler Drinks an Bord eines Kreuzfahrtschiffes, morgendliche Krabbenkutterfahrten zu den Seehundbänken geben wird. Sie seufzt. Wenigstens hat sie Thies noch zu dieser neuen Wellnesspension überreden können.

Als Heike und die Zwillinge mit ihren Rollkoffern im Friesenhof »Pidder Lyng« vorfahren, hellt sich die schlechte Laune schon merklich auf. Die drei neuen, im traditionellen Stil gebauten Friesenhäuser machen schon was her. Auf den Terrassen stehen Deckchairs in Teak und Strandkörbe mit blau-weiß gestreiften Markisen. Zwischen den gewaltigen Reetdächern mit den majestätisch geschwungenen Gauben glitzert das Wattenmeer. An den gepflasterten Wegen zu den einzelnen Häusern stehen schmiedeeiserne Windlichter. Genauso schick wie auf Sylt, findet Heike. Die Besitzerin, Hannelore von Puttkammer, ist ja schließlich Sylterin, keine echte zwar, aber sie hat immerhin dreißig Jahre dort gelebt und eine Anlage mit Ferienapartments betrieben, bevor sie jetzt nach Amrum gewechselt ist.

Man kann noch erahnen, dass »Happy« Puttkammer, wie sie von allen genannt wird, in den Siebzigern auf Sylt ein echter Feger war. Ein Schwarzweißfoto der langbeinigen jungen Happy in Kampen mit Gunter Sachs auf dem Motorrad hängt gerahmt in der Rezeption des »Pidder Lyng«, daneben ein zweites, offensichtlich aus einem alten Modemagazin: Happy im Lack-Mini am Strand. Inzwischen haben die Sylter und Amrumer Sommer und etliche Gin Fizz ihre Spuren hinterlassen. Aber sie sieht immer noch gut aus in ihrem weißen Sommeranzug. Vielleicht ist sie eine Spur zu schlank gehungert und duftet eine Spur zu sehr nach Chanel. Die gegerbte braune Haut und die unzähligen Silberringe verleihen ihr etwas Indianisches. In der kunstvoll gestrubbelten Kurzhaarfrisur mischen sich blonde und graue Strähnen. Heike ist irgendwie beeindruckt. Die Sylter Haarstudios haben eben doch noch ein paar andere Frisuren drauf als der »Salon Alexandra« in Fredenbüll.

»Willkommen bei uns an der Nordsee auf Amrum«, sagt Hannelore Puttkammer mit kehliger Stimme. »Hier sagen alle ›Happy‹ zu mir.« Sie überreicht Heike und den Mädchen kleine aus Papier gefaltete Seeschwalben.

»Na ja, wir kommen auch von der Nordsee.«

»Aus Fredenbüll«, verkünden die Zwillinge im Chor.

»Hier gleich auf dem Festland?«, fragt Happy Puttkammer mit angedeutetem Naserümpfen. »Auch schön, so ganz urig, nich.«

»Urig? Na ja.« Heike weiß nicht recht, was sie sagen soll.

»Mein Papa is Polizist in Fredenbüll«, verkündet Tadje voller Stolz und kontrolliert den Sitz der Erbsenpistole in der Seitentasche ihrer Jeans. Telje klimpert mit den Handschellen, die sie am Gürtel trägt.

»Dann kann uns hier ja nichts mehr passieren«, sagt die Vermieterin und stößt einen theatralischen Lacher aus. »Wo ist er überhaupt?«

»Mein Mann wurde noch beruflich aufgehalten.«

»Oh, was Dramatisches?«

»Nö, nur Raser blitzen«, erklärt Telje.

»Das Wetter soll ja wohl nich so doll werden«, mault Heike.

»Ach was, heute Abend soll es mal einen Schauer geben, aber dann wird es wieder gut«, verspricht Happy Puttkammer. »Dann will ich euch mal in unsere Wohlfühloase einführen. Wir wollen hier ›Verwöhnmomente‹ schaffen, das ist mein Motto, und vor allem Momente der Entschleunigung.«

Heike blickt fragend.

»Ohmmmm …«, summt die Pensionswirtin und lacht. Die Zwillinge starren sie mit offenen Mündern an. »Und besonders stolz sind wir natürlich auf unseren neuen Wellnessbereich.«

»Wellness?!« Schon bei dem Wort fühlt sich Heike gleich viel besser.

Sie steigen ein paar Treppen ins Kellergeschoss. »Alles unterirdisch«, verkündet Happy stolz, als hätte das Saunen im Keller besonderes Flair. Auf den Stufen kommt ihnen ein nach Kräuterölen duftender Dreizentnermann im hauseigenen Bademantel mit Möwenaufdruck und hochrotem Kopf entgegen.

»Na, Herr Schulze-Rohr, wie war die Aroma-Massage?«

»Ich bin ein neuer Mensch«, japst der Dicke. Die Zwillinge sehen ihn staunend an.

»Wieso, wie sah er denn vorher aus?«, will Tadje wissen.

»Tadje!«, ermahnt ihre Mutter sie.

Während Happy Puttkammer eine Einführung in das »Erlebnisduschen«, die Klangschalenmassage und die Bio-Sauna mit Farblichttherapie gibt, turnen Telje und Tadje bereits auf dem Crosstrainer und der beheizbaren Ruhebank herum.

In ihre Ausführungen über die beim Ganzkörperwohlfühlen frei werdenden Energien klimpert der Klangschalen-Klingelton ihres iPhones, der bestens zu der Farblichttherapie passt.

»Einen Moment«, raunt Happy mit heiserer Stimme in ihr Telefon. Dann wendet sie sich an Heike. »Darf ich Ihnen einfach den Schlüssel für Ihr Apartment geben. Sie haben das ›Studio Rungholt‹. Sie wissen ja, das ist dieses versunkene Inselreich, ein nordfriesisches Altlantis, richtig spooky!« Sie macht eine Grimasse und schüttelt die Strubbelfrisur. »Aber keine Angst, bei mir gibt es keine Geister.« Happy Puttkammer lacht exaltiert. »Sie werden sehen, das Studio ist richtig schnuckelig.«

Die Ferienwohnung ist tatsächlich schnuckelig, findet Heike auch. Schon das gemalte Schild mit den über einen Nachthimmel springenden Schäfchen und der

Aufschrift »Bitte nicht wecken!«, das an der Tür hängt, sieht aus wie aus der neusten »Landlust«. Gestreifte Polstersessel, geölte Holzböden, eine Küchenzeile in weiß gebeiztem Holz mit Blick auf Reetdächer, auf der Fensterbank Holzmöwen und dahinter das Wattenmeer. Das ist was anderes als der Dreisitzer aus dem Möbelcenter und ihr Teppichboden aus dem Baumarkt zu Hause, findet Heike. Tadje und Telje toben einmal durch das gesamte Apartment.

»Mama, Mama, im Schlafzimmer liegt 'n Mann im Bett«, ruft da Tadje quietschvergnügt, während Heike voll und ganz damit beschäftigt ist, die schweren Rollkoffer halbwegs unfallfrei über die dänischen Webläufer zu bugsieren.

»Na ja, wenn's weiter nix is.« Sie ist diese Spielchen inzwischen gewohnt. Seit bei Tadje im Zeugnis stand, sie solle sich am Unterricht lebhafter beteiligen, geht mit dem dösigen Kind gerne mal die Fantasie durch. »Mama, wirklich, da liegt einer im Bett.« Zwillingsschwester Telje klingt nicht halb so begeistert und lässt verschreckt die Spielzeug-Polizeikelle hängen. »Er hat noch seine ganzen Klamotten an.«

»Und er hat seine Schuhe gar nich ausgezogen«, petzt Tadje. »So ganz komische Fußballschuhe.«

Heike stürzt ins Schlafzimmer mit dem Himmelbett. Sie traut ihren Augen nicht. Ist das ein Gag des Hauses, eine neue Form des Erlebnistourismus, versteckte Kamera oder so etwas? In dem Bett mit der friesisch-blauen Bettwäsche liegt ein Mann. Kein Zweifel. Ein fremder, auffallend ruhiger Mann. Er trägt einen gelben Sportpullunder mit einem aufgestickten Golfschläger.

Die Beine der karierten Hose sind ein Stück hochgerutscht und geben den Blick frei auf blau-gelb karierte Burlington-Socken und auffällige Schuhe, weiß-braune Schuhe mit einem Lochmuster und seltsamen Stollen. Golfschuhe, vermutet Heike.

»Moin.« Mehr bekommt Heike nicht heraus.

Sie muss sich zwingen, hinzusehen. Eine längere Haarsträhne, die der Fremde normalerweise wohl von einem Ohr zum anderen einmal quer über den Kopf gelegt trägt, ist unschön verrutscht. Und noch etwas fällt Heike sofort auf. Für einen golfenden Nordseeurlauber zur Hauptsaison ist der Mann bemerkenswert blass.

Plötzlich wird Heike schwindelig und es sieht aus, als würde vor der Szenerie ein schwarzes Rollo heruntergezogen werden. Nacheinander verschwinden der duftige Himmel des Bettes, die Holzmöwen auf der Fensterbank und die friesische Bettwäsche – und schließlich auch die gelben und hellblauen Rhomben der Burlington-Socken. Heike wird unsäglich müde und fällt augenblicklich in einen tiefen angenehmen Schlaf. Einen letzten Gedanken hat sie noch: Bitte nicht wecken!

3

Mit einem dreckigen Grinsen schiebt sich Raik Rettmer die monströse Schutzbrille auf die Nase und wirft seine Motorsense an. Er lässt sie lautstark aufheulen und schwingt das sperrige Gerät einmal durch die Luft über das Gras – wie ein Golfspieler seinen Schläger vor dem Abschlag. Das Grinsen ist jetzt aus seinem Gesicht gewichen. Mit grimmiger Miene geht Raik Rettmer auf struppige Grasbüschel und ein paar widerspenstige Strandastern am Rand des kleinen Deiches los, der die Wellnesspension »Pidder Lyng« zum Wattenmeer hin schützt. Er rasiert die Gräser bis auf die Narbe herunter, bis die Messer der Sense nur noch Sand aufwirbeln. Er muss mit dem Mähen in der nächsten Stunde durch sein. Pünktlich zum Ferienbeginn ist Tief »Helga« angekündigt worden, für den späteren Nachmittag ist heftiger Regen vorhergesagt. Und dann hat er abends schließlich noch einen anderen Job.

Raik genießt es, die Touristen zu nerven, diese Schnösel vom Festland ordentlich zu ärgern. Wenn die neuen Feriengäste sich zum ersten Frühstück auf der Terrasse niederlassen, dann wirft Raik Rettmer regelmäßig den Rasenmäher an. Oder er gönnt sich einen morgendlichen Gang mit dem Laubpuster über die Gartenwege, so lange, bis Happy Puttkammer ihn zurückpfeift.

»Raik-Darling, bist du von allen guten Geistern verlassen?«, wettert sie dann. Dieses »Raik-Darling« bringt ihn regelmäßig zur Weißglut, dass er am liebsten mit einem seiner Gartengeräte auf die Sylter Schnepfe losgehen würde. Aber in der Regel ist die Dame des Hauses gar nicht anwesend, sondern sitzt bei einer »Latte« im Strandcafé oder in der »Kombüse« an der Bar beim Krabbencocktail. Raik kennt die Reihenfolge ihrer Lebensphasen ganz genau. Erst Modeln, dann kam Yoga, Häusereinrichten, Weine, Tabletten, Entzug, Fitness, und jetzt ist sie wieder beim Häusereinrichten angekommen.

Happy Puttkammer und Raik Rettmer haben das Talent, sich gegenseitig an den Rand des Nervenzusammenbruchs zu bringen. Und das hat seine Gründe. Rettmer hatte auf dem Land, auf dem jetzt die Häuser der neuen Wellness-Oase von Hannelore Puttkammer stehen, seit seiner Kindheit in einem kleinen alten Reetdachhäuschen gewohnt, die meiste Zeit zusammen mit seiner Mutter. Sein Vater, der zur See fuhr, war in Raiks früher Kindheit mit einem Fischkutter beim Kabeljaufang im Nordmeer verunglückt. Seine Mutter schlug sich auch noch im höheren Alter im Sommer als Serviererin durch. Außerdem wurden die beiden Schlafzimmer unter dem Dach in der Saison an Feriengäste vermietet. Raik schlief solange auf dem Sofa in der Stube, seine Mutter in der Küche.

Nach einer Jahrzehnte zurückliegenden Kochlehre auf dem Festland war er gleich wieder nach Hause zu seiner Mutter gezogen. Er hatte in verschiedenen Lokalen auf der Insel als Koch gearbeitet, war aber immer wieder aus seinem Job geflogen. Raik kann ordentlich anpacken. Aber seine Beliebtheit hält sich in Grenzen. Schon als Jugendlicher war er gefürchtet. Er hatte eines von dreien und eindeutig das lauteste Moped der Insel. Die gleichaltrigen Jungen hatten Respekt vor ihm. Bei den Amrumer Mädchen kam der Rüpel mit den schwarzen, immer etwas fettig ins Gesicht hängenden Haaren und den damals schon schlechten Zähnen nicht ganz so gut an. Bis heute ist er allein geblieben.

Vor vier Jahren war seine Mutter beim »Großen Galaabend der Volksmusik« vor dem Fernseher eingeschlafen und nie wieder aufgewacht. Das hatte Raik nachhaltig aus der Bahn geworfen. Danach stapelten sich in der Küche der Abwasch und vor allem das Leergut. Überall in dem kleinen Haus tummelten sich nicht nur Woll-, sondern auch echte Mäuse. In den niedrigen engen Räumen roch es spakig. Zwei Stammgäste aus dem Ruhrgebiet, die seit Jahrzehnten bei den Rettmers Urlaub machten, verließen fluchtartig das Ferienquartier. Das Touristikbüro strich Raik Rettmer relativ schnell aus dem Gastgeberverzeichnis.

Die alte Kate war schon vorher in keinem guten Zustand gewesen. Im Winter kroch Feuchtigkeit die Wände hoch. Im Sommer roch es aus dem Ofen nach Ruß. Durch das über die Jahrzehnte dünn und brüchig gewordene Reet regnete es immer wieder. Das Haus war dringend renovierungsbedürftig. Aber für eine grundlegende Sanierung fehlte Rettmer das Geld. Als Hannelore Puttkammer ihm neunzigtausend Euro für das marode Haus bot, akzeptierte Raik, ohne lange zu überlegen. Vorher hatte Happy ihm noch vorgesäuselt, wie »süß« und »schnuckelig« sie die alte Kate finde. Doch keine Woche nach der Eintragung ins Grundbuch rückte das Bauunternehmen Pohlmann vom Festland mit einem Abrissbagger an. Nach einer weiteren Woche stand von Raik Rettmers Elternhaus kein Stein mehr auf dem anderen.

Nachdem Happy Puttkammer dann auf dem großen Wiesengrundstück, das vorher angeblich immer unter Naturschutz gestanden hatte, die drei großen Reetdachhäuser hingebaut hatte, war Raik mit einem Schlag klar, dass die blonde Happy ihn eiskalt über den Tisch gezogen hatte. Und von den neunzigtausend Euro war praktisch nichts mehr übrig. Es ist nicht so, dass Raik das Geld auf den Kopf gehauen hätte. Viel schlimmer. Er hat es seinem Bankberater anvertraut und in der sicheren Erwartung auf eine schnelle Vermehrung in verschiedenen Aktienoptionen und Derivaten angelegt. Die Optionsscheine auf chinesische Solaraktien und der in der Karibik gemanagte Shipping-Fonds hatten allerdings ins Minus gedreht, wie der Flensburger Bankfritze es formulierte. Dass schon seinem Vater die See zum Verhängnis geworden war, hätte Raik eine Warnung sein können. Mit den im Depot verbliebenen Fünftausend wartete er jetzt auf eine Erholung der chinesischen Solarbranche.

Dass dieselbe Bank, die sein Geld in den Sand gesetzt hat, ihm jetzt einen Kredit verweigert, bringt Raik gewaltig in Rage. Schon seit Längerem träumt er von einem kleinen Strandkiosk in den Dünen, wo er im Sommer Eis, kalte Getränke und »Fish and Chips«

an die Badegäste verkaufen könnte. Aber auch die Frau der Hamburger Privatbank, die neuerdings wegen irgendwelcher Immobiliendeals auf der Insel unterwegs ist, hat Raiks Kreditanfrage nur mit einem lächelnd arroganten »Sorry« beantwortet.

Seine jetzige Arbeit ist eine zusätzliche Demütigung. Auf dem Grund und Boden, der ihm einmal gehört hat, darf er freundlicherweise jetzt noch den Rasen mähen und den Feriengästen die Fahrradreifen aufpumpen. Der schlechtbezahlte Job als Hausmeister bei Happy Puttkammer ist für Raik Rettmer eine einzige Zumutung. Aber was bleibt ihm in seiner jetzigen Situation schon übrig. Selbst wenn er die traurigen Reste seiner Solaraktien verkaufen würde, käme er damit kaum über den Sommer. Gerade haben sie wieder die Miete für seine Einzimmerwohnung im Gewerbegebiet erhöht. Er braucht das Geld, dringend. Aber deswegen kriecht er diesem zerknitterten Sylter Exmodel und ihren schnöseligen Hausgästen noch lange nicht in den Hintern. Ganz im Gegenteil, er denkt sich immer wieder neue kleine Gemeinheiten aus, mit denen er die von Happy zitierten »Wohlfühlmomente« sabotieren kann. Ein effektvoller Kurzeinsatz der Kreissäge zu früher Morgenstunde oder das Verbrennen von Gartenabfällen neben dem Parkplatz mit den blankgeputzten Oldtimern bringt die »entschleunigten« Wellnessjünger schnell wieder auf Trab. Auf diesem Gebiet sind Rettmers Fantasie keine Grenzen gesetzt. Das sind die kleinen Freuden, die er sich gönnt.

Raik Rettmers Markenzeichen ist das Möwenschiss-T-Shirt. Das Hemd mit der Möwe, die gerade einen satten Klecks hinterlassen hat, besitzt er gleich in mehreren Ausführungen. Die in verblichenem Blau scheißende Möwe schlabbert ihm um seinen schmalen Oberkörper. Aus den Ärmeln staksen die sehnigen Arme. Raik hat wirklich keine furchteinflößende Statur. Aber sein provozierender Blick aus den stahlblauen Augen signalisiert die Bereitschaft, jeden Baum, der den Blick aufs Meer stört, kurzerhand umzusägen, und keiner Schlägerei aus dem Weg zu gehen.

Der Wind hat gedreht. Vom Meer kommt eine kühle Brise, von Westen zieht Bewölkung auf. Raik gibt noch einmal richtig Gas, dann schaltet er seine Motorsense aus. Er schiebt sich die Schutzbrille in die Haare und wischt sich mit dem Ärmel seines Möwenschiss-Hemdes die Graskrümel aus dem Gesicht. Als er das Gerät in das reetgedeckte Gartenhaus zurückstellen will, stellt er fest, dass die Tür seltsamerweise verschlossen ist. Er rüttelt ein paarmal daran.

»Stell die Sense einfach vor die Tür, ich pack sie gleich weg«, ruft ihm Happy Puttkammer, die aus ihrer Rezeption herausgetreten ist, zu. »Ich hab versehentlich deinen Schlüssel eingesteckt.«

»Gib mir einfach den Schlüssel«, grölt Raik zurück.

»Nee, ich mach das schon… muss ihn verlegt haben… weiß auch nicht.«

Irgendwie wirkt die Sylter Lady etwas von der Rolle, denkt Raik. Dieser Vorfall eben mit dem neuen Feriengast, dieser Frau, die im Apartment »Rungholt« umgekippt ist und dann vom Roten Kreuz abgeholt wurde, hat sie offensichtlich etwas durcheinandergebracht. Und dann rannten da noch diese beiden durchgedrehten Zwillinge mit Erbsenpistole und Polizeikelle herum und faselten etwas von karierten Socken. Es war schon ein seltsamer Nachmittag.

»Und lass den Pick-up bitte da!«, ruft Happy. »Ich muss wahrscheinlich gleich noch was besorgen.«

»Was fährst du auch so 'n alten Porsche, in den nichts reinpasst«, mosert Rettmer.

»Raik-Darling, sei ein Schatz, lass einfach den Schlüssel stecken.«

Da war es schon wieder, dieses blöde »Darling«. Raik spürt, wie ihm das Blut in den Kopf steigt. Ärgerlich nimmt er das alte Fahrrad und radelt den Weg Richtung Dorfzentrum zu seinem nächsten Job in der »Kombüse«.

4

»Alle Achtung, Thies. Du bist noch gar nich auf der Insel, schon ham wir hier 'n Toten«, ruft ihm Knut Boyksen lachend entgegen, als Thies mit seinem altersschwachen Escort von der Fähre fährt.

Die ehemaligen Kollegen begrüßen sich mit kräftigem Handschlag. In Thies' Zeit als PMA, als Polizeimeisteranwärter, war Boyksen sein Chef. Seit dessen Pensionierung vor vier Jahren ist Thies jetzt Polizeiobermeister in Fredenbüll. Am Tag seiner Pensionierung hatte Knut Boyksen die erstbeste Fähre auf seine Heimatinsel nach Amrum genommen. Im Grunde genommen hatte er sich auf dem Festland nie richtig wohlgefühlt. Der Ruhestand scheint ihm gutzutun. Boyksen sieht blendend aus. Heike und ihre Fredenbüller Freundinnen meinen, er hat ein bisschen Ähnlichkeit mit George Clooney. Da braucht man schon viel Fantasie, findet Thies. Na ja, vielleicht vor zwanzig Jahren, und wenn man sich den grauen Stoppelbart und die Schippermütze wegdenkt.

Boyksen genießt sein Pensionärsdasein und hilft nebenbei gern mal bei den Insulanern als »Freund und Helfer« aus. Dem neuen offiziell zuständigen Polizisten trauen die Amrumer nämlich nicht so recht. Nis Nissen kommt von der Nachbarinsel Föhr, deren Polizeidienststelle neuerdings auch für Amrum zuständig ist. So wenden sich viele Insulaner der Einfachheit halber erst mal an Knut Boyksen. Auch wegen der ohnmächtigen Heike hatte man schnell den Pensionär angerufen.

Jetzt quält sich auch Piet Paulsen in Zeitlupe aus dem Ford mit der Polizeilackierung. Thies hat seinen Stehtischnachbarn aus »De Hidde Kist« kurzerhand mitgenommen. Dessen Kur fängt offiziell zwar erst morgen an. »Aber so kann ich mich schon mal 'n büschen drauf vorbereiten«, hatte der Fredenbüller Landmaschinenvertreter a. D. gemeint.

»Moin, Piet, wat machst du denn hier?«, begrüßt Boyksen seinen alten Bekannten.

»Kur«, antwortet Paulsen knapp und zündet sich auf die Schnelle ein Zigarillo an.

»Sach mal, Thies, man hört ja die dollsten Sachen, is ja richtig gefährlich geworden bei euch auf'm Festland. Wie viele Morde waren das jetzt? Ich bin mit'm Zählen ja gar nich hinterhergekommen.«

»Drei«, kommt es von Thies wie aus der Pistole geschossen.

»Bist jetzt ja so was wie 'n Star. Jede Woche in der Zeitung.« Knut Boyksen ist richtig ein bisschen neidisch. In seiner vierzigjährigen Fredenbüller Amtszeit hatte er nicht einen einzigen Mordfall.

»Aber, Knut, sach erst mal, wat is mit Heike?«

»Die is schon wieder obenauf. Is schon wieder in ihrer Pension. Die hab'n mich ja gleich angerufen, nachdem sie da zusammengeklappt ist. Ich bin mit ihr sofort zum Inseldoktor und anschließend zur Satteldüne, Gehirn röntgen.«

»Gehirn … röntgen?« Thies bekommt seinen Kuhblick. Eigentlich ist der Fredenbüller Dorfpolizist mit dem blonden Frontigel ja die Ruhe selbst. Aber bei Hektik, oder wenn er mal ein Bier zu viel hat, bekommt er diesen leichten Kuhblick.

»Der Doktor meinte, vorsichtshalber. Sie hat ja die tollsten Sachen erzählt.«

»Ach so!« Thies ist beruhigt.

»Dat is nich unbedingt wat Neues«, krächzt Piet Paulsen dazwischen. »Heike is ja berühmt für ihre blühende Fantasie.«

»Na ja, sie behauptet steif und fest, dass da 'n Toter in eurem Hotelbett gelegen hat. Und deine Zwillinge hab'n die Aussage bestätigt. Aber die spielen ja wohl auch grad Polizei.« Boyksen ist offenbar nicht recht überzeugt. »Vor allem haben sie immer wieder wat von karierten Socken erzählt.«

»Und wo ist der Tote jetzt? Hast du die Identität schon feststellen können?« Thies fühlt sich schon wieder ganz in seinem Element. Er hat ja neuerdings Erfahrung mit Mordfällen. »Haste die ›Mord Zwei‹ in Kiel schon informiert?«

»Nu ma ganz langsam, ich hab bisher noch keinen Toten entdecken können.«

»Wie bitte? Ich denk, der lag in unserem Hotelbett.«

»… behauptet Heike.« Boyksen blickt skeptisch und rückt seine Schiffermütze grade. Thies hat das Gefühl, dass sein ehemaliger Chef die Geschichte nicht ganz ernst nimmt. Dabei könnte er dringend einen neuen Mordfall gebrauchen.

»Happy Puttkammer, dat is eure Pensionswirtin, die

hat auch nix von einem Toten gesehen«, fährt Boyksen fort. »Also, Thies… ich weiß nich recht.«

»Wir können uns ja alle mal 'n büschen umgucken.« Piet Paulsen schiebt sich in Zeitlupe, aber unternehmungslustig die schwere Gleitsichtbrille auf die Nase zurück.

»Freunde, da spricht einiges dagegen«, dämpft Boyksen den Elan der Fredenbüller. »Ich bin in Rente, Thies hat Urlaub, und du bist hier auf den Inseln sowieso gar nich zuständig.«

»Nee, sach ich doch, zuständig ist die ›Mord Zwei‹ in Kiel.« Thies ist eingeschnappt. »Aber mit Nicole hab ich schon hervorragend zusammengearbeitet.«

»Nicole?«

»Jaaa, dat is die Kieler Kommissarin«, erklärt Paulsen und gerät vor Begeisterung ins Husten. »Tja, Knut, ich sach dir, wenn Nicole erst mal da is, dann hast du bei Thies nix mehr zu melden.«

»Immer im Dienst, oder?« Knut Boyksen mustert Thies, der in der Eile nicht dazu gekommen ist, seine Polizeijacke gegen Urlaubsklamotten zu wechseln. »Kannst auch im Urlaub nich mehr abschalten? Wenn ich mir dein Auto so anseh.« Boyksen begutachtet Thies' Wagen mit der Polizeilackierung. »Sieht man hier auf der Insel wahrscheinlich auch nich so gerne. Musstest du unbedingt mit'm Dienstfahrzeug anreisen?«

»Ja, wat denn, dat is mein Privatwagen.« Die Sache mit dem Dienstfahrzeug ist bei Thies ein ganz wunder Punkt. Bei der Zuteilung der neuen Polizeiwagen war er schon wieder leer ausgegangen. Und seit der alte

Taunus im letzten Jahr seinen Geist aufgegeben hatte, fährt er seinen Privatwagen auch dienstlich, obwohl sein alter Escort auch schon zweihundertsiebzigtausend Kilometer drauf hat. Und dann hatten diese Idioten von der Tankstelle in Schlütthörn bei der provisorischen Polizeilackierung auch noch die Farben vertauscht. Die Kotflügel grün, Motorhaube weiß. Normalerweise gehört das umgekehrt, abgesehen davon, dass das Grün mittlerweile längst gegen Blau eingetauscht worden war.

»Ich will dir mal was sagen, Thies«, Pensionär Knut Boyksen bemüht sich, den Diensteifer des ehemaligen Kollegen zu bremsen, »ein Toter passt hier im Augenblick gar nicht auf die Insel, jetzt in der Hauptsaison. Siehst doch selbst, was hier zum Ferienbeginn los ist. Heute is Bettenwechsel. Wenn du jetzt mit'm Mordfall kommst, dat gibt jede Menge Ärger mit'm Touristikbüro.«

Thies ist die Enttäuschung im Gesicht abzulesen. Er bekommt schon wieder seinen Kuhblick. Es ist wirklich vertrackt, denkt er sich, auf Amrum will man den Toten unbedingt loswerden und Fredenbüll bräuchte dringend einen neuen Mordfall. Da müsste sich doch was machen lassen.

»Dat is eigentlich 'ne typische Win-win-Situation«, meint er plötzlich unerwartet euphorisch.

Boyksen hat sofort verstanden, runzelt die Stirn, wiegelt dann aber ab. »Na ja. Überführung aufs Festland ist aber schwierig, solange der Tote flüchtig ist.«

5

Thies steuert seinen Escort mit der falschen Lackierung durch die Wittdüner Geschäftsstraße gen Norden. Piet Paulsen wollte mit Knut Boyksen kurz noch mal nach Steenodde rüber, ein Wiedersehensbierchen trinken. Vor allem wollte er seine Anreise im »Mutter-und-Kind-Heim« noch etwas hinauszögern. Im Sommer verbringt Knut Boyksen seine Tage vor dem kleinen weißen Pavillon auf dem Deich am Steenodder Hafen, wo er gemeinsam mit ein paar Schafen den Wattblick genießt. Auch Thies hat hier mit seinem alten Kollegen schon etliche Stunden gesessen. Morgens gibt es frische Krabben vom Kutter, die besten an der ganzen Küste, sagt Knut, manchmal auch einen Butt, Tintenfische und, wenn man Glück hat, Seezungen. Dann werden mit Blick auf die Halligen Krabben gepult, die Ankunft der Mittagsfähre beobachtet und den Austernfischern hinterhergeguckt. Nachmittags kommt ein Fisch auf den Grill, einen Kasten Bier hat Knut immer im Pavillon stehen und auch ein altes Transistorradio für die Bundesliga am Samstag.

Die Sonne strahlt. Aber über dem Meer baut sich eine Wolkenwand auf, die im Gegenlicht fast schwarz aussieht. Auf der Wittdüner Inselstraße ist kaum ein Durchkommen. Während am Strand ein grandioses Lichtspektakel zu besichtigen ist, drängen sich die Urlauber beim Shoppen. So voll hat Thies die Insel noch nie erlebt. Der Ort ist mit Hunderten Fahrrädern verstopft. Hollandräder, Mountainbikes, Tandems und Liege-Fahrräder. Ein Fahrradanhänger hat sich in einem Kleiderständer mit der heruntergesetzten Bademode der letzten Saison verhakt. Ein Kleinkind verteilt sein zerlaufendes Waldmeistereis gleichmäßig über einen Ständer mit Seehundpostkarten. Ein junger Familienvater, am Rande des Nervenzusammenbruchs, sammelt die Splitter eines aus der Einkaufstüte gefallenen Glases mit eingelegten Gurken von dem einzig freien Behindertenparkplatz, in den gleichzeitig ein dunkelbraungebrannter Rentner ein rotes Opel-Cabrio einzuparken versucht. Drei pubertierende Mädchen mit Riesensonnenbrillen gucken kichernd einem Surfer hinterher, der mit seinem Board einer Seniorin im geblümten Jungmädchenkleid den Sonnenhut vom Kopf fegt. Ein kleiner Junge mit nach hinten gedrehter Baseballkappe zeigt auf Thies' Polizeiwagen. Seine Mutter zerrt ihn weiter.

Thies bekommt das nur aus den Augenwinkeln mit. Obwohl er nur im Schritttempo fahren kann, rauscht alles an ihm vorüber. Er war ein Jahr nicht auf der Insel, aber sie kommt ihm auf einmal fremd vor. Wo kommen die ganzen Leute plötzlich her? Früher war es doch auch im Sommer immer ruhig gewesen. Als die Zwillinge noch nicht zur Schule gingen, waren sie allerdings immer in der Vorsaison im Juni auf die Insel gefahren.

Vor der »Blauen Maus« werden die Sitzkissen reingeräumt. An der Bushaltestelle am Leuchtturm steht eine Gruppe Jugendlicher mit Riesenrucksäcken und Isomatten und eine Gruppe nicht mehr ganz so Jugendlicher mit zotteligen Bärten in wallenden Gewändern und mit Trommeln. Sind das wirklich Trommeln, fragt sich Thies. Als er das Fenster herunterkurbelt, meint er von Weitem tatsächlich ein dumpfes Bumbum-taka-taka-bum-bum zu hören, wie in einem Indianerfilm. Auf der Strecke mit Blick auf die Dünen und über die Wiesen aufs Wattenmeer ist es ruhiger. Aber als Thies hinter der Mühle nach Nebel abbiegt, steht er im Uasterstigh schon wieder im Fahrradstau. Eine Rentnerin mit Fahrradhelm will gerade schimpfend auf sein Auto losgehen, als sie die Polizeilackierung entdeckt. Sie schreckt zurück und fällt dabei fast mit ihrem Rad.

Auch in Nebel ist allerhand los. Und es hat sich seit Thies' letztem Amrum-Urlaub einiges verändert. Die historischen Walfänger-Grabsteine auf dem Friedhof vor der Kirche sind schmuck restauriert worden. Wo früher der Blumenladen war, der gleichzeitig auch Amrumer Kartoffeln verkaufte, ist jetzt ein Maklerbüro, bereits das zweite im Dorf. Das Angebot ist allerdings dürftig, lediglich zwei Eigentumswohnungen in einer Bausünde aus den Siebzigern mit Blick auf den Parkplatz des Fähranlegers. Neben den beiden verlorenen Verkaufsaufgaben hängt ein großes Schild: »Dringend Bauplätze gesucht«.

Auf der großen Wiese zum Watt stehen stolz, aber wie ein Fremdkörper die drei nagelneuen, nach historischem Vorbild gebauten Backsteinhäuser mit mächtigen Reetdächern. Die Anlage sieht schon imposant aus, denkt Thies, als er mit seinem alten Escort auf den von Nordseerosen gesäumten und mit Feldsteinen gepflasterten Parkplatz tuckert. Aber irgendetwas stört ihn. Als er das edle Schild mit der geschwungenen Schrift »Wellnessoase Pidder Lyng« entdeckt, weiß er auch, was es ist. Thies muss das Wort »Wellness« nur lesen, schon überkommt ihn leichtes Unwohlsein. Und ob der alte friesische Freiheitskämpfer Pidder Lyng so ein großer Wellnessfan gewesen war? Da hat Thies seine Zweifel.

Thies ist kaum aus dem Auto gestiegen, schon kommen die Zwillinge aus einem der Häuser geschossen. »Papa, Papa, da bist du ja, bei uns im Apartment lag 'ne Leiche im Bett«, ruft Tadje ihrem Vater freudestrahlend entgegen. Zwei gleichaltrige Jungen in gebügelten Poloshirts aus der Kinderserie von Ralph Lauren sehen staunend zu ihnen herüber.

»Ernst! Askan!«, ruft ihre Mutter sie aus einem Strandkorb zurück.

»Tadje, bist du dir sicher, dass du dat nich geträumt hast.« Thies beugt sich zu seiner Tochter hinunter. »Guck mich mal an.«

»Nee, ich hab ihn auch gesehen«, bestätigt Telje, die unter der weißen Polizeimütze halb verschwindet. »Er hat diese Socken angehabt – mit den blauen und gelben Salmis drauf. Und nachher war er auf einmal weg.«

»Salmis?«

»Wir ham Onkel Knut schon alles erzählt. War das falsch?«

»Nein, alles richtig gemacht«, sagt Thies. Aber allmählich kann er Knut Boyksens Skepsis verstehen. »Wo is Mama überhaupt?«

»Ich glaub, unter der Erlebnisdusche …«, verkündet Telje stolz.

»… oder Licht…dusche?«, überlegt Tadje.

»Jetzt is mal Schluss, Mädels, wat erzählt ihr mir hier für einen Quatsch.«

»Nee, Papa, wirklich.« Die Zwillinge ziehen ihren Vater die Treppe hinunter in das unterirdische Wellnessreich.

»Heike, wo steckst du?«, ruft Thies in die Wohlfühloase hinein.

»Thies? Bist du das? Ich bin hier in der Bio-Sauna!« Die Holztür öffnet sich einen Spalt. Heike steckt ihren hochroten Kopf mit dem hochgesteckten blonden Heuwagen durch den Türspalt. »Gut, dass du da bist, Thies. Hier is ja vielleicht was los.«

»Ja, ich hab schon gehört, Knut hat mich angerufen. Ich bin denn gleich los.« Thies knöpft sich die Polizeijacke auf.

»Musst dir mal vorstellen, du hast dir 'ne Ferienwohnung gemietet und dann liegt da einer in Golfklamotten.«

»Heike, bist du dir sicher, dass du dir das nich einbildest?«

»Thies, ich spinn doch nich und die Zwillinge hab'n ihn doch auch gesehen.«

»Na ja, Knut Boyksen hat da seine Zweifel«, druckst Thies herum. »Wo soll der Tote denn so plötzlich hin sein?«

»Woher soll ich das denn wissen, Thies?«, fragt Heike beleidigt. »Ich stand doch unter Schock und dann wurde mir auch gleich schwarz vor Augen.«

»Aber du bist über den Schock ja offenbar schon wieder gut weg. Heike, ich mach mir Sorgen und du sitzt hier in der Sauna. Du sollst dich doch bestimmt schonen.«

»Nee, dat soll unheimlich entspannend sein… Entschleunigung und so. Hat Happy gesagt«, ruft Heike schon wieder etwas vergnügter.

»Wer ist denn nun schon wieder Happy? Und wat willst du denn entschleunigen?« Thies kommt immer mehr ins Schwitzen. »Vielleicht kommst du mal aus deiner Bio-Sauna raus.«

Thies wischt sich den Schweiß von der Stirn. Wo war er hier nur hineingeraten. Dieser Wellnesskram war richtig teuer gewesen. So schlimm würde es schon nicht werden, hatte Thies gedacht. Hauptsache, sie machten ihren Urlaub auf Amrum. Doch zwischen den Massageliegen, Klangschalen und der regenbogenfarben leuchtenden Duschkabine wird ihm schlagartig klar, dass sich dieser Deal bitter rächen könnte.

6

Es hatte angefangen richtig zu schütten. Je schlechter das Wetter wurde, desto besser wurde die Laune von Nils Gerckens. Jetzt hat er die Odde wieder für sich, er und seine Sturm- und Heringsmöwen, Austernfischer, Seeschwalben und Brandgänse. Über Föhr verschwindet grade ein letzter Flecken blauer Himmel in einer Regenfront. Von der Meerseite wehen dunkle Wolkenfetzen über die Dünen Richtung Osten. Nils zieht die Kapuze seines Anoraks enger.

Heute ist großer Anreisetag. Dabei war die Insel jetzt auch schon voll. Bei Niedrigwasser und gutem Wetter war immer der Teufel los. Ganze Kohorten von Wattwanderern sind dann nach Föhr unterwegs und von Föhr kamen umgekehrt noch mehr herüber und gingen ihm und seinen Vögeln gewaltig auf die Nerven.

»Scheißferien«, denkt Nils. Warum konnte es nicht immer so ruhig sein wie im November oder im Februar.

Nils Gerckens ist auf seinem täglichen Rundgang einmal um die Odde, dem schmalen unbesiedelten Nordzipfel der Insel, der unter Naturschutz steht. Er macht seine Strichlisten über den Brutbestand. Die meisten Vögel sind inzwischen mit der Brut durch. Auf den Salzwiesen hat sich ein Schwarm Eiderenten niedergelassen und zupft im Gras. Hier hatte Nils vor einer Woche auch die tote Löffelente entdeckt, grausam hingerichtet von einem Golfball. Das war eindeutig. Der Ente war der halbe Kopf samt Löffel weggeschossen worden. Und auf dem Golfball ein paar Meter weiter klebte blutverschmiert der Flaum.

In Sichtweite im nahen Norddorf irren ein paar bis unters Dach vollgepackte Familienkutschen auf der Suche nach ihrem Ferienquartier umher. Aber hier draußen ist keine Menschenseele mehr unterwegs. Keiner dieser Idioten, die über die Absperrung steigen, die er zum Schutz der Brutplätze gespannt hat. Keiner dieser Deppen, die ihre Fahrräder durch die Dünen bis an den Strand schieben, aus Angst, sie könnten ihnen geklaut werden. Oder diese Dumpfbacken, die im Winter am Strand die Kegelrobbenjungen am liebsten noch streicheln möchten. Nils muss nur an Touristen denken und bekommt eine Scheißwut. Es wird immer schlimmer. Doch in diesem Augenblick ist alles, wie es sein soll. Bei diesem Wetter haben sich die Touristen in ihren schnuckeligen Ferienwohnungen im Landhausstil verkrochen und schaufeln Friesentorte in sich hinein. Und auch die Karawane der Wattwanderer ist wieder mit dem Bus zur Fähre verfrachtet worden. Nur eine kleine Gruppe schwarzweißer Austernfischer segelt schrill piepend mit dem Wind über den Vogelwart hinweg. Durch das Fernglas lässt er einmal den Blick über das Watt und die Dünen schweifen. Er dreht sich mit einer Hand in der Tasche seines Anoraks eine Zigarette. Aber es regnet einfach zu stark, dass er die Selbstgedrehte gar nicht anzündet, sondern gleich wieder im Tabakpäckchen verschwinden lässt.

Nils Gerckens ist hier Vogelwart, solange er denken kann. Vor dreißig Jahren ist er als Zivildienstleistender gekommen. Sie waren damals zu dritt. Jürgen Wesselmann, Mungo Martens und Nils. Für Vögel hatten sie sich am Anfang eher weniger interessiert, außer Wesselmann vielleicht. Wichtiger als die Brutbestände der Seeschwalben war für sie die Versorgung mit gutem Gras. Sie haben in den Dünen gelegen oder bei schlechtem Wetter in dem Vogelwarthäuschen, das damals noch ein einfacher Bretterverschlag war, der nach jedem Winter neu hergerichtet werden musste, und haben geraucht und den lachenden Möwen hinterhergesehen. Sie sind nackt in die Brandung gestürmt. Am Strand haben sie für den kleinen Bollerofen Treibholz gesucht. Bei schlechtem Wetter standen in ihrer Bretterbude regelmäßig die süßlichen Rauchschwaden. In der übrigen Zeit roch es nach zu lange getragenen Unterhosen, misslungenen Kochversuchen und einer Schimmelpilzart, die auch unter widrigsten Umständen gedeiht. Es gibt noch ein Foto aus der damaligen Zeit an Nils' Pinnwand. Alle drei hatten von Haaren überwucherte Gesichter. Sie sahen auf dem Foto aus wie »Canned Heat«, die Bluesband aus den späten Sechzigern. Wesselmann hatte schon mit zwanzig einen solventen Rauschebart und war ähnlich dicklich wie der Sänger der Band.

Jürgen Wesselmann und Nils Gerckens hatten die Beschäftigung mit der Vogelwelt weiterverfolgt. Wesselmann hatte richtig Karriere gemacht, Jurastudium, nebenbei Biologie, inzwischen war er Fachbereichsleiter Fundraising und Marketing, ein hohes Tier beim NABU. Mungo Martens hatte sich stattdessen für eine Drogenkarriere entschieden, dann aber wohl den Absprung geschafft und lebte jetzt mit Frau und Kindern als Lehrer für Sozialkunde in der mecklenburgischen Provinz, so hatte Nils gehört. Er hatte zu beiden den Kontakt verloren. Wesselmann war immer mal wieder im Fernsehen zu sehen. Er war deutlich schlanker als früher, hatte aber überhaupt keine Haare mehr auf dem Kopf.

Nils sieht eigentlich immer noch aus wie damals, nur eben dreißig Jahre älter, wie ein Schauspieler im Kino, der auf alt geschminkt wird. Die struppigen Haare sind vielleicht etwas dünner und der immer noch ungepflegte Bart hat graue Stoppeln. Vor allem hat Nils seine anarchische Ader bewahrt. Er macht seine Vogel-Strichlisten, aber er ist keiner dieser verkniffenen Öko-Buchhalter. Viel mehr als für seine Statistiken kann er sich für das Spektakel begeistern, wenn Seeschwalbenküken schlüpfen, wenn ein Schwarm Zugvögel im Tiefflug so dicht über ihn hinweggleitet, als wäre er ein Teil von ihm, oder wenn sich im Herbst jede Stunde immer neue grellbunte Wolkenbilder über der See türmen.

Diese Naturschutz-Dogmatiker würden Amok laufen, wenn sie wüssten, was Nils hier manchmal so treibt. In seinem Schuppen hat er seit damals ein Jagdgewehr versteckt. Wenn niemand in der Nähe ist, schießt er damit schon mal eine der Krähen, die unter Naturschutz stehen, aber für die brütenden Seevögel zunehmend zur Bedrohung werden. Nils hat seine eigenen Vorstellungen vom Vogelschutz. Und dann liegt da in seiner Vogelschutzstation in einem Käfig auch noch diese nette Handgranate aus dem Zweiten Weltkrieg, für die er bisher noch keine Verwendung hatte. Bisher.

Die Stelle als Vogelwart hat Gerckens seit vielen Jahren. Sie ist befristet, aber wurde regelmäßig verlängert. Seit allerdings dieser neue Chef des Tourismusbüros, Heiner Griepenstroh, im Amt ist, hat Nils das Gefühl, dass man ihn loswerden will. Das Tourismusbüro veranstaltet neuerdings auch Exkursionen in die Vogelwelt des Wattenmeeres, die bislang allein Nils' Sache waren.

Es läuft nicht gut für Nils. In der letzten Saison ist seine Freundin mit einem lispelnden Surflehrer von Norddorf nach Wittdün durchgebrannt, wo die beiden in einem Laden in der Einkaufsstraße jetzt maritime Holzvögel und in China produziertes »Original-Strandgut vom Amrumer Kniepsand« verhökern. Auch seine letzte große Protestaktion vor zwei Jahren hatte ihm wenig Unterstützung und viel Spott eingebracht. Anlässlich der Einweihung einer neuen Fähre der Wyker Dampfschiffs-Reederei hatte sich Nils bei Niedrigwasser vor dem Wittdüner Hafen an eine Steuerbordtonne angekettet, um gegen die Bedrohung der Zwergseeschwalbe zu demonstrieren. Das musste bei dem Solidaritätskonzert für die Löffelente und den geplanten Aktionen gegen die Golfer besser klappen.

Es kommt ihm vor, als wollte niemand mehr etwas mit ihm zu tun haben. Oder sie rückten ihm auf die

Pelle, um ihn von seiner Odde zu vertreiben. Letzte Woche waren schon wieder diese beiden Knalltüten mit ihren Golfschlägern auf der Salzwiese unterwegs. Die steckten doch alle unter einer Decke, dieser rabiate Bauunternehmer, der fette Hamburger Makler und dieses Arschloch Griepenstroh. Sie wollen die Insel nach ihren Vorstellungen ummodeln und dann richtig absahnen. Und dann knattert seit Neustem auch noch dieser Idiot von Eismann auf seinem blöden Quad mit der darauf montierten Eiskiste den ganzen Tag am Strand entlang. Als müsste auch der letzte Urlauber hinter der einsamsten Düne ständig mit Eistüten versorgt werden.

Selbst die Natur wurde zum Vergnügungspark umfunktioniert. Ständig lässt Griepenstroh neue Schautafeln aufstellen, auf denen die Flora und Fauna der Inselwelt erklärt wird. Vor dem echten Queller auf der Salzwiese ist die Pflanze daneben noch einmal auf einem neuen großen Schild zu bestaunen. Griepenstroh will die Natur künstlich noch mal neu erfinden. Dieser aufgedrehte Rheinländer geht Nils inzwischen richtig auf die Nerven. Und ebenso diese Super-Ornithologen in ihren Survival-Anoraks und mit den meterlangen Tele-Okularen, die Vogelbilder sammeln wie andere Briefmarken. Gerckens muss diese Spießer nur sehen und kriegt schlechte Laune. Damals hatten sie die Vögel ohne Feldstecher beobachtet. Inzwischen hat er selbst ein neues Fernglas. Es ist schon fantastisch bei der Vogelbeobachtung, das muss Nils zugeben. Aber müssen diese Affen mit ihren Riesenrohren deshalb im Watt so einen Zirkus veranstalten? Nils hat ein kleines Zeiss-Glas, das er eher heimlich benutzt. Technischen Neuerungen steht Nils erst mal skeptisch gegenüber. Sein Handy mit dem Balzruf der Eiderente als Klingelton ist auch schon über zehn Jahre alt.

Für seine Idee mit dem Rockkonzert zugunsten der Löffelente fand er beim Tourismusbüro natürlich keine Unterstützung. Seinen alten Bekannten Bounty hatte er sofort überredet, mit seiner Band »Stormy Weather« auf der Insel zu spielen. Aber Griepenstroh setzte alles daran, die Veranstaltung zu verhindern. An eine Gage für Bountys Band war schon gar nicht zu denken.

Der Regen wird jetzt immer heftiger. Der aufkommende Wind schiebt eine tiefdunkle Front über Nils hinweg. Er steht an dem Übergang zwischen Meer und Watt in den Dünen. Normalerweise hat man von hier den Überblick in alle Richtungen, über die Wiesen zum nahegelegenen Norddorf, auf der anderen Seite die Nordspitze hinauf und zu den anderen Inseln und Halligen. Doch im Augenblick ist nichts zu sehen. Es regnet Bindfäden, dadurch erscheinen der Strand und das Meer Richtung Sylt wie schraffiert. Der Leuchtturm von Hörnum ist nur zu erahnen.

Nils hätte das Auto auf dem Wiesenweg fast übersehen. Auf dem kleinen Sandweg, der zum Vogelwarthaus führt, fährt ein Wagen. Was ist das schon wieder für ein Idiot, der mit seinem Auto im Naturschutzgebiet unterwegs ist?

»Wer ist dieses Arschloch?«, schreit Nils gegen peitschenden Regen an. Man sollte die Insel für Autos sperren. Stattdessen wird es jeden Sommer schlimmer. Am häufigsten sieht man diese Irren mit ihren Geländewagen auf der Insel und neuerdings auch den einen oder anderen bekloppten Oldtimer. Aber dies hier ist eindeutig ein Pick-up.

Ist das der Wagen von Raik Rettmer? Durch den starken Regen ist kaum etwas zu erkennen. Nils nimmt das Fernglas. In dem Rund des Glases sieht er, dass die Ladefläche mit einer Plane bedeckt ist. Raik benutzt nie so eine Plastikplane. Wozu auch? Die Holzteile oder Gartenabfälle, die er transportiert, muss er nicht abdecken. Der Wagen steuert langsam, irgendwie zögernd auf Nils' Vogelwarthaus zu. Er hält vor dem Reetdachhäuschen. Zunächst steigt niemand aus. Der Wind peitscht dicke Tropfen gegen die Gläser des Feldstechers. Dann öffnet sich die Wagentür. Jemand springt aus dem Auto, aber Nils kann die Person nicht erkennen. Sie ist in dickes Regenzeug eingepackt. Ist das überhaupt Raik Rettmer? In den durch den Wind aufgeplusterten dunkel glänzenden Regensachen ist derjenige unmöglich zu identifizieren.

Nils beobachtet, wie der Unbekannte an der Tür klopft. Er läuft ums Haus und blickt in die Fenster. Dann läuft die Person zum Auto zurück. Hektisch löst sie am Anhänger mehrere Gummischlaufen, mit denen die Plane auf der Ladefläche befestigt ist. Sie schlägt die Plane auf und öffnet die Heckklappe des Pick-ups. Sie zerrt etwas unter der Plane hervor. Was hat dieser Idiot eigentlich vor? Jetzt zieht die Person einen unförmigen länglichen Plastiksack über die Ladefläche. Da muss jemand noch ganz schnell etwas entsorgen, bevor die Saison anfängt. Mitten im Naturschutzgebiet. Es darf nicht wahr sein.

Das Regenwasser läuft Nils in seinen Anorak. Die Austernfischer ziehen über ihm spöttisch piepend noch einmal eine Runde.

Nils macht ein paar Laufschritte in Richtung des Hauses. Doch wenn er läuft, kann er nicht mehr durch das Fernglas sehen und beobachten, was da vor sich geht. Er ist auch einfach zu weit entfernt, um denjenigen zu stellen. Nils nimmt wieder den Feldstecher zur Hand. Der Unbekannte lässt seine Fracht von der Ladefläche rutschen. Der Sack ist offenbar schwer. Zu schwer, um ihn allein zu transportieren. Der Typ muss mächtig arbeiten, um dieses Riesending durch das Dünengras zu ziehen. Es sieht fast aus wie ein menschlicher Körper. Nils starrt ungläubig durch sein Fernglas. Sooft er es auch trocken wischt, die Gläser sind sofort wieder voller Regentropfen, sodass kaum etwas zu erkennen ist. Ja, das ist ganz klar Rettmers Auto. Trotzdem bildet er sich ein, dass die Person nicht Raik Rettmer ist. Die Größe könnte noch hinkommen und die Figur ist durch die Regensachen sowieso nicht zu erkennen. Aber der Gang? So geht Raik nicht. Das ist nicht diese provozierende Breitbeinigkeit, mit der Raik sich sonst bewegt.

Die Person schleift den verdächtigen Plastiksack jetzt neben das Vogelwarthaus zu dem Schuppen, in dem sie damals, in den Anfängen, gehaust haben und in dem Nils jetzt seine Werkstatt hat. Dort lagert er Käfige für verletzte Vögel oder Holzpfosten und Drähte für die Absperrung der Brutgebiete, Werkzeug und einen Benzinkanister. Der Typ muss immer wieder neu ansetzen, immer wieder nachfassen, um das schwere Paket ruckartig Stück für Stück weiterzubekommen. Was soll diese ganze Aktion? Was lädt dieser Idiot da bei ihm ab?

Der Unbekannte ist auf einmal hinter der Hausecke verschwunden. Nur das schwere Plastikteil ist für einen Moment noch zu sehen. Dann wird auch der Sack ganz aus Nils' Blickfeld gezogen. Nils verstaut das Fernglas im Anorak und läuft mit zugekniffenen Augen gegen den Regen an in Richtung Vogelwarthaus.

7

Eine Böe peitscht noch mal eine letzte Regendusche über die Mole in Steenodde. Thies läuft durch den warmen Regen die paar Meter vom Parkplatz zu dem kleinen Häuschen des Amrumer Segelclubs auf dem Deich. Knut Boyksen und Piet Paulsen haben es sich in dem achteckigen Pavillon gemütlich gemacht. Als Thies den Raum betritt, zieht ihm der Rauch von Piet Paulsens Zigarillos entgegen.

Thies hat seine drei Frauen gerade in Norddorf abgesetzt. Sie wollten zusammen ins Kino gehen. Heike hatte es den Zwillingen schon den ganzen Tag versprochen. Durch eine kleine Ohnmacht ließ sie sich doch nicht von einem Kinobesuch abbringen. Thies hatte alles versucht, es ihr auszureden, aber nach ihrer Bio-Sauna war Heike gar nicht mehr zu bändigen. Und die Mädchen waren ganz wild auf Hitchcock. Heike hatte sich vorher erkundigt, ›Immer Ärger mit Harry‹ ist jugendfrei. Und was ist schon ein Toter im Kino? Schließlich stammen die Zwillinge aus einer Kriminalisten-Familie.

Thies hatte heute Abend nicht gleich Lust aufs Kino. Vielleicht ist es ja auch ganz gut, so kann er allein und in aller Ruhe mit Boyksen das weitere Vorgehen in dem Fall mit dem verschollenen Toten besprechen.

Paulsen und Boyksen haben sich an einem Tisch in dem Pavillon häuslich eingerichtet. Die plötzliche Regenfront von Sturmtief »Helga« hat Piet Paulsens Anreise im Mutter-und-Kind-Heim etwas hinausgezögert. Ihm ist das ganz recht. Die beiden Senioren sind bester Laune. Boyksen hat Krabbenbrote geschmiert. Und bei *einem* Begrüßungsbierchen ist es ganz offensichtlich nicht geblieben. Boyksen hat seine Schiffermütze in den Nacken geschoben und Paulsen den Schirm des Basecaps nach hinten gedreht, ein deutliches Zeichen, dass er nicht beim ersten Schnaps ist.

»Na, Thies, auch 'n Krrrabbenbrrot?«, fragt Boyksen mit genüsslich rollendem R.

»Danke, Knut, ich hab grad was gegessen, auch Krabben.«

»Aber 'n Buddel Bier, oder?«

»Jo!«

Knut Boyksen und Piet Paulsen waren schon immer ein gutes Gespann. In früheren Fredenbüller Zeiten trugen sie sogar die gleiche Schiffermütze, den klassischen »Elbsegler«. Boyksen trägt ihn noch. Aber Paulsen hat die alte Schippermütze jetzt durch ein blaues Basecap mit dem Logo der Föhr-Amrumer Raiffeisenbank ausgetauscht, ein kleines Zugeständnis an die neuste Mode, meint er. Ansonsten hat Piet Paulsen schon immer so ausgesehen: Lederweste, Gleitsichtbrille und die dritten Zähne, die der Bredstedter Zahnarzt eine Nummer zu groß ausgesucht hat. In diesem Duo ist Knut Boyksen mit seiner Ähnlichkeit zu George Clooney eindeutig der schönere Mann.

»Knut, dat wollt ich auch noch mal beschnacken«,

fällt Thies ein. »Wat machen wir denn nun mit dem Toten aus unserer Pension? Müssen wir nich doch mal in Kiel Bescheid sagen?«

»Wat willste denen erzählen, Thies? Dass Heike... wie soll ich dat sagen... büschen zu lange in ihrer Bio-Sauna gesessen hat? Die Puttkammer hat doch auch keinen Toten gesehen. Nee, Thies, dat sollten wir noch mal abwarten.«

»Na ja, morgen is sowieso erst mal Sonntag.« Und sonntägliche Anrufe kommen bei der »Mord Zwei« in Kiel gar nicht gut an, das wusste Thies ja nun von seinen vergangenen Mordfällen.

Paulsen kaut noch den letzten Bissen seines Krabbenbrotes. Währenddessen fischt er sich schon ein Zigarillo aus dem Päckchen. »Noch mal gemütlich eine smöken, solange dat erlaubt ist.« Paulsen dreht den Stumpen behutsam zwischen den Fingern.

»Ja, Piet, deine Stumpen kassiert die Oberschwester sofort ein. Damit fängt die Kur mal an.« Boyksen zwinkert Thies zu.

»Oha.« Paulsen weiß nicht ganz, wie ernst er das nehmen muss. Vorsichtshalber öffnet er die Tür. Der Regen hat fast aufgehört, die hereinwehende Brise mischt sich mit dem Geruch des Phosphors vom Streichholz und des angebrannten Tabaks. Im abziehenden Regen läuft die Abendfähre auf den Wittdüner Anleger zu. Eine Möwe zieht schrill lachend gen Wattenmeer. Im Hintergrund hört Thies noch ein anderes seltsames Geräusch aus Richtung Zeltplatz. Ein dumpfes Trommeln?

»Was dat für'n Geräusch, Knut?«

»Dat sind Schamanen«, brummt Piet Paulsen, der jetzt rauchend in der offenen Tür steht.

»Bitte? Was?« Thies versteht gar nichts.

»Jo, hatte ich vor 'ner halben Stunde auch noch nix von gehört«, krächzt Paulsen kurzatmig.

»Dat is 'ne ganze Gr-ruppe«, sagt Boyksen. »Ham sich auf'm Zeltplatz einquartiert... in so Art Indianerzelte. Ham ganz verrückte Klamotten an. Und immer am Tr-rommeln.«

»Is ma wat anderes. Dazu 'n gemütliches Friedenspfeifchen.« Piet pustet den inhalierten Rauch in die Nordseeluft.

»Dat geht seit Tagen schon so. Drüben an den prähistorischen Grabhügeln hatten die Sonnenwendfeier oder so was. Auch nachts sind die ununterbrochen am Trommeln. Auch bei Regen. Gibt auf'm Zeltplatz schon mächtig Ärger. Ich mein, geht ja auch nich, jetzt in der Saison.«

»Hat sich allerlei verändert in der letzten Zeit, oder?«, brummt Thies in seine Bierbuddel hinein.

»Jaja«, ächzt Boyksen. »Trommeln, Golf, schicker neuer Fähranleger, der nich funktioniert.«

»Alles modern, dat is der Trend heutzutage«, hustet Paulsen mit dem Rauch seines Zigarillos in die Seeluft.

»Dabei ham wir doch alles, was wir brauchen«, sinniert Boyksen mit Blick aufs Meer. »Ich sach immer, wem dat hier nich passt, der soll doch nach drüben gehen...« Er deutet mit einer Kopfdrehung über das Wasser, »nach Sylt.«

8

»Dio mio, was soll das sein?« Die heisere Stimme des kleinen Italieners in dem schnieken dunkelblauen Anzug bleibt noch leise, aber sie klingt jetzt schon bedrohlich. »Das soll eine *frutti di mare* sein? Meine Mama in Palermo würde sich im Grabe umdrehen.«

»Wieso, dat is 'ne ganz normale Krabbenpizza.« Der nordfriesische Koch in der Norddorfer Pizzeria »La Gondola« ist unbeeindruckt.

»Du willst-e mir erzählen, wie eine ›frutti di mare‹ auszusehen hat?« Der kleine Aldo zischt die Worte förmlich hervor. »Was, verdammte Scheiße, bildest du dir ein? Das hier ist alles Mögliche, aber keine *frutti di mare!*« Seine krächzende Stimme überschlägt sich. Er pfeffert den Teller über den Resopaltisch, dass die Pizza halb herunterrutscht und ein Schwung Nordseekrabben über den Tisch fliegt.

»Wieso, wer hat denn hier wat von Früchte gesacht?«

»Madonna, steh mir bei. Wo bin ich hier gelandet? Wie stellst du Schwachkopf dir das vor? Meinst du, jeder cretino, jeder Depp-e kann daherkommen und den Gästen capricciosa, vongole und scaloppine servieren ...?«

»Moment! Scaloppine ham wir gar nicht auf der Karte.«

»Unterbrich mich nicht… ich mach dich fertig…« Dem Italiener rutscht in seiner Wut die Wrap-around-Sonnenbrille aus dem schwarz glänzenden Haar. »Wir nehmen dir deinen Scheißladen auseinander! *Capisce?*« Der kleine Aldo rückt dem Pizzamann jetzt dicht auf die Pelle. Er muss zu dem Friesen, der gut einen Kopf größer ist, hochsehen.

»Und ich würd sagen, jetzt ist hier erst mal *finito*«, bringt der norddeutsche Pizzabäcker zur Abwechslung mal seine bescheidenen Italienischkenntnisse an. »Wie gesagt, ich hab die Küche schon sauber. Hier is gleich Feierabend, Abtuten und tschüs, mein Freund.«

Solch eine Ignoranz war Aldo bei seinen Kunden noch nicht untergekommen. Er macht diesen Job nun schon etliche Jahre. Normalerweise ist das keine große Sache. Er betritt ein Restaurant, lässt sich eine kleine »Pasta a la Casa« bringen oder auch nur einen Espresso, je nach Tageszeit. Der Padrone steckt ihm unauffällig einen kleinen Umschlag zu und dann verlässt Aldo das Lokal wieder, steigt in seine Alfetta und fährt zum nächsten Kunden. »E basta cosi.« Es gab immer wieder unappetitliche Situationen, aber das ist selten.

Aldo hatte die Betreuung im Bereich Nordfriesland erst vor Kurzem übernommen. Das heißt, eigentlich hatte hier bislang gar keine Betreuung stattgefunden. Ein Skandal. Man hatte die paar italienischen Lokale hinterm Deich und auf diesen Inseln einfach vergessen. Auf Sylt hatte Enzo seine Vertreterbesuche gemacht. Aber sonst? Niente! Und jetzt war Enzo überraschend verstorben. Arbeitsunfall in einer Trattoria im Mecklenburgischen, die vor Kurzem von einem russischen Gastronomen übernommen wurde. Jetzt hat Aldo seinen Job und der begann wenig erfreulich.

Was wollten sie ihm vorhin auf dem Weg hierher in dieser schäbigen Pizzeria auf dem Festland hinterm Deich servieren? Sauerfleisch und »Mehlbüddel«, was immer das sein mochte. Disgustoso. Mit knurrendem Magen hatte er dann in Dagebüll ewig am Anleger warten müssen, bis man ihn auf die Fähre fahren ließ. Aber sein Auto konnte er unmöglich unbeaufsichtigt an Land zurücklassen. Nicht auszudenken, was diese Barbaren aus dem Norden mit seiner Alfetta anstellen würden. Am Fähranleger hatte es einen regelrechten Massenauflauf gegeben. Was wollten die ganzen Touristen hier nur? Bettenwechsel, hatte ihm jemand gesagt. Ein Begriff, mit dem er nichts anzufangen weiß. Warum verbrachten diese Leute ihren Urlaub nicht an der Adria statt mitten in diesem Sturmtief?

Dafür hat er diese Reisestrapazen auf sich genommen? Nur um dieser kleinen Pizzeria am Ende der Welt einen Besuch abzustatten? »La Gondola« – wenn er das schon hörte. Warum heißen Pizzerien alle »La Gondola«? Porca miseria! Pizza ist eine neapolitanische Spezialität, Venedig und seine lächerlichen Gondeln haben damit nichts zu tun. Wann kapieren diese Vollidioten das endlich.

Und dann diese »frutti di mare«! »Terribile!« Eigentlich ist es Aldos Job, den Restaurantbesitzern den gewünschten Schutz anzubieten – gegen ein angemessenes Honorar, versteht sich. Aber in diesem Falle müsste man die Gäste vor dem Koch schützen, dachte sich Aldo. Gab es hier überhaupt Gäste? Was war das für eine Pizzeria, die um neun Uhr schließen wollte? Kein normaler Italiener geht vor neun eine Pizza essen. Und kein Pizzeria-Wirt heißt Torben. Den Namen hat er immerhin aus ihm herausbekommen: Torben, das war doch nicht normal.

»Torben-e, hast du noch nie Probleme gehabt?« Aldos raue Stimme ist wieder ruhig geworden.

»Wat denn für Probleme?«

»Da hast du großes Glück gehabt.« Aldo fragt sich, ob Torben wirklich so ein Spatzenhirn hat oder ob er nur so tut. Er senkt seine Stimme zu einem gefährlichen Flüstern: »So ein Glück währt nicht ewig. Verstehst du mich, Torben-e? Es können unerfreuliche Dinge passieren. Una grande catastrofe! Der Familie kann etwas zustoßen. Es gibt Brände mit ungeklärten Ursachen, Wasserschäden, die von der Versicherung nicht gedeckt sind. Das wollen wir doch vermeiden.«

»Sach ma', bist du so 'n Versicherungsheini?« Torben macht einen Gesichtsausdruck, als wären bei ihm gerade mehrere Groschen gefallen.

Aldo ist fassungslos. Er spürt die Wut in sich aufsteigen. »Si, caro Torben-e, ich bin deine Versicherung… wenn du so willst…« Er stößt ein heiseres Lachen aus. »Dein Schutzengel.« Aldos Augen flackern jetzt gefährlich. Er rückt näher an Torben heran.

Aber der blonde Friese bleibt unbeeindruckt, baut sich vor dem kleinen Italiener auf, um ihm unmissverständlich klarzumachen, dass er jetzt Feierabend hat.

»Ich hab ’n langen Tach gehabt. Wir hatten heute Bettenwechsel.«

Attenzione! Da ist schon wieder das Wort: Bettenwechsel.

»Die ham mich völlig leergefuttert, als wenn dat auf’m Festland keine Pizza gibt. Und jetzt will ich meine Ruhe. Basta mit Pasta!«

Unmissverständlich drängt der hünenhafte Pizzabäcker den kleinen Italiener nach draußen und dreht hinter ihm den Schlüssel im Schloss herum. Mit hochrotem Kopf läuft Aldo durch den Regen zu seinem Alfa.

9

Auf dem Weg zurück zum Kino nach Norddorf lädt Thies den leicht angeschickerten Piet Paulsen im Mutter-und-Kind-Heim ab. Er schaltet die Scheibenwischer auf Intervall herunter. Es hat fast aufgehört zu regnen. Und dann staunt er nicht schlecht. Auf der Inselstraße kommt ihm erst ein auffälliger Jaguar-Oldtimer entgegen, einen Kilometer später ein dunkelblaues Alfa-Coupé, dicht gefolgt von einem Maserati. Das kann doch kein Zufall sein. Das sind hundertprozentig die Fahrzeuge, die er heute Morgen auf der Bundesstraße nach Dagebüll geblitzt hat. Da gibt es keinen Zweifel. Trotz des Regens kann er im Rückspiegel das italienische Kennzeichen »PA« und den affigen Golfer-Aufkleber am Heck erkennen.

Als Thies in Norddorf bei der Hüttmann-Wiese vorfährt, erlebt er die nächste Überraschung. Das alte Seeheim und der gemütliche Pavillon mit dem Kino und der kleinen Galerie sind verschwunden. Stattdessen steht dort jetzt ein Neubau in Neo-Bäderarchitektur, in dem auch das neue Kino untergebracht ist. Jetzt ist Thies auch klar, warum Heike unbedingt ins Kino wollte. Sie war neugierig auf das neue Dorfgemeinschaftshaus.

Er schüttelt den Kopf, als er den Wagen vor der Pizzeria parkt. Gerade mal ein Jahr war er nicht hier, aber

Thies erkennt die Insel kaum mehr wieder. Der Fähranleger sieht aus wie ein Containerterminal. Auf der Wiese steht ein Wellness-Resort, auf dem Zeltplatz am Leuchtturm wird rund um die Uhr getrommelt, im Blumenladen residiert ein Maklerbüro und das alte Kino ist abgerissen. Dafür gibt es jetzt ein neues, das aber offensichtlich nur alte Filme zeigt. In den Schaukästen hängen die Plakate einer ganzen Hitchcock-Reihe, die in den nächsten Tagen auf dem Programm stehen.

»Papa, Papa, im Kino war wieder derselbe komische Mann.« Telje und Tadje kommen nach der Vorstellung als Erste aus dem Kino gestürmt.

»Und er hatte wieder genau diese Socken an.« Tadje kleben um den Mund herum überall Popcornkrümel.

»Was ihr bloß mit euren Socken habt.« Thies wischt ihr die Krümel aus dem Gesicht.

»Papa, es waren dieselben Karos und er hatte auch so komische Schuhe an«, bestätigt Telje.

»Na, ihr Süßen, ihr habt ja wieder eine blühende Fantasie.« Thies wendet sich an Heike. »War der Film für die beiden Mädels denn überhaupt schon was?« Er hat da seine Zweifel.

»Menno, wir spinnen nich rum«, quengelt Telje ungeduldig und lässt die Handschellen an ihrem Gürtel baumeln.

»Nein wirklich, Thies«, sagt Heike, »eben in dem Film, der Mann hatte eine verblüffende Ähnlichkeit mit dem toten Kerl bei uns im Bett.«

»Und dieser Harry war auch immer wieder verschwunden«, berichtet Telje stolz. »Genau wie der Mann bei uns.«

Thies fehlen die Worte. Irgendwas stimmt mit seinen drei Mädels nicht. Die Zwillinge spinnen ja oft ein bisschen rum. Aber Heike? Ist das der Klimawechsel? So gewaltig kann der ja eigentlich nicht sein. Fredenbüll liegt schließlich auch an der Nordsee.

Neuer Mordfall hin oder her, Thies ist trotzdem froh, dass er die »Mord Zwei« in Kiel noch nicht alarmiert hat.

10

Die »Kombüse« ist bis auf den letzten Platz besetzt. Durch die Luke zur Küche kommen wie am Fließband die Spezialitäten des Hauses: friesische Bouillabaisse, Bratheringe, Pannfisch und der berühmte Krabbencocktail. Der Geräuschpegel ist beträchtlich. Nach einem Tag am Meer, nach ein paar Bierchen und dem guten Essen sind die Gäste richtig aufgedreht. Wer etwas auf sich hält, sitzt abends in der »Kombüse« an den gemütlichen engen Tischen zwischen alten Kacheln, Schiffslaternen, Kapitänsbildern, Flaggen und einer barbusigen antiquarischen Galionsfigur.

Die Plätze an der Bar sind von braun gegerbten Ferienhausbesitzern belegt, die dort ihren Barhocker für die ganze Saison reserviert haben. Sie dozieren allabendlich über die einzig mögliche Art, eine Seezunge zu braten, und beschweren sich, dass die Saisonurlauber ihnen die Plätze auf der Autofähre streitig machen. Dazwischen sitzt, wenn er Platz findet, auch mal ein Amrumer, der sich das geduldig anhört.

Heute Abend hat sich der kleine Italiener Aldo einen Hocker an der Bar erobert. Nach seinem Pizzeriabesuch beruhigt er sich bei einem Aperitivo. Er flirtet mit Barfrau Elke und lässt sich von ihr in die Geheimnisse der Heringsmarinaden einführen. In der zweiten Reihe und am Eingang drängeln sich hektisch ein paar gerade angestrandete kalkweiße Neuankömmlinge, die Angst haben, keine Bratkartoffeln mehr abzubekommen. Elke hat alle Hände damit zu tun, die Wartenden mit einem Pils zu beruhigen.

Zwischendurch werfen Wirt Jan und Küchenhilfe Raik Rettmer abwechselnd immer mal einen Blick aus ihrer Durchreiche in den Gastraum. Rettmer ist heute voll in Aktion. Er hat dreißig Schollen gebraten, vierzig Portionen Bratkartoffeln und vor allem etliche Krabbencocktails garniert, wofür er schon lange zuständig ist.

Heute ist jeder Tisch dreimal besetzt und Raik sollte mal wieder alles gleichzeitig machen, die Majonäse für die Krabbencocktails anrühren, kiloweise Kartoffeln schälen und Fische filetieren. Heute Morgen hatten sie vom Kutter Petermännchen bekommen. Das grätenarme Petermännchen macht sich in der friesischen Bouillabaisse hervorragend. Der Fisch mit dem netten Namen hat nur einen kleinen Makel. Er ist hochgiftig. Es ist der einzige Giftfisch der Nordsee und einer der giftigsten in ganz Europa.

»Pass bitte auf«, hatte Jan gesagt, als er Raik in der Küche wie einen Samurai mit dem Messer herumfuchteln sah.

»Dat is nich der erste Fisch, den ich klar mach«, hatte Rettmer gebrummt und das große Kochmesser lässig an der Mittelgräte entlanggleiten lassen.

Es kommen immer noch neue Gäste. Vor dem Lokal stehen rauchend mehrere Wartende. Drinnen steigt der Geräuschpegel. Lautes Lachen und an die Bar gerufene Bierbestellungen mischen sich mit dem Klappern der Bestecke. Auf der schmalen Zweierbank an dem kleinen Schiffstisch drängeln sich drei Personen. Ein Platz an dem begehrten Ecktisch allerdings ist seltsamerweise nicht besetzt. Der Sitz unter dem alten Kapitänsbild mit dem Dreimaster in schwerer See vor Sansibar ist heute Abend leer geblieben.

Seit einiger Zeit trifft sich an diesem Tisch jeden Samstag ein kleiner Kreis, um bei Jans berühmtem Krabbencocktail die neusten Bauprojekte zu besprechen. Zu der Runde gehören Happy Puttkammer, der Hamburger Großmakler Hans-Rüdiger Jungius, die Investment-Bankerin Inez Schulz, der neue rheinländische Chef des Tourismusbüros Heiner Griepenstroh und vor allem natürlich der Initiator des Kreises, der Schleswiger Bauunternehmer Horst Pohlmann. Seine Bagger und Lastwagen mit den stilisierten roten Backsteinen auf dem Pohlmann-Logo sind in ganz Norddeutschland unterwegs.

»Wo habt ihr euren Horst denn heute gelassen?«, fragt Bardame Elke beim Servieren der Aperitifs.

»Wir machen uns auch schon langsam Sorgen«, sagt Griepenstroh in seinem rheinischen Singsang.

Happy Puttkammer lässt einen verstohlenen Blick durch die Runde schweifen, dann strubbelt sie sich hektisch durch ihre Sylter Frisur.

»Horst ist nämlich heute mit dem Bezahlen dran.« Der Makler Hans-Rüdiger Jungius setzt sein blasiertes Grinsen auf, dann bricht er in übertrieben lautes Lachen aus und streicht sich mit der flachen Hand über das nach hinten gegelte Haar. »Der alte Maurermeister will sich wohl mal wieder drücken, haha.«

»Wart ihr nicht heute noch golfen, Hans-Rüdiger?«, fragt Happy.

»Ja, die neuen Golfschläger ausprobieren. Aber da war er schon wieder mächtig kurzatmig.«

»Wo ihr bloß immer Golf spielt?«, wundert sich Bedienung Elke.

»Da muss man sich was einfallen lassen. Bisher gibt es nur ein schönes ›Rough‹, aber das wird sich ja nun bald ändern, was, Heiner?« Jungius grinst hämisch und zwinkert dem Touristikchef zu.

»Die Insel muss attraktiver werden. Dafür wollen wir etwas tun.« Griepenstroh, der bereits den großen friesischen Vorspeisenteller vor sich hat, hebt kauend das Sektglas.

»Jan-Darling, für uns musst du einfach immer einen Schampus kalt stellen«, ruft Happy Puttkammer dem Wirt, der gerade aus seiner Durchreiche herausguckt, einmal quer durch das Lokal zu. »Aber wirklich! Wir müssen hier schon wieder Prosecco als Aperitif trinken.« Happy blickt in die Runde und verdreht lachend die Augen. »Er weigert sich einfach.« Wirt Jan verschwindet kommentarlos hinter seiner Küchenluke.

»Wenn wir erst mal unseren Golfplatz haben, dann bekommst du auch deinen Schampus«, flüstert Griepenstroh ihr hinter vorgehaltener Hand zu und löffelt schwitzend ein ganzes Schälchen Heringssalat »nach Hausfrauenart« gierig in sich hinein.

»Sonst gehen wir mal woandershin«, sagt die junge blonde Investmentbankerin Inez Schulz.

»Inez, mein Schatz, es ist das einzige Lokal auf Amrum, in dem man essen kann, vergiss nicht, wir sind hier nicht auf Sylt«, raunt Happy mit rauchiger Stimme, während sie in ihrer Gucci-Handtasche mit Jaguarmuster nach der Lesebrille sucht. »Elke, was habt ihr denn heute außerhalb der Karte?«

»Erst mal bekommen wir ja alle unseren Krabbencocktail.« Hans-Rüdiger Jungius, wegen seiner rabiaten Grundstücksgeschäfte von den Insulanern der »Blanke Hans« genannt, kippt den Inhalt des Sektglases in einem Zug, gefolgt von einem wohligen »Ahhh«. Er streicht sich über seinen Bauch, den er unter einem rosa Hemd versteckt, das er lässig über der Hose trägt.

»Wir haben heute Petermännchen vom Kutter bekommen, ganz was Leckeres«, verkündet Elke stolz und sieht Raik Rettmer an, der jetzt mit einem Tablett voller Krabbencocktails neben ihr an den Tisch tritt. Er stellt das Tablett kurz auf der alten Seekiste ab, auf der neben einigen Schnapsflaschen eine antiquarische Löffelente aus Holz steht.

»Wie serviert ihr den Fisch? Gebraten?«

»Nö, den macht Raik in einer seiner leckeren Soßen. Oder, Raik?«

»Jo«, brummt Rettmer, der jetzt eine Kochjacke über dem Möwenschiss-T-Shirt trägt.

»Sind da auch keine Gräten drin?«, will die blonde Bankerin Inez wissen und streichelt gleichzeitig die letzten Mails des Tages auf ihr Smartphone. Sie blickt kurz auf. »Ich mag nämlich keine Gräten.«

»Und wo is dat Problem?« Raik setzt seinen provozierenden Blick auf. »Wir machen dat hier so, dat wir die einfach nich mitessen.«

Der »Blanke Hans« Jungius bricht in lautes Lachen aus, dass die Leute vom Nebentisch sich umdrehen.

»Na, Kinder, erst mal gibt es Krabbencocktails«, freut sich Happy Puttkammer.

»Hier war'n fünf bestellt.« Rettmer blickt in die Runde. »Euer Bauunternehmer noch gar nich da? Ich stell ihm seinen Cocktail schon mal hin, oder?«

Die Spezialität des Hauses wird in kurzstieligen Glasschalen mit kleinen Papierfähnchen mit den nordfriesischen, schleswig-holsteinischen oder dänischen Farben serviert.

»Stell mal hin«, sagt Jungius gönnerhaft. »Pohlmann kommt bestimmt gleich. Und wer nimmt dieses Petermännchen? Macht ihr alle mit?« Mit seiner hemdsärmeligen Art hat er mal wieder alles im Griff.

»Klingt doch lustig«, quiekt Happy.

»Für mich aber, statt Kartoffelsalat, bitte mit Salzkartoffeln.« Inez muss immer eine Extrawurst haben.

Der »Blanke Hans« bestellt eine Runde Schnaps, leckt sich eine Krabbe von seinen wulstigen Lippen und erzählt den ersten Friesenwitz des Abends. »Wie versenkt man ein friesisches U-Boot?« Jungius ist ein berüchtigter Witzeerzähler und heute Abend ist er in Hochform. Inez rümpft die Nase und Happy verdreht die Augen. Aber bei Griepenstroh kommen die blöden Witze bestens an.

»Einfach anklopfen. Irgendeiner macht die Tür schon auf, hahaha.«

Normalerweise kann das ganze Lokal mithören. Heute allerdings kommt die Immobilienrunde gegen die Geräuschkulisse nicht an. Nur Aldo sieht von der Bar herüber und blinzelt der blonden Inez Schulz zu.

Die Runde bekommt es zuerst gar nicht mit, dass Nils Gerckens auf einmal am Tisch steht. Er hat Wirt Jan gerade mehrere Stiegen wilde Austern vorbeigebracht. Gerckens hat immer noch seinen durchnässten Anorak an, Haare und Bart sind heute besonders zerzaust. Wie auf Kommando geht er auch gleich auf Griepenstroh los.

»Was soll das eigentlich, dass ihr von der Touristik letzte Woche schon wieder vier vogelkundliche Führungen gemacht habt«, schnauzt er ihn an. Im Lokal wird es jetzt merklich ruhiger. »Das ist mein Job!«

»Ist nur die Frage, wie lange noch«, gibt Griepenstroh mit hochrotem Kopf und überheblich grinsend zurück.

»Ich bin seit dreißig Jahren auf der Insel, du Arsch, und dich sind wir hier bald wieder los, das kann ich dir versprechen.« Er nimmt einen halbvollen Küstennebel vom Nebentisch und schüttet Griepenstroh den Schnaps ins Gesicht.

Der rheinländische Kurdirektor ist sprachlos. Und auch den anderen am Tisch fehlen die Worte. Wirt Jan kommt sofort aus der Küche gestürzt und zieht Gerckens an der Kapuze seine Anoraks vom Tisch weg. »Komm, Nils, nu' lass ma' gut sein! Mal ganz ruhig. Nich hier im Lokal. Ich glaub, ich spinne!«

Griepenstroh wischt sich mit der Serviette den Schnaps aus dem Gesicht.

»Heiner, dat is mir unangenehm, wat kann ich dir

Gutes tun? Gleich mal ’n paar von den frischen Austern?«, bietet Jan an.

Griepenstroh ringt einen Moment um Fassung. Happy Puttkammer wischt ihm mit der Serviette einen letzten Tropfen Küstennebel von der Wange. »’n paar Austern als kleiner Zwischengang, warum eigentlich nicht«, schnauft Griepenstroh, der den Vorgang erstaunlich locker nimmt.

Der Schleswiger Bauunternehmer Horst Pohlmann fehlt immer noch. Auf seiner Handynummer, die Inez ein paarmal anwählt, meldet sich nur die Mailbox. Jungius blickt bedeutungsvoll zu Happy. Inez macht sich langsam Sorgen. Denn der gute Horst hat Probleme mit dem Herzen und außerdem gibt es wegen des Friesenparks und Golfplatzes in letzter Zeit Meinungsverschiedenheiten in der Cocktailrunde. Der schneidige Touristikchef macht auf einmal Zicken.

Doch das kann die Stimmung heute Abend nicht trüben. Während des Hauptgangs und nach mehreren Schnäpsen wird es immer ausgelassener. Die Gesichter der beiden korpulenten Männer Jungius und Griepenstroh leuchten jetzt dunkelrot. Und die aufgekratzte Happy Puttkammer sieht im warmen Licht der elektrisch umgerüsteten alten Petroleumlampe blühend aus. Nur Inez ist bleich – wie immer. Außer ihrem Namen hat die strenge Blondine herzlich wenig von einer Spanierin. Selbst nach mehreren Tagen an der See hat sie immer noch die weiße durchscheinende Haut. Seit sie Marathon läuft, ist sich noch dünner geworden, und bei der Bankenkrise hat sie zusätzlich ein paar Kilo verloren. Auch wenn sie kein Businesskostüm trägt, wirkt sie wie auf dem Weg zum nächsten Banker-Meeting, immer etwas unnahbar in ihren frisch gebügelten Poloshirts.

»In Hamburg planen wir jetzt eine Seilbahn über die Elbe«, schwadroniert der gegelte Makler. »Wäre das nicht auch etwas für die Inseln, Heiner, eine Seilbahn zwischen Amrum und Sylt? Das sage ich jetzt noch ›off the record‹, aber das wäre touristisch ein echter Knaller.«

Raik Rettmers hört interessiert aus der Küchendurchreiche mit. Und auch an den Nebentischen werden die Ohren immer länger. Inez Schulz wechselt einen interessierten Blick mit dem flotten kleinen Italiener an der Bar.

»Auf der Insel muss endlich was passieren. Aber erst mal machen wir unseren Golfplatz.« Griepenstroh schlingt ein großes Filetstück Petermännchen in sich hinein. »Und unser Friesen-Resort am Watt.«

»Mit Sylt bin ich durch, aber hier ist noch was möglich. Mein Konzept ist ja, Verwöhnmomente zu schaffen«, säuselt Happy.

»Happy, nichts für ungut, aber wir müssen da einen Schritt weitergehen«, sagt Inez Schulz mit dünner, aber strenger Piepsstimme. »Das Friesenresort wird ein First Class Hideaway.«

»Home away from home! Ganz neues Konzept!«, posaunt der »Blanke Hans«.

Raik Rettmer und Wirt Jan tuscheln in der Durchreiche.

»Die Gäste sollen sich wie zu Hause fühlen«, erklärt

Inez und unterbricht das lustlose Herumgestochere in ihrem Fisch. »Die Gäste finden ihre gewohnte Kaffeemischung vor, Servietten mit ihren Initialen. Jeder hat einen eigenen Weinkeller mit seinen Lieblingsgewächsen.«

»Da ist das Wetter dann egal. Dann ziehst du dir einfach einen dicken Pullover an, spielst ein paar Löcher Golf, anschließend zündest du den Kamin an und dekantierst dir im Bademantel unterm Reetdach deinen Lieblings-Roten. Das ist doch richtig knuffig. Prost!« Jungius nimmt einen kräftigen Schluck aus seinem Pilsglas, leckt sich die Lippen und macht »Ahhh«.

»Das wollte ich noch mit euch bereden«, Inez Schulz flüstert jetzt. »Die Zeichnung unseres ›Island Resort Investment Fund‹ läuft gut an …«

Kurdirektor Griepenstroh unterbricht sie, auf Kölsch, aber diesmal leise. »Dat bringt misch drauf, wat is eigentlisch mit meinen Anteilen.«

»Komm, mein lieber Heiner«, sagt Jungius jovial, aber deutlich. »Du bist ja nun schon ganz gut auf deine Kosten gekommen.« Und dann etwas leiser. »Sahnestück im Friesenpark …«

»… und ein hübsches Päckchen, damit du das Apartment auch bezahlen kannst«, zischt Inez Schulz giftig.

Raik Rettmer lehnt sich weit aus der Küchenluke heraus, um etwas mitzubekommen.

»Heiner, ich hab ganz andere Probleme«, sagt Inez wieder ruhiger. »Ihr wisst ja, in der nächsten Woche haben wir die Gäste für unser Investoren-Summit hier.« Ihre Stimme wird noch einmal leiser. »Ich hatte gedacht, bei den Hünengräbern, wo wir mit Loch Achtzehn und dem Clubhaus hinwollen, stellen wir so countrystylemäßig einfach einen derben Tisch mit einem kleinen Imbiss auf. Was zünftig Maritimes. Ein kleines Gläschen dazu …«

Vergeblich bemüht sich Raik Rettmer, von seiner Durchreiche aus etwas mitzubekommen, aber er kann bei dem Lärm nichts mehr verstehen.

»Und abends geben wir dann richtig Gas«, fährt Hans-Rüdiger Jungius lautstark fort. »Kutterfahrt im Mondschein mit Austern und Schampus, das ganz große Tennis!«

»Ja, Hans-Rüdiger, nun pass auf. Als ich mir eben noch mal den Ort angesehen hab, dachte ich, mich trifft der Schlag. Sitzen da diese Trommler.« Die Bankerin hat wieder ihre normale Piepslautstärke. »Hallo! Das geht ja wohl gar nicht.«

Touristikchef Heiner schüttelt ratlos den Kopf. »Ich weiß es auch nicht, plötzlich waren sie da. Es ist mir ein Rätsel, wo diese Verrückten auf einmal alle herkommen. Ich hab solche Typen vorher noch nie gesehen.«

Der »Blanke Hans« hat eine Idee: »Kann man die Trommelfreunde nicht irgendwie einbinden? So wikingermäßig mit einer Session bei Sonnenuntergang.«

»Nee, Hans, no chance, die sind unberechenbar. Die Bekloppten müssen runter von der Insel.«

Die Cocktailrunde ist voll in ihrem Element. Nur der Krabbencocktail von Baulöwe Pohlmann steht immer noch unberührt auf seinem Platz unter dem Dreimaster vor Sansibar. Inez Schulz, noch etwas bleicher, steht mittlerweile an der Bar neben dem Italiener und ordert einen Magenbitter.

Aldo, der mit seinem dunklen Jackett und der Sonnenbrille im Haar auffällt, hat einen Teller »Friesische Bouillabaisse« vor sich und sucht sofort das Gespräch.

»Signora Elke hat mir erzählt, bella Signora fahren dieses silberne italienische Auto, diesen wunderschönen Gran Tourismo. Ich glaube, wir sind uns auf dem Weg hierher auf Landstraße schon begegnet. Und ich muss sagen, Signora fahren *molto sportiva. Complimenti!*«

Inez Schulz fühlt sich gebauchpinselt und lächelt den Italiener herausfordernd an.

»Darf ich bella Signora Inez, ich darf doch so sagen, zu einem Drink einladen. Was trinken Sie?«

»Einen Magenbitter. Was nimmt man da?«

»Ramazotti«, sagt Aldo in schönstem Italienisch. »Solo Ramazotti, bella Signora.«

Auch am Kapitänstisch wird Hochprozentiges geordert. »Da kommt ja endlich der Schnaps«, poltert Jungius, als Bardame Elke mit einer neuen Runde Aquavit an den Tisch kommt. »Heute brauchen wir dringend einen Schnaps. Das Essen liegt irgendwie schwer im Magen.« Die anderen am Tisch nicken. »Aber der Krabbencocktail war wieder eine Wucht.«

»Raik hat sich auch wieder besondere Mühe gegeben«, sagt Elke und Rettmer nickt aus seiner Küchenluke heraus und verzieht die Mundwinkel zu einem hämischen Grinsen.

»Wenn Raik uns so gute Krabbencocktails kredenzt,

dann legen wir auch noch mal ein bisschen drauf, damit er sich endlich von seinem letzten kleinen Wiesenstückchen trennt.« Der »Blanke Hans« flüstert jetzt. »Wir brauchen den Wiesenzipfel unbedingt für unser Par-5-Loch.«

»Was soll hier mit den Krabben von Horst werden?«, fragt Happy. »Will die nicht noch jemand? Wär doch schade drum.«

»Dann will isch misch mal erbarmen«, japst der dicke Griepenstroh auf Kölsch, greift sich gierig das übriggebliebene Glas und beginnt sofort zu löffeln.

»Elke, was hat er heute an der Majonäse dran gehabt?«, will Happy wissen. »War irgendwie anders. Ein spezielles Gewürz?«

»Da muss ich fragen. Eigentlich wie immer. Aber manchmal hat Raik so verrückte Ideen.«

»Salmiak«, behauptet Happy Puttkammer. »Oder Ammoniak.«

»Ja, schmeckt ein bisschen nach Ammoniak«, schmatzt Griepenstroh und leckt sich die Majonäse von den Lippen. »Tatsächlich, könnte Ammoniak sein.«

Griepenstroh zögert. Irgendwie schmeckt es ihm gar nicht mehr so richtig.

Auf einmal verzieht er das Gesicht. Wie vom Schlag getroffen sitzt er mit vollem Mund da. Der ohnehin schon rote Kopf läuft noch dunkler an. Dem fröhlichen Rheinländer steht das Entsetzen ins Gesicht geschrieben.

»Heiner, was ist los?«

Griepenstroh röchelt. »Ich weiß auch nicht, irgendwas im Hals.« Er hustet.

»Hier, nimm mal einen Schluck Bier.« Jungius reicht ihm sein Glas, Griepenstroh trinkt vorsichtig.

»Besser?«, fragt Happy.

Der Touristikchef japst, schluckt mühsam, fängt sich langsam. »Ich weiß auch nicht… der zweite Krabbencocktail war vielleicht ein bisschen viel.« Er atmet schwer.

»Mensch, Heiner, was ist los mit dir?«, fragt Jungius.

»Dat fühlt sisch an wie 'ne Gräte im Hals.« Der Touristikchef erhebt sich schwerfällig und steht etwas bedröppelt am Tisch herum.

»Gräte im Krabbencocktail? Kann ja eigentlich nicht sein«, stellt Inez fest.

»Komm, Heiner, ich fahr dich nach Wittdün runter«, sagt Jungius.

»Hans-Rüdiger, du solltest vielleicht nicht mehr fahren«, gibt Happy zu bedenken.

»Und du auch nicht mehr, Happy«, sagt Inez. »Ich bring dich, obwohl, ich hab eigentlich auch ein bisschen zu viel getrunken …«

Da kommt Aldo, der das Geschehen von der Bar aus beobachtet hat, an den Tisch geschwänzelt. »Ich kann Sie fahren, Signore.«

»Das ist wirklich nicht nötig.«

»Si, si, non c'è problema, ich helfe gerne.« Aldo, einen halben Kopf kleiner als Inez, steht jetzt neben ihr und hebt beschwichtigend die Hände. »Signora Inez kommt am besten mit und dann bringen wir beide den Signore nach Hause.«

»Meinen Sie wirklich? Ich weiß ja gar nicht, wie Sie heißen.«

»Mi chiamo Aldo, Signora. Andiamo, gehen wir.«

»Inez hat sowieso das schnellste Auto, haha. Und, Happy, wir beiden Hübschen gehen noch mal zu Elke an die Bar.«

Inez zückt ihre Autoschlüssel mit dem Maserati-Dreizack-Logo. Heiner Griepenstroh verabschiedet sich ungewöhnlich kleinlaut. Raik Rettmers Kopf ist aus der Durchreiche verschwunden. Raik wirbelt mit dem Schrubber und macht in der Küche Klarschiff.

»Warum streuen die Friesen Pfeffer auf ihre Fernseher?«, ruft der »Blanke Hans« polternd in die Bar-Runde.

»Hans-Rüdiger, bitte«, würgt Happy den Witz ab. »Bestell uns lieber noch einen Kurzen. Mir ist auch nicht so gut.«

11

Nils Gerckens ist stocksauer, nachdem er mehr oder weniger aus der »Kombüse« herauskomplimentiert wurde. Wenn er die Visagen dieser neureichen Wichtigtuer nur sieht, wird ihm schlecht. Die haben sich garantiert alle gegen ihn verschworen. Und hundertprozentig steckt auch einer von denen hinter der Sache mit dem Sack. Wenn er nicht zufällig dieses Auto mit dem Fernglas beobachtet hätte, wüsste er überhaupt nichts von dem unförmigen Paket in seinem Schuppen. Auf den ersten Blick war das nämlich gar nicht zu entdecken gewesen, weil es versteckt hinter den vergitterten Holzkästen lag, in denen er verletzte Vögel transportierte um sie hier zu versorgen und mit Markierungen zu versehen.

Nicht auszudenken, was passiert wäre, wenn er den Toten in dem Kunststoffsack nicht entdeckt hätte. Von wem mochte das perfide Geschenk wohl stammen? Es gibt genug Leute auf der Insel, die ihm eins auswischen wollen, die ihn loswerden wollen, nicht nur sein neuer Intimfeind Griepenstroh.

Er hatte den Toten in den Golfklamotten natürlich sofort erkannt. Als Nils die Plastikplane einmal der Länge nach aufgeschnitten und ein Stück zur Seite gezogen hatte, stierten ihn aus einem kalkweißen Gesicht zwei tote Augen an. Über Ohr und linker Wange des Mannes klebte eine lange Haarsträhne. Nils wurde für einen Moment weich in den Knien. Schnell drehte er sich erst mal eine Zigarette, um sich wieder etwas zu fangen.

Über diese blödsinnigen Golfklamotten hatte er ja schon immer den Kopf geschüttelt. Wie konnte ein erwachsener Mensch so herumlaufen? Aber für einen Toten war der Aufzug besonders absurd, dieser knallgelbe Pullunder mit dem aufgestickten Golfschläger und die Burlington-Socken mit den blauen und gelben Rhomben. Er hatte Bauunternehmer Pohlmann schon etliche Male von Weitem mit dem Fernglas beim Golfen auf der Salzwiese beobachtet. Und heute Nachmittag hatte er ihn und den gegelten dicken Makler mit ihren Golfschlägern auf der Salzwiese erwischt. Er hatte sich die beiden mal so richtig vorgenommen und war besonders mit dem bräsigen Bauunternehmer heftig aneinandergeraten. Einer dieser beiden Knallschoten hatte seine Löffelente auf dem Gewissen, da war sich Nils sicher.

Ja, der Golfer hatte es eben nicht anders verdient.

Aber was sollte er jetzt mit diesem Toten anstellen? Die Polizei konnte er unmöglich rufen. Wie sollte er den Beamten eine gutverpackte Leiche in seinem Geräteschuppen erklären?

So hatte Nils kurzerhand beschlossen, den toten Golfer so schnell wie möglich aus seinem Naturschutzgebiet zu entfernen. Er wusste auch schon, wem er den bleichen Baulöwen ins Nest legen könnte. Er verklebte die aufgeschnittene Plane wieder und versteckte den Sack mit dem Toten zusätzlich unter mehreren Müllsäcken und einigen Styropor-Kisten, die in dem Schuppen herumstanden. Er hoffte, dass in den nächsten Stunden niemand hier in der Vogelwarte aufkreuzte. Aber er musste warten, bis es dunkel wurde und niemand mehr auf der Insel unterwegs war.

Es ist immer noch windig, aber trocken. Der Nordstern blinkt hell. Fast am ganzen Himmel leuchten Sterne. Ein paar löchrige Wolkenfetzen werden über den Himmel getrieben. Nils' Anorak ist von dem heftigen Regen vorhin immer noch klamm. Er macht im Schuppen kein Licht. Nachdem er sich an die Dunkelheit gewöhnt hat, findet er sich ohne Probleme zurecht. Er räumt die Kisten beiseite und zerrt den Sack mit dem Toten nach draußen. Aus dem Küchenfenster des Reetdachhäuschens fällt Licht in die Dunkelheit. Er holt das Fahrrad mit dem Anhänger, auf dem er normalerweise verletzte und mit Teer verklebte Vögel transportiert, und hievt das Paket mit dem toten Bauunternehmer auf den Anhänger. Der Körper ist starr und sperrig. Er verdeckt den Toten mit einer zusätzlichen Plane. Ganz gegen seine sonstige Gewohnheit ist Nils nervös. Der Transport einer Leiche ist doch etwas anderes als militante Protestaktionen gegen Umweltverbrechen. Als er mit seinem Fahrradanhänger ohne Licht unter dem Sternenhimmel den Sandweg Richtung Süden fährt, redet er sich selber ein, dass es eigentlich kein großer Unterschied ist, ob man eine kranke Kegelrobbe oder einen toten Golfer über die Insel kutschiert.

Nils nimmt den Fahrradweg, der zwischen Dünen

und Straße über die ganze Insel führt. Er muss kräftig in die Pedale treten, um den Anhänger auf dem holprigen Sandweg in Fahrt zu halten. Bei jedem Schlagloch macht das Paket auf seinem Fahrradanhänger einen Hüpfer. Unterwegs meldet sich der Eiderenten-Klingelton seines Handys in der Anoraktasche. Nils drückt ihn weg.

Der Wind hat sich gelegt. Mittlerweile ist keine einzige Wolke mehr am Himmel zu sehen. Die Milchstraße spannt sich funkelnd einmal über den ganzen Himmel. Dazwischen wirft der Leuchtturm alle paar Sekunden seinen Lichtkegel über ihn hinweg. Nils biegt Richtung Strand ab. Er hat überlegt, dem oberschlauen Griepenstroh die Leiche vor die Tür seines Touristikbüros zu legen oder der flotten Happy vor ihre Edelhütte. Aber in den Ortschaften war es auch nachts zu riskant für ihn. Und so war ihm gleich sein neuster Freund, der Eisverkäufer, eingefallen, der mit seinem idiotischen Quad am liebsten durch die Dünen kachelt, um auch noch den letzten brütenden Vogel zu vertreiben. Die große Kühlbox, die er mehrmals am Tag mit seinem Gefährt über den Strand kutschiert, steht auch heute Nacht wieder an der kleinen Strandbude neben der Surf-Station. Der Strand ist glücklicherweise menschenleer. Für Sternengucker und nächtliche Liebespaare war das Wetter am Abend zu schlecht gewesen.

Gerckens schiebt das Rad mit dem Anhänger über den Bohlenweg. Die letzten Meter muss er den Anhänger durch den Sand ziehen. Dabei kommt er ganz schön aus der Puste, aber er hat Glück: Die Eisbox ist unverschlossen. Er öffnet die Kiste. Sie ist leer. Auf dem Boden liegen nur ein paar Papierschnipsel und Staniolstreifen von alten Eistüten. Gerckens wuchtet das Paket aus dem Fahrradanhänger. Irgendwie kommt ihm das Ding auf einmal schwerer vor. Er hebt den Sack in die Kühlkiste. Dabei rutscht ihm das Paket aus den Händen und das Plastik reißt wieder an der Stelle, an der er die Folie vorhin aufgeschnitten hatte. Für einen kurzen Augenblick starrt der Tote ihn wie entsetzt immer noch mit offenen Augen an. Nils zuckt zusammen und lässt seine Fracht vor Schreck los. Dabei reißt auch am unteren Ende des Pakets die Folie auf. Im kalten Mondlicht ragt jetzt ein bleiches Männerbein samt karierter Socke und Golfschuh aus der Kiste. Die blaugelben Rhomben leuchten bizarr in der Nacht. Nils schwitzt Blut und Wasser. Hektisch zerrt er an dem Toten herum und zwängt dessen Bein mit aller Kraft in die Holzkiste. Dabei merkt er nicht, dass er den Golfschuh verliert. Fahl fällt das Mondlicht in die Eiskiste und beleuchtet das Gesicht des Golfers. Auf dessen bleicher Wange klebt ein Papierfetzen mit einer stilisierten Erdbeere und dem Schriftzug »Cornetto«.

12

Das Watt glitzert in der Morgensonne. In den Pfützen, die das ablaufende Wasser zurückgelassen hat, spiegelt sich der strahlend blaue Himmel. Die Regenfront von gestern hatte sich genauso schnell wieder verzogen, wie sie gekommen war. Am Himmel sind nur wenige Wolken zu sehen. Aber die nächsten Regengüsse sind bereits vorhergesagt. Tief »Helga« hat die Küste noch gar nicht richtig erreicht. Aber an diesem Morgen können die Regenjacken mal auslüften. Die Zehn-Uhr-Fähre steuert auf den Wittdüner Anleger zu. Auf dem Wasser weiter draußen leuchten grell die Segel von zwei Booten. Dahinter sind im flirrenden Gegenlicht, wie auf das Wasser gesetzt, die Halligen zu erkennen.

Am ersten Morgen der Ferien muss Thies Detlefsen erst mal zum Krabbenholen an den Kutter. Als er auf dem Fahrrad den Sandweg zum Steenodder Hafen hinunterfährt, sieht er schon von Weitem seinen alten Kollegen Knut Boyksen vor dem Pavillon des Amrumer Segelclubs sitzen. Vor dem kleinen Steuerhaus auf der Mole steht eine lange Schlange. Hier werden jeden Morgen die frisch angelandeten Krabben und die Fische, die der Kutter als Beifang im Netz hat, verkauft. Krabben gibt es genug, aber die Fische sind meist knapp. Deshalb entbrennt zwischen den wartenden Fischliebhabern regelmäßig ein Kampf um die Reihenfolge in der Schlange, ein Schauspiel, das sich Knut Boyksen nicht entgehen lässt.

Heute leistet Piet Paulsen ihm Gesellschaft. Die beiden haben es sich auf der Sonnenterrasse, die vor dem weißen Holzhäuschen auf dem Deich thront, gemütlich gemacht. Zwei Schafe und drei Lämmer, die auf dem Deich stehen, bestaunen die beiden Rentner höchst interessiert. Gleich nach dem Frühstück hat Paulsen die Flucht aus dem Kurheim ergriffen. Er hat sich spontan entschlossen, die Einführungsstunde in das Seminar »Richtig atmen« zu schwänzen, und den nächsten Bus Richtung Wittdün genommen.

»Da komm ich jederzeit wieder rein«, hustet Paulsen. »Ich mach dat Atmen ja nun schon ’n paar Jahre.« Er zündet sich ein Zigarillo an und pustet den Qualm in die morgendliche Nordseeluft.

»Mensch, Thies, wo hast dat olle Fahrrad denn aufgetrieben?«, ruft Knut Boyksen ihm entgegen, ohne dabei das Krabbenpulen einzustellen.

»Jaaa!« Thies macht eine bedeutungsvolle Pause. »Aus unserer Pension. Dat is ’n Oldtimer sozusagen, so ’n altes aufgeschicktes Teil. Alte Lampen und so, alles Original, sogar die alte Dreigangschaltung. Is bei diesem Wellness mit drin. Kannst nix sagen, nä.«

»Hier, Thies, ich hab dir deine Krabben schon mitgebracht«, sagt Boyksen, dem die Fischersfrau seine Krabben regelmäßig durch die Hintertür reicht, bevor sie ihren Stand öffnet. »Paar Sandschollen kannst auch haben, wenn du willst.«

Knut Boyksen genießt überall auf der Insel große Wertschätzung, das fällt Thies immer wieder auf. Und bei den Frauen hilft ihm ja vielleicht wirklich seine entfernte Ähnlichkeit mit George Clooney.

»Ich ess ja ganz gern mal 'n Krabbenbrötchen.« Paulsen rückt sein Basecap zurecht und zieht an seinem Zigarillo. »Aber dat Gefummel muss ich nich unbedingt haben.«

»Lass mal, Piet, ich mach dat schon. Bei mir geht das automatisch, ich merk dat Pulen gar nich mehr.« Aus Knuts kräftigen braungebrannten Händen fliegen wie aus einer Maschine auf der einen Seite die Schalen auf ein altes Zeitungspapier, auf der anderen Seite das Krabbenfleisch in eine Tupper-Dose.

»Ach, übrigens, der tote Golfspieler von deiner Heike ist schon wieder gesichtet worden ... am Strand.« Knut Boyksen verzieht keine Miene und hält Thies die Dose mit den gepulten Krabben zum Probieren hin.

»Freunde, dat gibt's doch nicht. Am Strand liegt ein Toter und ihr seid hier am Krabbenpulen.« Thies richtet sich unternehmungslustig seinen Frontigel.

»Vorhin is einer von diesen Nacktbadern völlig aufgelöst bei Jütte im Haus des Gastes aufgekreuzt«, berichtet Boyksen in aller Seelenruhe.

»Nackt im Haus des Gastes?« Thies setzt seinen Kuhblick auf.

»Nee, im Haus des Gastes hatte er was an. Aber vorher, gleich nach Sonnenaufgang, war er nackt baden, in Nebel am FKK-Strand. Und wen hat er da gesehen?«

»Den Toten aus unserem Bett in der Pension?« Thies wird langsam ungeduldig.

»Ja, lag vorm Strandkorb.«

»Auch nackt?«

»Ach wat.« Boyksen unterbricht das Krabbenpulen. »In seine Golfklamotten, gelber Pullunder und diese karierten Socken. Aber ein Schuh fehlte … angeblich, hat der Nacktbader Jütte erzählt.«

»Und was sitzen wir hier noch. Wat is mit Kiel?« Thies holt schon das Handy aus der Tasche. »Tatort sichern, Spusi …«

»Nix da«, brummt Boyksen und nimmt seine Arbeit an den Krabben wieder auf. »Ich bin gleich hin an Strand, aber da war kein Golfspieler. Nur 'n nacktes Rentnerpärchen, und die beiden waren für ihr Alter quicklebendig.«

»Dat gibt's doch nich.«

»Ich versteh dat auch nich.« Knut Boyksen schüttelt den Kopf. »Der Mann is wie 'ne Fata Morgana.«

Thies muss an den Hitchcock-Film denken, den Heike und die beiden Mädchen gestern gesehen haben, ›Immer Ärger mit Harry‹. Irgendwie passt das alles noch nicht zusammen.

»Aber den Toten gibt es. Dat sagt mir mein Bauchgefühl. Außerdem: Heike mag ja 'n büschen verrückt sein, aber so 'n Golfer, dat denkt sie sich nich aus.«

»Mir is dat ja 'n Rätsel, was sie auf einmal alle mit ihrem Golf haben. Dat is doch auch bloß 'ne Modeerscheinung«, krächzt Piet Paulsen und drückt seinen Stumpen aus.

Auf dem Ponton ziehen die ersten glücklichen Touristen mit Fischpaketen und Krabbentüten ab, als Jütte aus dem Haus des Gastes auf dem Fahrrad mit einem Affenzahn und hektisch winkend den Deich aus Richtung Wittdün heranpest. Sie wirft ihr Rad ins Gras und stürmt zu den Männern. Die drei Schafe springen mit einem »Mäh« zur Seite.

»Knut, Gott sei Dank, du bist da. Ach so, und du auch, Thies ... Ihr müsst sofort kommen! Es ist was Schreckliches passiert. Nis Nissen is schon da. Aber Polizist von Föhr, ich weiß nich recht, Knut, is mir lieber, du kommst mit.«

»Nu' mal ganz ruhig. Wat is denn los, Jütte?« Boyksen wirft versehentlich eine Krabbe in den Abfallhaufen mit den Schalen.

»Knut, da is schon wieder ein Toter!«

»Jaja, und genauso schnell is er gleich wieder verschwunden, oder wie seh ich dat?«

»Knu-u-ut, hör bloß auf«, quiekt Jütte aufgeregt, »diesmal nich, ich hab ihn selbst gesehen. Griepenstroh!«

»Griepenstroh?« Boyksen lässt vor Schreck die Krabben fallen.

»Griepen ...? Wer is dat denn?«, fragt Thies.

»Der neue Kurdirektor.«

»Kommt vom Festland«, bemerkt Jütte abfällig.

»Ja, noch weiter runter: Rheinland, nä«, setzt Boyksen noch einen drauf. »Aber wat is denn nun mit ihm?«

»Ja, sach ich doch, tot. Sieht schlimm aus. So rot und aufgequollen unter der Dusche.«

»Dat sollten wir uns mal näher ansehen.« Die Aussicht auf einen neuen Mordfall begeistert Thies.

»Thies hat ja neuerdings Erfahrung mit Mord.« Boyksens ironischer Unterton ist nicht zu überhören.

13

Die Tür steht offen, als Thies und Knut Boyksen in Griepenstrohs Wohnung ankommen. Der neue Touristikchef war vorübergehend in einer kleinen Wohnung mit Blick auf den Fähranleger untergekommen. Der hässliche Plattenbau und auch die Wohnungseinrichtung samt Schlafsofa aus braunem Kord und Küchenkombi mit zwei Herdplatten und Spüle stammen original aus den Siebzigern.

In dem engen Badezimmer ist kaum Platz für eine Person, geschweige denn für drei lebendige und eine tote. Der Föhrer Wachhabende Nis Nissen, der Doktor von der Kurklinik, der auch Heike gestern geröntgt hat, und Inez Schulz treten sich zwischen moosgrünem Waschbecken, Toilette und Dusche auf den Füßen herum. Der tote Kurdirektor liegt nackt in der Duschwanne. Er stiert mit schreckgeweiteten und erstarrten Augen auf den Handtuchhalter. Oberkörper und Kopf lehnen an den grün geflammten Relieffliesen. Beide Beine hängen aus der Duschwanne heraus. Nicht nur das Gesicht, der ganze Körper ist rot und aufgedunsen. Der Duschvorhang ist heruntergerissen. Die Aufhängung ist mitsamt Dübeln aus der Wand gerissen. Im ganzen Badezimmer steht das Wasser.

»Hier hat doch hoffentlich niemand was angefasst!« Thies ist sofort in seinem Element. Eigentlich ist er ja überhaupt nicht zuständig, aber die anderen sind es noch weniger, denkt er sich. Gemeinsam mit Knut drängelt er sich auch noch in das enge Badezimmer.

Inez Schulz' angeekelter Blick auf die moosgrünen Sanitäranlagen signalisiert, dass sie auch gar nicht vorhat, hier irgendetwas anzufassen. Doch es lässt sich jetzt kaum mehr vermeiden. Um Thies und Boyksen Platz zu machen, sitzt Inez Schulz, noch bleicher als sonst, halb auf dem Waschbecken und der Uniformierte Nis Nissen verheddert sich mit einem Hosenbein in der Klobürste.

»Die Dusche hab ich vorhin gleich abgestellt«, sagt Jütte, die defintiv nicht mehr in das Bad hineinpasst, aber auch keine Anstalten macht, den Ort des Schreckens noch einmal zu betreten. »Schrecklich, ich konnte das nicht mit ansehen. Er lag da ja die ganze Zcit und guckte so.«

»Die Dusche lief also, als der Tote aufgefunden wurde?« Thies richtet seinen blonden Frontspoiler. »Interessant.«

»Frau… hier, Dings …«, in der Aufregung fällt Jütte der Name nicht ein.

»Schulz«, sagt die Bankerin etwas spitz.

»Frau Schulz meinte, wir müssen da mal nachsehen. Wir haben im Haus des Gastes für alle Fälle 'n zweiten Schlüssel von dem Apartment. Als wir aufgeschlossen haben, hab'n wir die Dusche schon gehört, nä, Frau Schulz?«

Inez nickt genervt.

»Wir dachten zuerst, na ja, der duscht, nä. Hat verschlafen und duscht jetzt.«

»Den hat es beim Duschen erwischt«, sagt der Föhrer Uniformierte Nis Nissen mit einer Langsamkeit, als hätte er grade ein Entschleunigungs-Seminar bei Happy Puttkammer hinter sich.

»Genaueres wissen wir, wenn die KTU hier war«, sagt Thies wichtig.

»KTU? Du denkst an Tötungsdelikt?« Boyksen sieht Thies prüfend an, streicht sich mit den Fingern einmal durch den grauen Bart und rückt den Elbsegler zurecht. »Ich weiß nich recht.«

»Ich will hier keine voreiligen Schlüsse ziehen. Aber für mich sieht dat nach Mord aus.«

»Könnt aber auch einfach unter der Dusche umgekippt sein. Infarkt oder so wat«, gibt Boyksen zu bedenken. Mit dem Gedanken an einen Mordfall in der Hauptsaison kann und will er sich einfach nicht anfreunden.

»Er hat es ja mit'm Magen gehabt«, ruft Jütte in das Gedränge im Bad hinein, »hat immer Tabletten geschluckt. Vor'm Essen, nach'm Essen und manchmal auch zwischendurch.«

»Und gestern Abend ging es ihm richtig schlecht«, schaltet sich Inez Schulz ein, die mit ihrem Businesskostüm jetzt schon im Waschbecken sitzt. »Ich hab ihn nach Hause gefahren.«

»Wer sind Sie eigentlich überhaupt?«

»Ich sagte doch schon: Schulz ist mein Name. Inez Schulz«, sagt sie pikiert, kramt in der Handtasche und reicht Thies ihre Visitenkarte.

»Inez Schulz. Asset Manager. Island Resort Investment Fund«, liest Thies laut vor. »Wat is dat denn?«

»Immobilienfonds«, informiert ihn die Bankerin mit einem Naserümpfen.

»Gute Frau, wir sind hier nich auf der Suche nach'm Baugrundstück. Wir haben hier, wie es aussieht, einen Mordfall.«

»Nun vergreifen Sie sich mal nicht im Ton. Wer sind Sie denn überhaupt, wenn ich fragen darf?«

»POM Detlefsen. Polizeinebenstelle Fredenbüll, und das hier ist mein ehemaliger Chef, Herr Boyksen.«

»Fredenbüll?« Die blonde Bankerin blickt Thies, der in Sweatshirt und kurzer Hose nicht unbedingt als Polizist zu erkennen ist, prüfend an.

Thies bekommt kurz seinen Kuhblick, aber dann hat er sich sofort wieder gefangen. »Und was machen Sie jetzt hier, Frau Schulz?«

»Ich war mit Herrn Griepenstroh verabredet. Wir hatten ein Meeting zusammen mit Herrn Pohlmann geplant.«

»Pohlmann? Dat is doch der Baulöwe«, sagt Thies.

»Herr Pohlmann ist Bauunternehmer, richtig. Wir haben ihn schon gestern bei unserer obligatorischen Runde in der ›Kombüse‹ vermisst. Ich hab immer nur seine Mailbox erreicht, auch heute Morgen wieder. Dabei haben wir dringend etwas zu besprechen.«

»Hat vielleicht auch mal wat anderes vor, der alte Pohlmann«, brummt Boyksen.

»Nee«, sagt Inez knapp, »nicht wenn es um seinen Golfplatz geht. Das ist vor allem sein Projekt und natürlich das von Hans und Heiner.«

»Golf?« Man kann richtig sehen, wie es in Thies arbeitet. »Kann es sein, dass dieser Herr Pohlmann häufiger in Golfklamotten unterwegs ist?«

»Ja, Horst trägt gern Golfkleidung.«

»Gelber Pullunder?«, fragt Boyksen.

»Gelber Pullunder? Kann schon sein«, piepst Inez Schulz unwillig.

Thies sieht Boyksen bedeutungsvoll an. Der Föhrer Wachhabende Nis Nissen steht stumm daneben und blickt Thies fragend an.

»Sie sagen, Griepenstroh ist gestern Nacht schon schlecht gewesen?«, fragt Knut Boyksen in der Hoffnung auf eine natürliche Todesursache.

»Uns war allen nicht so wohl nach dem Essen in der ›Kombüse‹.«

»Bei Jan zu fett gegessen, wat?«, vermutet Boyksen. »Er macht manchmal ’n büschen viel Speck an die Schollen.«

»Wir hatten alle Krabbencocktail, Petermännchen... und danach ziemliche Magenkrämpfe. Nachdem ich Heiner nach Hause gefahren hatte, bekam ich regelrechtes Herzrasen und Schwindelanfälle.«

»Die viele Majonäse, und dann kommt noch die Luftveränderung dazu. Und wenn er es doch sowieso mit’m Magen hat ...« Boyksen deutet auf den Toten in der Dusche. »Thies, ich würd sagen, der Fall is klar. Da soll der Doktor uns ’n Totenschein ausstellen und dann können wir dem Bestatter Bescheid sagen.«

Thies überhört den Vorschlag. So schnell gibt er nicht auf. Er wendet sich noch mal an Inez Schulz. »Wie lange haben Sie sich gestern Abend bei dem Toten hier in der Wohnung aufgehalten?«

»Ich war bis jetzt noch nie in dieser Wohnung«, sagt Inez spitz, die jetzt wieder vor dem Waschbecken steht. »Was soll diese Frage überhaupt? Ich denk mal, es ist so, wie Ihr Kollege vermutet: eine tragische Lebensmittelvergiftung. Der Krabbencocktail schmeckte gestern irgendwie auch anders. Ich hatte gleich diesen Geschmack von Salmiak oder Ammoniak auf der Zunge.«

»Salmiak?«, fragt Thies, der sich jetzt über den Toten gebeugt hat.

»Kann eigentlich nich sein, normalerweise kriegt Jan seine Krabben frisch direkt vom Kutter. Ich hatte gestern auch welche«, sagt Boyksen.

»Tja, wir leider auch.« Inez Schulz verzieht die Mundwinkel. »Happy Puttkammer, mit der ich gerade telefoniert habe, hat die halbe Nacht über der Toilette verbracht.«

Aber Thies hört überhaupt nicht mehr zu. Fasziniert starrt er in das aufgedunsene Gesicht Griepenstrohs. »Hier! Eindeutig!« Thies zeigt auf die Augen des toten Kurdirektors. »Die punktförmigen Blutungen in den Augen deuten auf Ersticken oder Erdrosseln.«

»Erdrosseln?« Boyksen staunt nicht schlecht über seinen früheren Kollegen.

»Hatten wir gerade bei unserem letzten Mordfall. Ich will den Ermittlungen der Kieler Kollegin nicht vorgreifen, aber …« Thies holt das Handy aus der Tasche seiner Shorts und wählt die Nummer der »Mord Zwei« in Kiel.

»Frau Stappenbek hat heute frei? Soso, dat woll'n wir doch erst noch mal sehen.« Durch seine Fredenbüller Mordfälle ist Thies Detlefsen bei der Kieler Mordkommission bestens bekannt, und er gibt jetzt eine ausführliche Tatortbeschreibung durch.

»Aber der Tatort befindet sich jetzt nicht in Fredenbüll, hab ich das richtig verstanden?«, fragt der Mann in Kiel. »Haben Sie Ihren Wirkungskreis ausgedehnt, Herr Detlefsen?«

»Na ja ...« Thies zögert kurz. »Ja, kann man so sagen.«

Die anderen stehen staunend daneben.

Nur Inez Schulz macht Anstalten zu gehen. »Sie brauchen mich hier sicher nicht mehr.«

»Im Augenblick nicht, aber halten Sie sich zur Verfügung,« sagt Thies mit wichtiger Miene, während er kurz das Handy vom Ohr nimmt. »Frau Schulz, verlassen Sie bitte auf keinen Fall die Insel.«

14

»Thies, das is nich dein Ernst, dass diese Nicole hier schon wieder anrückt.«

Die entspannende Wirkung der morgendlichen Aromamassage im Wellnesskeller des »Pidder Lyng« ist bei Heike urplötzlich verflogen. Sie ist stinksauer. »Deine blonde Superkommissarin schmeißt uns hier noch den ganzen Urlaub.«

»Heike, ich kann auch nichts dafür, dass wir hier schon wieder 'n Tötungsdelikt haben, was sag ich, wahrscheinlich sogar zwei.« Thies zuckt mit den Schultern und richtet sich verlegen den Frontigel.

»Aber du bist hier auf der Insel doch gar nicht zuständig.« Heike schiebt sich energisch die Gucci-Sonnenbrille in ihren blonden Heuwagen.

»Heike, dat stimmt zwar, aber die andern sind noch weniger zuständig. Zuständig ist die ›Mord Zwei‹ in Kiel. Und zu Nicole hab ich auf jeden Fall den besseren Draht als die Kollegen hier vor Ort.«

»Den besseren Draht, dass ich nich lache. Ich wusste schon, warum ich mal von der Nordsee weg wollte. Ständig steht diese Nicole auf der Matte. Das is doch kein Zufall.« Sie wirft Thies einen vorwurfsvollen Blick zu. »Und abgesehen davon is dat hier ja inzwischen lebensgefährlich geworden.«

»Stimmt schon, nimmt jetzt 'n büschen überhand

mit der Kriminalität«, sagt Thies, allerdings ohne einen Anflug von Bedauern in der Stimme. Und dass er KHK Kriminalhauptkommissarin Nicole Stappenbek gleich von der Fähre abholen soll, findet er ganz offensichtlich auch nicht so schlimm.

Um Heike halbwegs bei Laune zu halten, radelt Thies mit ihr und den Zwillingen vorher noch zum Leuchtturm. Doch als er den rot-weiß gestreiften Turm hochsieht, wird Thies gleich schwindelig. Er kennt das schon: Berge, Türme und Hochhäuser sind gar nichts für ihn. Schon bei der Vorstellung, die schmalen Stufen in dem engen Turm nach oben zu steigen, wird Thies sofort von Höhenangst gepackt.

Als Kind war er einmal auf diesem Leuchtturm oben gewesen. Sein Vater hatte ihn hinaufgeschleppt. Nach einem Blick in die Tiefe hatte der kleine Thies mit geschlossenen Augen auf der Aussichtsplattform gestanden und wie am Spieß geschrien, bis sein Vater ihn die zweihundertsiebenundneunzig Stufen wieder hinuntergetragen hatte. Ein traumatisches Erlebnis. Danach hat er nie mehr einen Fuß in oder auf diesen Turm gesetzt. Gott sei Dank gibt es in Fredenbüll weder Leuchttürme noch Hochhäuser.

Thies ist regelrecht erleichtert, dass sich Tadje und Telje plötzlich viel mehr für das seltsame Geräusch interessieren, das über die Dünen schallt. Vom FKK-Zeltplatz klingt ein wildes dumpfes Trommeln herüber. Bum-bum-takata-bum-bum. Die beiden Mädchen sind ganz fasziniert und auch Heike wittert ein Ferienevent. Die Besichtigung des Wittdüner Leuchtturms und auch das versprochene Eis sind auf einmal uninteressant. Heike und die Zwillinge zieht es zu den Schamanen.

»Heike, ich weiß nicht recht, mit den Kindern? Wat is, wenn die nackt am Trommeln sind?« Doch seine Familie ist schon losgestürmt und hinter einer Düne verschwunden.

Der FKK-Natur-Campingplatz liegt idyllisch am Rande eines kleinen Kiefernwäldchens. Inmitten der Dünen sind verstreut ein paar Zelte aufgebaut. Auffällig ist eine große runde Jurte, die wie ein altes Indianer- oder Nomadenzelt aussieht. Sie ist aus verschiedenen bunten Stoffen zusammengenäht und an den Zeltstangen und Seilen mit kleinen Fähnchen geschmückt. Vor der Jurte stehen und sitzen etliche Leute mit unterschiedlichen Trommeln vor sich.

»Hei-jana-ju hei-jana-ju hei-jana-ju«, brummt ein Mann mit langen weißblonden Haaren mit verstellter Bassstimme sein selbsterdachtes Mantra. Gleichzeitig schlägt er auf eine große flache Trommel. Die anderen bearbeiten im selben Rhythmus ihre Trommeln. Die Detlefsen-Zwillinge stehen staunend vor ihnen. Der Weißhaarige ist nicht nackt, seinen Körper umweht ein weites weißes Gewand. Die Frau neben ihm trägt weite Pluderhosen und mehrere Muschelketten, die ihr um die braungebrannten nackten Brüste baumeln. Sie hält ihnen ihre rotvioletten Hände entgegen.

»Das ist Rote-Bete-Saft. Wunderschön.« Sie lächelt versonnen. »Ich mag mich gar nicht mehr waschen.«

Vor den Trommlern tanzt Fahnen schwenkend und mit den wildesten Verrenkungen ein Mann in einem giftgrünen T-Shirt, allerdings hosenlos.

»Seid gegrüßt, liebe Menschen«, unterbricht der Weißhaarige sein Mantra. Thies und Heike hat es zunächst die Sprache verschlagen. Dann wagt Thies ein vorsichtiges »Moin«.

»Wer bist du denn?«, fragt Tadje, die frechere der Schwestern.

»Ich bin der Odin, und du?«

»Tadje.« Zwillingsschwester Telje hält sich verstört im Hintergrund.

Schamane Odin nickt den Zwillingen zu, dann richtet er seinen Blick wieder in die Ferne, lächelt versonnen in die Dünenlandschaft und brummt weiter »Hei-jana-ju hei-jana-ju«.

Vor einer großen Kiefer steht ein gänzlich nackter Mann mit einem geflochtenen Bart und einem gefährlichen Sonnenbrand und ruft in einem Singsang den Baum an: »Ich stell eine Frage und glaub es kaum: Ich bekomm eine Antwort von dir, du Baum.«

»Knut Boyksen hat schon erzählt, dass die hier zugange sind«, flüstert Thies Heike zu und zieht Telje ein Stück von den Trommlern weg.

»Was machen die hier bloß?«, raunt Heike ihrem Mann erstaunt, aber auch äußerst interessiert zu.

»Wir sind auf einer spirituellen Reise«, antwortet freundlich die halbnackte Frau mit den Muschelketten, die Heikes Frage mitbekommen hat. »Wir alle. Spürt ihr es nicht?«

»Wir sind auch im Urlaub«, quietscht Tadje fröhlich.

»Schön wär's.« Heike macht einen Stoßseufzer.

Der weißhaarige Odin unterbricht das Trommeln.

»Wir befinden uns auf einer Reise zu unserem persönlichen Krafttier.«

»Krafttier?« Heike staunt. Thies zieht die Augenbrauen hoch.

»Jeder hat sein persönliches Krafttier.«

Familie Detlefsen starrt den Oberschamanen fragend an.

»Welches Tier bin ich denn?«, will die vorlaute Tadje wissen.

»Du gehst einfach in den Wald, in die Landschaft, wo es dich hinträgt«, haucht die Nackte mit den Muscheln. »Und das erste Tier, das dir begegnet, ist dein persönliches Krafttier.«

»Tadjeee, was war denn dein erstes Tier, das du heute getroffen hast?«, fragt Telje quietschvergnügt ihre Schwester.

»Weiß nich... 'ne Fliege? Oder 'ne Qualle?«

»Quatsch! Nee... 'ne Lachmöwe... hihihi.« Die Zwillinge haben anscheinend schon Zugang zur Welt der Schamanen gefunden. »Jaa, genau: wir sind Lachmöwen.«

»Hei-jana-ju hei-jana-ju«, brummt Schamane Odin weiter und nickt den Mädchen aufmunternd zu.

Die Nachmittagsfähre ist wieder bis auf den letzten Platz besetzt. Auch der Sonntag ist Anreisetag. Ein vollbepackter Familienkombi nach dem anderen rollt vom Schiff. Mittendrin entdeckt Thies sofort den Zivil-Mondeo von Nicole Stappenbek. Sie sitzt am Steuer und trägt ebenfalls so eine neue Riesensonnenbrille, auf dem Beifahrersitz Kriminaltechniker Mike Börnsen. Thies ist richtig ein bisschen aufgeregt. Komisch.

Mit Schwung und dezent quietschenden Reifen steuert Nicole über die Laderampe. Sie hat Thies sofort entdeckt und winkt ihm zu. Gleich neben der Busstation stoppt sie und springt aus dem Auto.

»Moin, Nicole!« Thies weiß gar nicht recht, wie er sie begrüßen soll. Er will ihr umständlich die Hand geben, doch Nicole schiebt sich die Sonnenbrille ins Haar und küsst Thies auf beide Wangen. »Moin, Thies.«

»Hast 'ne neue Brille, oder?«, fragt Thies mehr aus Verlegenheit.

Nicole lacht. Der junge Spusi-Mann Mike Börnsen steht daneben und harkt sich mit den Fingerspitzen die blonde Haarpracht einmal quer über die Stirn.

»Moin, Mike.« Mit einer ausholenden Bewegung gibt Thies Börnsen die Hand.

»Thies.« Börnsen zeigt sein breites Jungenlachen.

»Ihr habt das ja doch noch auf die Insel geschafft«, sagt Thies.

»Die Fähre war eigentlich ausgebucht«, sagt Börnsen wichtig. »Da musste für uns ein Auto in Dagebüll bleiben. Fand der nich so lustig.«

»Tja, bei der Polizei müsste man sein. Dann kriegst du überall 'n Platz«, flachst Thies. Seit den spektakulären Mordfällen in Fredenbüll ist Thies deutlich selbstbewusster geworden.

»Schön, dass wir wieder zusammenarbeiten«, sagt die Kommissarin. »Aber sag mal, Thies, was machst du eigentlich auf Amrum? Bist du hier überhaupt zuständig?«

»Hör bloß auf, das fragen sie mich alle schon den

ganzen Tag.« Kurzer Kuhblick. »Eigentlich bin ich im Urlaub. Nicole, du bist der Chef, und wenn du ’n Assistenten brauchst … Der Kollege hier vor Ort, Nis Nissen … na ja, wie gesagt …«

»O-kayyy.« Nicole versteht schon, worauf der Kollege hinauswill. »Ohne dich hätte ich unseren letzten Fall gar nicht überlebt.« Nicole grient. Sie zückt ihre goldene Benson&Hedges-Schachtel und zündet sich eine Zigarette an. »Du darfst ja inzwischen nicht mal mehr auf’m Schiff rauchen.« Sie zieht kurz die Luft durch ihre zu engen Nasengänge.

Das Rauchen hat sich Nicole noch nicht abgewöhnt. Und sie hat immer noch mit ihren Allergien zu kämpfen. »Irgendwas blüht immer«, schnieft sie. Obwohl Hochsommer ist, trägt sie ihre Lederjacke in diesem Mokkacremeton. Schön ist die Jacke eigentlich nicht, aber sie steht ihr irgendwie, findet Thies.

Die Fredenbüller Frauen mit ihren gefönten Frisuren aus dem »Salon Alexandra« hatten sich über die Kieler Kommissarin den Mund zerrissen. Sie hatten sich über den simplen Pferdeschwanz lustig gemacht, und dass sie immer etwas durch die schmale lange Nase spricht. Heike und ihren Freundinnen konnte Nicole Stappenbek es nicht recht machen. Vermutlich schwärmte Thies etwas zu offensichtlich für die blonde Kieler Kommissarin, die er anscheinend flotter fand als die Fredenbüller Dorfschönheiten.

»Dann lass uns mal gleich zum Tatort fahren«, sagt Nicole.

»Wollen erst mal sehen, ob es überhaupt ein Mordfall ist.« Mike Börnsen grinst Thies frech an.

»Zwei Tote in zwei Tagen, ich glaub an keine Zufälle«, blafft Thies den jungen Spusi-Mann an.

»Wenn Thies das sagt, können wir von einem Tötungsdelikt ausgehen.« Nicole macht ein betont ernstes Gesicht, aber in ihren Augen funkelt es.

»Ich weiß, in Thies' Nähe lebt man gefährlich.« Börnsens Grinsen wird immer breiter.

Diesen jungen Spusi-Spund, der der versammelten Damenwelt von Fredenbüll den Kopf verdreht hat, hätte Nicole gern zuhause lassen können, denkt sich Thies.

»So schnell bekommen wir das Opfer gar nicht zu uns aufs Festland nach Kiel«, überlegt Börnsen.

»Dat eure Spusi die Toten nich gleich abholt, dat wissen wir ja inzwischen«, kontert Thies. Der tote Biobauer bei ihrem letzten Mordfall hatte tagelang auf einer Fredenbüller Wiese gelegen.

»Aber mal im Ernst, wo sollen wir mit dem Toten hin?«, fragt Mike Börnsen.

»Hotel Wattblick hat 'n großen Kühlraum.« Thies überlegt und richtet den blonden Frontspoiler. »Aber Hotel, ich weiß nich so recht?«

Nicole verzieht das Gesicht. »Nich so toll, zwischen Schollen und frischem Gemüse.«

»Bleibt eigentlich nur die Gepäckaufbewahrung hier am Anleger. Es soll ja weiterhin recht kühl bleiben. Und wenn der Gerichtsmediziner morgen kommt, dann kann er den Kurdirektor gleich mitnehmen. Tatort ist auch gleich hier drüben. Dat sind hier alles kurze Wege.«

15

Hans-Rüdiger Jungius lässt seinen alten Jaguar im Schritttempo durch das historische Friesendorf gleiten. Sein stattlicher Hintern ist in das geschmeidige, aufwändig restaurierte Ziegenleder des Sitzes gedrückt. Außer ein paar Einheimischen ist kaum jemand mit dem Auto unterwegs. Die Urlauber fahren alle Fahrrad. Jungius findet das bescheuert. Wozu hat er das schöne Auto? Damit fährt er auch zum Brötchenholen, nur ein paar hundert Meter vom »Pidder Lyng« bis zum Bäcker. Aber der »Blanke Hans« genießt es, wenn die kleinen Jungs stehen bleiben und bewundernd seinem grünen englischen Oldtimer hinterherschauen.

Hans-Rüdiger und seine Familie wohnen bei Hannelore von Puttkammer im »Pidder Lyng«. Jungius & Schacht haben seit Längerem ein Maklerbüro in einem historischen Friesenhaus im Ortskern von Nebel. Aber die eigene Ferienwohnung im »Friesenpark am Watt« sollte ja erst noch entstehen. Jungius ist schon seit einer Woche auf der Insel. Mit dem Ferienbeginn vor zwei Tagen hatte er seine Frau Bernadette und die beiden Söhne Ernst und Askan aus Hamburg abgeholt. Aus seiner ersten Ehe hat Jungius eine mittlerweile erwachsene Tochter. Vor zehn Jahren hatte er die zwanzig Jahre jüngere Physiotherapeutin Bernadette, bei der er nach einem Bänderriss vom Golfen in Behandlung war, geheiratet und war mit Anfang fünfzig noch mal Vater geworden. Zunächst konnte sich Bernadette von Sylt nicht trennen, aber mittlerweile hat sie sich mit Amrum und der Aussicht auf ein Luxusapartment mit Wattblick angefreundet.

Jetzt war Happy Puttkammer so nett gewesen, Hans-Rüdiger und seine Familie in ihrer Pension unterzubringen – mitten in der Hauptsaison, in der die Amrumer Vermieter ihre Ferienwohnungen vierfach vermieten könnten. Dabei war das ehemalige Sylter Model dem Hamburger Großmakler mit ihrem Wellnessfirlefanz in der letzten Zeit zunehmend auf die Nerven gegangen. Und dann hatte sie plötzlich auch noch ihr Herz für die Seevögel entdeckt.

Seit Happy Puttkammer ihre Wellnesspension hatte, war sie an der Entstehung weiterer Ferienanlagen, die ihr Konkurrenz machten, weniger interessiert. Auch für den Verkauf des Wiesenzipfels neben ihrem Grundstück, der Jungius und den anderen für ihren Golfplatz noch fehlt und der Raik Rettmer gehört, will sie sich auf einmal nicht mehr einsetzen. Jungius hat vielmehr den Eindruck, dass sie alles tut, um den Deal zu verhindern. Deshalb wollte er ihr vor ein paar Tagen diesen kleinen Denkzettel verpassen und hatte seinen Golfpartner Horst Pohlmann, nachdem der überraschend zu Tode gekommen war, spontan in ihrer Pension untergebracht. Auf der Golfwiese konnte er ihn ja schlecht liegen lassen und zu Happys Wellnessoase waren es nur ein paar Schritte.

Doch wo war der gute Horst auf einmal abgeblieben?

Mit seinen Brötchen und Zeitungen fährt Jungius nicht auf direktem Weg in die Pension zurück. Er steuert seinen Jaguar auf die kleine Straße, die für den Autoverkehr eigentlich gesperrt ist, an den Wiesen vorbei, auf denen sie ihren Golfplatz anlegen wollen. Prompt erntet er die bösen Blicke von ein paar Vogelfreunden auf Fahrrädern. Ein Familienvater mit Kleinkind im Fahrradanhänger schrammt knapp an der Seitentür seines Oldtimers vorbei. Blöder Öko-Fuzzi mit seinem Scheißanhänger!

Die letzten beiden Nächte hat Hans-Rüdiger Jungius schlecht geschlafen. Der Krabbencocktail hatte ihnen allen vorletzte Nacht schwer im Magen gelegen. Und der Tod von Griepenstroh am nächsten Morgen war mehr als geschäftsschädigend. Außerdem geisterten seit gestern auch noch Horst Pohlmanns begriffsstutzige Frau und sein beschränkter Sohn auf der Suche nach ihm über die Insel. Zumindest hatten sie die Baugenehmigung für ihren Friesenpark in der Tasche. Und die immer neuen Forderungen des Kurdirektors waren jetzt endgültig vom Tisch.

In der Maklerfirma Jungius & Schacht, die immer noch von ihrem ehrwürdig hanseatischen Ruf lebt, ist Hans-Rüdiger für die innovativen riskanteren Projekte zuständig, die Durchsetzungskraft verlangen und die der Senior Schacht eigentlich ablehnt. Der »Blanke Hans« kämpft zuweilen mit harten Bandagen. Ganz so erfolgreich wie er tut, ist Jungius allerdings nicht. Mit seiner eigenen Firma hatte er vor ein paar Jahren bei einem Großprojekt eine verschleppte Insolvenz hingelegt. Aber Tote hatte es bei seinen Immobiliengeschäften bislang noch nicht gegeben.

Nein, ein Toter ist gar nicht gut fürs Geschäft, denkt Jungius. Jetzt ist die Polizei auf der Insel, ermittelt und schnüffelt überall herum und verschreckt möglicherweise seine Kunden.

Er hatte bereits zahlreiche Interessenten für die Apartments im »Friesenpark am Watt«, eine zahlungskräftige Klientel, die stilvoll unter Reet ausspannen und in unberührter Natur mitten zwischen den Seevögeln in aller Ruhe ein paar Löcher Golf spielen wollte. Angesichts der Eurokrise boomten die Immobilien. Das waren längst keine deutschen Pensionäre mehr, die für einen Lebensabend an der Nordsee gespart hatten. Inzwischen strömten ausländische Investoren auf den deutschen Markt, dänische Zahnärzte, Schweizer Kaufleute, sogar ein Russe aus der Energiebranche und natürlich Inez Schulz' Calenberg-Bank mit ihrem Immobilienfonds.

Hans-Rüdiger Jungius fährt langsam ein Stück weiter und steigt aus. Anders als vorhergesagt ist es im Augenblick sonnig. Mit Blick über das Wattenmeer atmet er tief durch. Schönes Rough, sagt Jungius zu sich selbst, die Wiese ist jetzt schon eine ganz passable »Driving Range«. Aber allmählich müssten sie das Routing des Platzes mal festlegen, wenn sie hier im nächsten Jahr ein paar Löcher spielen wollen. Es wird Zeit, dass sie die offenen Fragen geregelt bekommen. Vor allem muss sich Raik Rettmer endlich von seinem Wiesenstück trennen. Vielleicht sollte Jungius mal mit Inez Schulz' neuem italienischen Freund reden?

Der »Blanke Hans« lässt seinen Blick über die Wiese schweifen, auf der sich gerade ein Schwarm Eiderenten niederlässt. Die Enten zupfen das frische Gras. Hier ist vorgestern das Unglück passiert. Nachdem er seine Frau und die beiden Jungs aus Hamburg abgeholt hatte, wollte er mit Horst Pohlmann bei diesem herrlichen Wetter ganz gemütlich ein paar Abschläge machen. Sie hatten ihre Siebener Eisen und jede Menge Bälle dabei. Denn in dem hohen Gras zwischen dem ganzen Entenschiss ging schon mal ein Golfball verloren.

Golf auf Amrum. Mit einem makellosen Green. Davon hatten Jungius und Pohlmann schon lange geträumt. In ihren Vorstellungen flatterten die bunten Fähnchen an den einzelnen Löchern in einer leichten Brise, die vom Meer herüberwehte. Hinter dem sattgrünen kurzgemähten Green konnte man den rot-weiß gestreiften Leuchtturm sehen. In ihrer Fantasie schlugen sie sich mit schönen weiten Pitches über die halbe Insel, um bei dem geplanten Loch zehn an den Hünengräbern mit einem Birdie einzuputten.

Horst Pohlmann hatte etwas ungelenk, schwer atmend, aber dennoch kraftvoll zu einem weiten Pitch ausgeholt. Der kleine Ball stieg in hohem Bogen über der Wiese auf. Jungius sah dem kleinen Ball hinterher und konnte beobachten, wie er durch eine Brise leicht verweht wurde. Noch während die kleine Kugel in der Luft war, konnte Hans-Rüdiger aus dem Augenwinkel den gelben Pullunder neben sich zu Boden sinken sehen. Der Golfball hüpfte noch einmal aus dem hohen Gras heraus, da lag der Baulöwe schon mit hochrotem Kopf in seinen Golfklamotten im Gras und gab keinen Piep mehr von sich. Die blauen Augen starrten erstaunt in den wolkenlosen Sommerhimmel.

Hans-Rüdiger Jungius sprach ihn an, er schrie ihn an, er rüttelte ihn, tätschelte sein Gesicht. Schließlich versuchte er seinen Puls zu fühlen. Nichts. Hektisch zog Jungius sein Handy aus der Tasche und wählte den Notruf.

Doch dann überlegte er es sich anders und packte das Handy wieder weg.

Dies muss etwa die Stelle sein, wo es passiert ist, denkt Jungius. Er macht ein paar Schritte auf die Wiese. Drei Enten fliegen auf. Als er weitergeht, erhebt sich der ganze Schwarm unter schnatterndem Protest aus dem Gras und nimmt Anlauf für ein paar Flügelschläge, um zweihundert Meter weiter wieder auf der Wiese zu landen. Ein paar vorbeifahrende Radfahrer werfen ihm böse Blicke zu, weil er zwischen den Brutplätzen der Vögel umherläuft. Mit Blick auf den Boden schreitet Jungius das Gras ab. In einem Grasbüschel entdeckt er einen Golfball, einige Meter weiter einen Abschlagstecker. Aber das ist es nicht, was er gesucht hat.

Mit wütendem Geschrei kreist direkt über ihm ein Rotschenkel. Es wirkt fast so, als wolle der Vogel mit den langen zerbrechlich wirkenden roten Stelzen den Großmakler angreifen. Hans-Rüdiger beachtet ihn gar nicht. Er sucht konzentriert das Gras ab. Achtlos zertritt er mehrere Vogeleier. Der schleimige Inhalt und Schalenreste kleben an seinen Schuhen.

»Scheiß Vögel«, schimpft Jungius. Inzwischen befindet er sich mitten auf der Wiese. Er will die Suche schon abbrechen, da sieht er es auf einmal, ein metallenes Blinken im Grün. Halb verdeckt von einem Büschel blühendem Strandflieder liegt ein »Siebener Eisen« im Gras. Er hebt den Schläger auf. Auf dem Griff sind unter einem dicken Klecks Entenschiss undeutlich die Initialen »HP« zu erkennen.

Hans-Rüdiger Jungius nimmt den Golfschläger mit spitzen Fingern und einem Papiertaschentuch aus dem Gras, er wischt den Griff mit einem anderen Taschentuch sorgfältig ab und nimmt ihn mit zu seinem Auto.

16

»Heike, ich versteh dat nich, bei dem schönsten Sommerwetter sitzt du hier in diesem Fitnesskeller.«

»Wellness«, sagt Heike schnippisch, die bereits einen morgendlichen Ausflug auf dem Rudertrainer hinter sich hat. Sie schlürft ihren Morgenkaffee im Bademantel. Thies steht schon fertig gefrühstückt in Polizeiuniform da. Die Zwillinge toben über den Rasen und werden von Raik Rettmer ermuntert, mit ihrer Erbsenpistole die Kaffeetassen der anderen Feriengäste auf den hübsch gedeckten Frühstückstischen ins Visier zu nehmen. Thies beachtet es gar nicht weiter.

»Und abends immer ins Kino, dat is ja wohl das Neuste.«

»Mord unter der Dusche, mit'm Messer, ich sach dir, Thies, gru-u-uselig. Für die Zwillinge wär dat nix gewesen. Gut, dass die nich mit waren.«

»Unter der DUSCHE?«, Thies glaubt, er hört nicht richtig.

»Ich konnt gar nich hingucken. Thies, das musst du dir mal vorstellen. Du duschst ganz gemütlich und dann steht da einer hinterm Duschvorhang… mit'm Messer.«

»Dat gib's doch nich, wir ham auch 'n Toten unter der Dusche.«

»Wie jetzt, wirklich? Wo?«

»Apartmenthaus am Fähranleger. Der neue Kurdirektor«, sagt Thies stolz.

»Das is ja komisch.«

»Kann man wohl sagen.«

»Thies, mal was ganz anderes, wieso hast du eigentlich schon wieder deine Polizeijacke an? Ich dachte, wir sind im Urlaub.«

»Wir haben hier 'n Mordfall. Tja, Heike, Mörder machen keine Ferien.«

»Thies, erzähl mir doch nichts, da steckt doch wieder diese Nicole dahinter.«

»Nun mach aber mal 'n Punkt. Für den Mord kann Nicole doch nix.«

Heike wirft Thies einen verärgerten Blick zu, dann sieht sie nach draußen und reißt die Terrassentür auf.

»Telje! Tadje! Ihr seid ja wohl verrückt geworden. Hört sofort auf, hier rumzuschießen.«

Auf der Rasenfläche zwei Apartments weiter wirft Raik Rettmer mit zufriedenem Grinsen gerade einen motorbetriebenen Rasenvertikutierer an. Bernadette Jungius rümpft im Strandkorb die Nase. Ihre beiden Jungs mit gefönter Haartolle und himmelblauen Polohemden sehen bewundernd zu den Detlefsen-Zwillingen hinüber.

»Und deine Töchter haben auch schon diesen Polizeifimmel.« Heike sieht Thies vorwurfsvoll an. »Gestern hab'n die beiden Askan, oder wie der heißt, im Fitnessraum mit den Handschellen an den Rudertrainer gekettet ... Seine Mutter da draußen hat einen ganz schönen Terz gemacht.«

Thies parkt seinen Escort neben den Altglascontainern hinter dem Haus des Gastes. Es sind nur wenige Meter von der Pension. Aber vermutlich brauchen sie den Wagen gleich, denkt Thies. Nicole Stappenbek ist in dem Gästezimmer des kleinen Kurhauses untergekommen, in dem sonst Künstler auf Gastspielreise übernachten. Ein Hotelzimmer ist zurzeit auf der Insel unmöglich zu bekommen.

Das kleine altmodische Künstlerzimmer ist sehr hübsch. Zur Dusche muss man zwar über den Flur, dafür hat man einen grandiosen Blick über das Wattenmeer. Außerdem hat Nicole sich gestern gleich einen provisorischen Schreibtisch in dem Dienstzimmer von Jütte eingerichtet. KTU-Mann Mike Börnsen musste für eine Nacht mit einem Feldbett im Tischtenniskeller vorliebnehmen.

»Hast du denn überhaupt was zu frühstücken gekriegt?«, fragt Thies, als er Nicole abholt. »Oder müssen wir erst mal zum Bäcker?«

»Nee, alles gut. Jütte hat mir 'n Kaffee gemacht.« Etwas leiser hinter vorgehaltener Hand flüstert Nicole. »Es ist natürlich nicht ›De Hidde Kist‹, aber das kann man ja auch nicht verlangen.« Sie zuckt mit den Schultern und lacht Thies an. Bei ihren gemeinsamen Mordfällen in Fredenbüll hat Nicole die Küche in Antjes Stehimbiss schätzen gelernt.

Thies nickt. »Hat Piet Paulsen auch schon gesagt.«

»Piet Paulsen? Wieso, seid ihr mit der ganzen Besetzung aus ›De Hidde Kist‹ hier auf der Insel?«, wundert sich die Kommissarin.

»Ja, Piet Paulsen is zur Kur hier, im Mutter-und-Kind-Heim …«

»Mutter und Kind?« Nicole muss sich das Lachen verkneifen.

»Is spontan was frei geworden. Und heute Abend kommt die ganze Truppe. Hast nich gesehen, Bounty spielt mit seiner Band, so 'n Protestkonzert für … tja, was war das? Löffelente, glaub ich.«

Jetzt muss Nicole doch lachen. »Und wir zwei gehen dann mal wieder auf die Tanzfläche, was, Thies?«

Thies bekommt augenblicklich seinen Kuhblick und läuft zartrosa an, Nicole schnieft einmal kurz. Beim Fredenbüller Feuerwehrfest waren sich die Kieler Kommissarin und der Dorfpolizist nach einigen Schnäpsen überraschend nähergekommen. An den Kuss im Mondschein auf dem nächtlichen Deich konnten sich danach allerdings beide nicht mehr so recht erinnern.

Im Haus des Gastes hat Nicole Stappenbek in ihrem provisorischen Büro bereits wieder die obligatorische Karte des Einsatzgebietes, einen Plan der Insel Amrum, aufgehängt. Darauf hat sie ihre Zettel mit dem Tatort und den bisherigen Verdächtigen gepinnt. Jütte ist davon gar nicht so begeistert. Sie hat Angst um ihre neue Tapete. Allzu viele Zettel sind es bisher noch nicht: »Apartmenthaus Fähranleger«, »Investmentbankerin Inez Schulz«, »Hannelore Puttkammer«, »Immobilienmakler Hans-Rüdiger Jungius«. Thies und Nicole Stappenbek hatten sich nach der Besichtigung des Tatortes von Knut Boyksen in die örtlichen Zusammenhänge einführen lassen. Nis Nissen hatten sie derweil nach Föhr zurückgeschickt.

»Den Toten hat Doc Carstensen heute Morgen schon aus der Gepäckabteilung abgeholt. Carstensen, kennst du ja«, berichtet Nicole.

»Der Gerichtsmediziner. Hat er schon was gesagt?«

Nicole Stappenbek schüttelt den Kopf. »Was soll er schon sagen?«

»Na ja, die Blutungen in den Augen, der Ammoniakgeruch …« Thies ist schon voll in den Fall eingestiegen.

»Nun lass ihn man erst mal machen.« Die Kommissarin wirft einen Blick auf ihre Zettel an der Wand. »Was meinst du, Thies, ich glaub, zunächst müssen wir uns mal an die Immobilienrunde in der ›Kombüse‹ halten?«

»Ich hab mich gestern in der Wohnung des Ermordeten natürlich gleich mal 'n büschen umgesehen«, fällt Thies bei dem Stichwort ein. »Da lag dick und breit sein Terminkalender auf'm Tisch. Stand nich viel drin, nur groß ein Notartermin für eine Beurkundung, ›Wohnung Friesenpark‹ oder so ähnlich. Mein alter Kollege Knut Boyksen hat mir nu' erzählt, dieser ›Friesenpark‹ wird von der Firma Horst Pohlmann gebaut.«

»Dem Bauunternehmer in Schleswig, der auch zu dieser Immobilienrunde in der ›Kombüse‹ gehört?«

»Ja, und der auf einmal verschwunden ist. Is doch auffällig, oder?«

Nicole zieht geräuschvoll die Luft durch die Nase.

»Ich sach doch, Mord bei der Immobilienmafia«, lautet Thies' Zwischenfazit.

17

»Da bist du ja schon wieder.«

Heike wundert sich, als Thies und die Kommissarin wieder im »Pidder Lyng« vorfahren. Sie sonnt sich im Strandkorb, während die Zwillinge bei dem schönsten Sonnenschein drinnen vor dem Fernseher, in dem grade »Mord ist ihr Hobby« läuft, sitzen. Thies schüttelt den Kopf.

Nicole Stappenbek geht auf Heike zu und gibt ihr die Hand. Heike erwidert die Begrüßung etwas zögerlich. Sie blickt reichlich angesäuert über ihre Gucci-Sonnenbrille hinweg und dann einmal an Nicoles Lederjacke rauf und runter.

»Jetzt verderben wir euch hier den Urlaub, was«, sagt Nicole entschuldigend.

Thies fällt auf, dass Heike und Nicole die gleiche Sonnenbrille haben.

»Kann man wohl sagen«, erwidert Heike.

»Tut mir ja auch leid, aber das haben wir leider nicht in der Hand.«

»Und ohne Thies geht ja wohl gar nichts mehr«, sagt Heike vorwurfsvoll.

»Ohne deinen Thies könnten wir einpacken.« Nicole lacht fröhlich.

»Ich sag's doch immer, für die Familie is der Beruf tödlich«, sagt Thies und macht ein wichtiges Gesicht.

»Hast du eigentlich keinen, der zu Hause auf dich wartet?«, fragt Heike Nicole eine Spur zu zickig.

Die Kieler Kommissarin zieht nur zweimal kräftig Luft durch die Nase.

Dann gehen die beiden Polizisten zu Hannelore Puttkammer in die Rezeption hinüber. Thies geht voraus.

»Frau von Puttkammer, wir haben ja neulich schon über diesen Toten in unserer Ferienwohnung gesprochen …«

»Lieber Herr Detlefsen, ich hab Ihnen ja schon gesagt, ich weiß von keinem Toten.« Sie fährt sich mehrmals verlegen durch ihre Strubbelfrisur.

Thies geht auf den Einwand nicht weiter ein. »Und jetzt haben wir noch einen Toten.«

Happy Puttkammer mustert irritiert Thies' Polizeijacke und dann ziemlich abfällig die mokkabraune Lederjacke der Kieler Kommissarin.

»… und das ist meine Kieler Kollegin …«

»KHK Stappenbek, Nicole Stappenbek«, übernimmt Nicole. »Wir ermitteln hier in dem Todesfall des Touristikchefs Heiner Griepenstroh.«

»Das sieht uns ganz nach Mord aus«, funkt Thies dazwischen.

»Mord?! Um Himmels willen!«, stöhnt Happy Puttkammer mit theatralischer Geste.

»Nach dem Bericht unserer Gerichtsmedizin wissen wir Genaueres. Aber der Kollege Detlefsen hat da meist ein ganz gutes Gespür.«

Thies' Brust wird ein Stück breiter unter der engen Polizeijacke.

»Schrecklich. Was ist denn das für eine furchtbare Geschichte? Wir sind alle ganz geschockt«, quietscht Happy Puttkammer und wirkt dabei nicht sonderlich schockiert. »Wir haben vorgestern Abend noch alle in der ›Kombüse‹ beim Krabbencocktail zusammengesessen.«

»Ist an diesem Abend irgendetwas Besonderes passiert? Hat es Auseinandersetzungen zwischen Ihnen gegeben?«, fragt die Kommissarin und studiert nebenbei höchst interessiert das Foto der jungen Happy mit Gunter Sachs auf dem Motorrad.

»Hatte der Kurdirektor Feinde?«, funkt Thies dazwischen.

Nicole sieht ihn streng an. Bei den Befragungen ist Thies oft etwas übereifrig.

Dunkel erinnert sich Thies an das Seminar »Vernehmungstechniken I«: »Abtastende Vernehmung«. Wie war das gleich noch mal?

»Feinde? Nicht dass ich wüsste. Heiner, also Herr Griepenstroh, war ja erst seit Kurzem hier auf der Insel Chef der Touristik. Er ist ja Rheinländer ...«, sinniert Happy Puttkammer.

»Er war... Rheinländer«, korrigiert Thies sie.

Nicole blickt ihn schon wieder strafend an.

»Eine Sache fällt mir jetzt doch ein. Vor ein paar Tagen gab es da bei unserem traditionellen Immobilienstammtisch in der ›Kombüse‹ so ein kleines Scharmützel zwischen Griepenstroh und unserem Vogelwart Nils Gerckens. Die beiden waren noch nie gut aufeinander zu sprechen. Und jetzt will Heiner ihn wohl aus seiner Vogelwarte rausschmeißen oder zumindest die Gelder kürzen... und da hat Gerckens ihm kurzerhand einen Schnaps ins Gesicht geschüttet, mitten im vollbesetzten Lokal. Aber ich will nichts gesagt haben.«

Happy Puttkammer muss sich ein Grinsen verkneifen. Dann hebt sie beschwichtigend die Hände, als täte ihr es leid, Gerckens in Verdacht gebracht zu haben. »Was Sie aber vielleicht wissen sollten, Herr Griepenstroh hatte gesundheitliche Probleme. Herz und vor allem Magen, ein offenes Magengeschwür, soviel ich weiß. Und vorgestern nach dem Essen hatten wir alle Probleme mit dem Magen.«

»Zu viel Speck auf den Schollen, meinte Knut Boyksen schon«, erklärt Thies.

»Krabbencocktail und Petermännchen«, korrigiert Happy. »Also Mord? Ich weiß nicht recht.«

Nicole schnieft.

In dem Moment betritt Hans-Rüdiger Jungius in Shorts und mintgrünem Poloshirt die Rezeption. Der kleine Raum wirkt gleich ausgefüllt.

»Moin, Sie sind Herr Detlefsen, richtig?«, begrüßt Jungius Thies jovial. »Meine Söhne haben ja schon Bekanntschaft mit Ihren Töchtern gemacht.«

»Hoffentlich nix passiert?«

»Das sind so zwei wilde Hummeln, was?«

Thies guckt etwas besorgt, er kennt ja seine Töchter.

»Ach was, alles gut... Aber was höre ich? Wir haben die Polizei im Haus? Übrigens: Jungius. Angenehm«, stellt er sich vor. »Und Sie sind Frau ...?«

»KHK Stappenbek, ›Mord Zwei‹ in Kiel. Mit Ihnen wollten wir sowieso auch noch sprechen.«

»Aber nicht gleich verhaften, oder? Hahaha.« Jungius schüttet sich aus vor Lachen. »Spaß muss sein.«

Die anderen lächeln müde.

»Rüdi-Darling«, flötet Happy aufgekratzt, »ich bin schon gefragt worden, ob Heiner Feinde hatte.«

»Gehen Sie denn tatsächlich von Mord aus? Kann ich mir gar nicht vorstellen.«

»Wir können es zumindest nicht ausschließen«, sagt Nicole.

»Es gibt deutliche Hinweise in Richtung Tötungsdelikt.« Thies kommt es langsam verdächtig vor, dass niemand auf der Insel etwas von Mord wissen will.

»In unserer Krabbencocktailrunde in der ›Kombüse‹ haben wir ja alle etwas mit Immobilien zu tun. Wissen Sie, da geht es nicht so ganz ohne Feinde. In der Baubranche machen wir schon mal ein bisschen Krach, haha. Wenn wir dann noch jemandem den Meerblick verbauen, dann gibt es gleich noch mal Krach, hahaha.« Jungius lacht als Einziger über sein Wortspiel.

»Das sind ja nun alles recht allgemeine Feststellungen«, findet die Kommissarin. »Wir interessieren uns aber konkret für den toten Touristikchef Heiner Griepenstroh. Was hat der überhaupt mit Ihren Immobiliengeschäften zu tun?«

»Sagen wir mal so, nachdem Heiner Griepenstroh hier Tourismuschef geworden ist, sind die Genehmigungsverfahren etwas flotter gegangen. Heiner hatte kapiert, dass wir die verschlafene Insel ein bisschen voranbringen müssen.« Jungius streicht sich die gegelten Haare nach hinten. »Wir planen hier unser Projekt ›Friesenpark am Watt‹, sieben Reetdachhäuser im traditionellen Friesenstil, alles vom Feinsten, so ähnlich wie hier bei unserer Happy, nur noch etwas …« Jungius zögert.

»Feiner? Nein, nur größer!«, wendet Happy Puttkammer fast patzig ein.

»Die gute Happy hat Sorge, dass wir ihr die Gäste abspenstig machen.« Jungius nimmt sie gönnerhaft in den Arm und hat dabei sein blasiertes Grinsen auf den wulstigen Lippen. »Da hat jeder seine Klientel. Bei dir ein bisschen mehr Wohlfühlen, im Friesenpark First Class Hideaway.«

»Hideaway, pah.« Hannelore Puttkammers Miene verdüstert sich zunehmend. »Und diese Sache mit dem Golfen auf dem Wiesenstück von Rettmer, mein lieber Rüdiger, da müssen wir auch noch mal drüber reden.«

»Sagen Sie, is dieser Bauunternehmer eigentlich mal wieder aufgetaucht?«, will Thies noch wissen.

»Horst Pohlmann.«

»Der gehört doch auch zu diesem Krabbencocktail-Verein in der ›Kombüse‹?«

»Wir machen uns schon alle Sorgen.« Happy Puttkammer fährt sich nervös durch die Haare. Jungius zuckt die Achseln und grinst überheblich. »Ist untergetaucht, eigentlich nicht seine Art. Schon komisch.«

»So ganz grün sind die sich nich«, stellt Thies treffend fest, als er zusammen mit Nicole Stappenbek die paar Schritte in den alten Dorfkern zur »Kombüse« hinübergeht.

»Und besonders traurig scheinen sie über den Tod ihres Freundes auch nicht zu sein«, sagt Nicole.

»Über dat Verschwinden des Baulöwen auch nich«, findet Thies. »Von wegen, *wir machen uns Sorgen*. Da stimmt doch wat nich.«

Wirt Jan schreibt gerade mit Kreide die Tagesgerichte auf die Schiefertafel, die im Vorgarten des Restaurants an der Eingangspforte lehnt: Seezungen frisch vom Kutter. Friesische Bouillabaisse. Wilde Austern.

»Wilde Austern?«, fragt Nicole und schiebt sich die Riesensonnenbrille ins Haar. »Was heißt das denn?«

»Na ja, wild eben«, erklärt Thies knapp.

»Wo er recht hat, hat er recht«, bestätigt Jan. »Keine Zucht, sondern eben wild.«

»Und wo kommen die her?«

»Von da.« Wirt Jan deutet Richtung Wattenmeer.

»Man muss nur die Stellen kennen«, sagt Thies verschwörerisch. »Knut Boyksen kann dir dat genau sagen.«

»Ich muss sie ja vielleicht nicht unbedingt selbst sammeln.« Nicole sieht den Kombüsenwirt an.

»Dat machen wir für Sie und wir servieren sie Ihnen auch geöffnet.«

»Musst aber 'n Tisch vorbestellen«, sagt Thies wichtig. »›Kombüse‹ is immer ziemlich ausgebucht. Is doch so?«

»Krieg'n wir schon hin.« Jan macht einen Kreidestrich unter seine Tagesgerichte.

»Aber wir sind auch aus einem anderen Grund hier. KHK Stappenbek aus Kiel.« Nicole zeigt ihren Polizeiausweis. »Vom Tod des Touristikchefs Griepenstroh haben Sie ja vermutlich schon gehört. Als Letztes wurde der Tote bei Ihnen gesehen.«

»Ja, da kann ich ja nu' auch nix bei machen.«

»Erwartet auch niemand. Die Freunde aus dieser Immobilienrunde haben erzählt, dass ihm nach dem Essen an diesem Abend schlecht geworden ist.«

»Freunde ist gut. Die sind sich doch alle spinnefeind. Und dem Griepenstroh ist nicht das erste Mal schlecht geworden. Er konnte ja nie genug kriegen, hat sich regelmäßig überfressen, dat war bei ihm nix Besonderes. Nee, da muss diesmal jemand nachgeholfen haben.«

Nicole wundert sich. Wen sie auch fragen, niemand auf der Insel glaubt an ein Tötungsdelikt und mit Mord will schon gar keiner etwas zu tun haben. Aber beim Wirt der »Kombüse« scheint das anders zu sein.

»Sie halten es durchaus für möglich, dass Griepenstroh ermordet wurde?«

»Er war nich grade beliebt. Er kam ja vom Festland, was sag ich, noch weiter runter, Rheinland.«

Nicole muss sich ein Grinsen verkneifen. »Ist denn an diesem Abend irgendetwas vorgefallen, was Ihnen jetzt verdächtig vorkommt?«

»Die Frau von der Bank hat ihn ja wohl nach Hause gefahren«, schaltet sich Thies mal wieder ein. Nicole hebt die Augenbrauen.

»Ja, die blonde Banktante… zusammen mit diesem kleinen Italiener …«

»Italiener?« Thies wird hellhörig.

»Weiß auch nicht, ob die sich kannten, waren hier an der Bar mächtig am Süßholzraspeln.«

»Die beiden haben sich um Griepenstroh gekümmert?«

»Gekümmert, jo.« Jan lacht laut. »Die Banktante und Griepenstroh hatten sich wohl ordentlich in den Haaren, sagt Raik, meine Kochhilfe. Das hat er mitbekommen, als er zum Rauchen draußen war. Und ihre neue italienische Eroberung soll sich da wohl gleich mächtig ins Zeug gelegt haben. So 'n kleiner Fips, aber gleich tüchtig in Fahrt.«

»Alfa mit italienischem Kennzeichen? PA, Palermo?« Bei Thies schrillen alle Alarmglocken.

»Kann schon sein«, sagt Jan.

»Nicole, die hab ich alle auf'm Radar gehabt.«

»Radar?« Nicole Stappenbek versteht nicht ganz.

»Ja, Geschwindigkeitskontrolle, vorgestern, kurz hinter Fredenbüll.« Thies sortiert seinen Frontigel. »Wat hab ich gesagt, Immobilienmafia? Nee, Nicole, dat is richtig Mafia.«

Thies ist schwer begeistert.

18

Zwischen Rasenmähen bei Happy Puttkammer und Küchendienst in der »Kombüse« fährt Raik Rettmer in der »Welle« in Wittdün vorbei. Er will es doch noch mal bei Inez Schulz versuchen. Er hat in der »Kombüse« ja mitbekommen, dass es unter den Mitgliedern der Krabbencocktailrunde neuerdings reichlich Knatsch gibt. Vor allem den Streit zwischen Inez Schulz und Griepenstroh hat er mit angehört. Er könnte ihr damit drohen, der Polizei davon zu erzählen. Dann sitzt die Bankerin vielleicht nicht mehr auf so hohem Ross und lässt mit sich über einen Kredit für seinen Strandkiosk reden.

Raik Rettmer parkt seinen Pick-up mit den Gartengeräten auf der Ladefläche vor der »Welle«, einem pseudochicen und ziemlich sterilen Apartmenthaus in Wellenform, das hier vor Kurzem gebaut worden war. Die Eigentumswohnungen hat Jungius & Schacht an Zahnärzte aus der norddeutschen Provinz verscherbelt, die schon immer von einem Sofaplatz mit Meerblick geträumt haben und vor allem Steuern sparen wollen. Mit dem Meerblick allerdings ist es in den schlauchartigen Apartments nicht allzu weit her. Die Räume sind so schmal, dass man kaum ein Sofa stellen kann.

»'n büschen ungemütlich«, meint auch Knut Boyksen, der dort mal bei einer Bekanntschaft vom Krabbenholen zum Kaffee eingeladen war. Inez Schulz hat sich eines der begehrten Penthäuser in der »Welle« gesichert und setzt auf weiter steigende Immobilienpreise.

Raik Rettmer klingelt bei »Schulz«. Inez meldet sich prompt durch die Gegensprechanlage mit einem knappen »Ja?«.

»Hier ist Raik Rettmer, Frau Schulz, ich wollt noch mal schnacken, Sie wissen schon.«

Das leise Rauschen in der Gegensprechanlage erstirbt. Inez Schulz hat ohne ein weiteres Wort den Hörer aufgelegt. Wütend drückt Rettmer auf den Klingelknopf ein. Nichts. »Komm, mach schon auf, du arrogante Schnepfe!«, schimpft er lautstark zu sich selbst. Rettmer drückt jetzt die anderen Klingelknöpfe. Mehrere Stimmen melden sich und dann wird auch der Türsummer betätigt. Rettmer weiß, dass Inez Schulz das Penthaus hat. Er steigt, mit seinen derben Arbeitsschuhen, immer zwei Stufen auf einmal nehmend, das Treppenhaus bis nach oben. An der Wohnungstür klingelt er Sturm, dann klopft er an die Tür.

»Frau Schulz«, ruft er laut vernehmlich.

»Herr Rettmer, es gibt zwischen uns nichts zu besprechen«, sagt Inez Schulz durch die geschlossene Tür. »Wir haben alles beredet.«

Rettmer wird sauer. Was bildet diese blöde Kuh sich ein, kommt hier einfach auf die Insel, kauft irgendwelche Grundstücke und Wohnungen auf und verweigert ihm einen Kredit. Amrum, das ist schließlich seine Insel. Raik fühlt, wie ihm mal wieder das Blut heiß in den Kopf steigt. Er schlägt mit der geballten Faust mehrmals gegen die Wohnungstür.

»Verdammt noch mal, mach auf!« Er tritt mit seinen schweren Arbeitsschuhen einmal gegen die Tür, gar nicht mal stark, aber das Türblatt wackelt.

Inez Schulz reißt die Tür auf.

»Sind Sie von allen guten Geistern verlassen?«, faucht sie Rettmer an. »Das geht ja wohl gar nicht.«

Statt des obligatorischen Businesskostüms trägt die bleiche Inez ein enges Shirt, das das Mädchenhafte ihres schmalen Oberkörpers betont, und eine weiße Jogginghose aus der Edelboutique. »Sie verschrecken hier ja noch die ganzen Leute... Mein Gott, kommen Sie schon rein.«

Nach zwei Schritten durch einen dunklen Flur steht Raik Rettmer gleich vor der Einbauküche. Vom Penthaus aus hat man einen grandiosen Blick über den Kniepsand. Vor allem sieht man tatsächlich Sand, der Strand wird hier in Wittdün von Jahr zu Jahr immer breiter, das Meer entfernt sich. Über die Dachterrasse dringen von der Wandelbahn, dem Fußweg oberhalb des Strandes, die Stimmen vorbeiradelnder Urlauber herauf. Raik steht in seinem schmuddeligen T-Shirt etwas unschlüssig vor der Küchenzeile. Er guckt provozierend, als erwarte er, erst mal einen Cappuccino angeboten zu bekommen.

»Was wollen Sie denn noch?« Inez Schulz setzt einen mindestens ebenso provozierenden Blick auf und nimmt einen Schluck aus einer Plastikwasserflasche.

»Jo, geht noch mal um mein Strandhäuschen. Wir ham da ja schon mal geschnackt ...«

»Eben«, sagt die blonde Inez knapp.

Raik lässt seinen Blick durch die Wohnung schweifen. Auf der penibel sauberen Arbeitsplatte stehen zwei benutzte Campari-Gläser. Daneben liegt verloren ein Austernmesser. Das Apartment ist eingerichtet, aber es wirkt irgendwie unbelebt, teure Möbel, edles Geschirr, auf die Schnelle in einem Husumer Möbelhaus ausgesucht.

Raik Rettmer spürt schon wieder die Wut in sich aufsteigen. Er muss mit diesem Loch im Industriegebiet neben der Zimmerei vorliebnehmen, mit den muffigen alten Möbeln von seiner Mutter, und diese Banktusse, die noch nie im Leben richtig gearbeitet hat, sitzt hier in der weißen Jogginghose zwischen Möbeln, die sie überhaupt nicht benutzt.

»Das kann doch nicht sein. Ich hatte 'n Haus mit Wattblick, das hab ich euch überlassen, und jetzt wollt ihr mir nicht mal einen kleinen Kredit geben.«

»Da wollen wir mal nichts durcheinanderbringen.« Inez Schulz ist zwar einen Kopf kleiner als er, trotzdem gelingt es ihr, Raik von oben herab anzusehen.

»Sie haben Ihr Haus nicht besonders clever an Hannelore Puttkammer verkauft und meine Bank sieht sich nicht in der Lage, Ihnen einen Kredit zu geben.«

»Und warum nicht?«

»Ganz einfach, Sie können uns keine Sicherheiten bieten, das habe ich Ihnen alles bereits erklärt.«

»Wat heißt denn Sicherheiten? Dat Strandhäuschen is bombensicher. Die ganze Saison über ›Fish and Chips‹, Kaffee, Eis, kalte Getränke, dat läuft hier auf der Insel wie von selbst.«

»Hindert Sie ja keiner, nur, ich kann Ihnen dabei auch nicht helfen. Und jetzt würde ich gern wieder auf meinem Dachgarten die letzten Sonnenstrahlen genießen, bevor der große Regen kommt.«

»Nu' mal nich ganz so hochnäsig, Verehrteste!« Raik Rettmers Ton wird deutlich ungemütlicher. »Wenn wir hier nich zusammenkommen, dann werden wir euer Bankertreffen hier 'n bisschen aufmischen. Wo soll dat stattfinden? Bei den Hünengräbern? Da schick ich euch mal ein paar von diesen durchgeknallten Trommlern vorbei.«

Inez Schulz wird unruhig, wenn sie daran denkt, dass diese irren Typen das Investoren-Summit ihres Island Funds stören könnten. Rettmer fühlt sich dadurch noch mehr ermuntert. »Vielleicht sollte ich der Polizei auch mal erzählen, was hier neulich Abend gelaufen is.«

»Wie? Was soll hier *gelaufen* sein?«

»Spiel mal bloß nich die Unschuld vom Lande. Du weißt ganz genau, was ich meine. Ich hab deinen Zoff mit Griepenstroh doch mitbekommen.« Rettmer wischt sich mit einer ausholenden Geste die fettigen Haare aus der Stirn. Er rückt näher an sie heran. Inez Schulz steigt ein Duftgemisch von Schweiß und frischgemähtem Gras in die Nase. Angeekelt weicht sie zurück. Ihr Blick ist nicht ängstlich, sondern verächtlich.

»Ich wüsste nicht, seit wann wir uns duzen.«

»Meinst wohl, du bist was Besseres, oder was?« Die Wut pocht in Raiks Schädel. »Ihr könnt hier nich machen, was ihr wollt.« Er rutscht noch etwas näher an Inez heran.

Inez hebt die Hände, um sich Rettmer vom Leib zu halten. »Ich möchte Sie jetzt ausdrücklich auffordern zu gehen.«

Sie versucht, den Hilfskoch von sich wegzuschieben. Doch der weicht nicht von der Stelle und baut sich mit herausgestreckter Brust vor ihr auf. Durch die offene Terrassentür dringen vom Strand Kinderlachen und verzerrte Gitarrenakkorde und Bassläufe hinauf in die Wohnküche. Offensichtlich eine Band beim Soundcheck.

»Ich hab dat doch gehört. Wie war das, was hat Griepenstroh gesagt, als du mit ihm und deinem kleinen Italiener neulich Abend los bist? Wir haben noch was zu regeln.« Rettmer sieht sie triumphierend an.

»Was heißt hier *mein* Italiener?«

Jetzt gelingt es Inez Schulz, Rettmer ein Stück von sich wegzuschubsen.

»Und dat habt ihr denn ja wohl auch noch geregelt. Nächsten Morgen war Griepenstroh zumindest tot.« Rettmer bekommt ein unheimliches Funkeln in den Augen. Inez Schulz' Blick dagegen wird immer kälter.

»Fantasier dir mal keinen Quatsch zusammen, du friesischer Torfkopf. Ihr Deppen hier auf der Insel habt doch alle 'n Schuss.«

Auch Inez Schulz vergisst alle Förmlichkeiten und geht zum Du über.

Wütend schubst Rettmer jetzt die Bankerin, sodass sie gegen den Tresen der Küchenzeile fliegt. Inez bleibt mit einer Tasche ihrer Jogginghose in einer vorstehenden Griffleiste der Einbauküche hängen und gerät fast ins Stolpern. Dabei zieht sie aus Versehen die große

Schublade mit den Müllbehältern heraus. Zwischen den beiden Mülleimern liegt ein Beutel, der an dieser Stelle seltsam deplatziert wirkt. Es ist einer dieser Stoffbeutel der Amrum-Touristik mit dem Wittdüner Leuchtturm und dem Slogan »Auf die Insel, fertig, los!«. Panisch und möglichst beiläufig schubst Inez den Beutel in die Box mit dem Restmüll und schiebt die Schublade mit dem Po wieder zu.

Doch Raik Rettmer hat den Amrum-Beutel bemerkt. Es ist nur ein kurzer Moment. Aber Raik kommt es vor, als hätte ein Bündel Papier aus dem Stoffbeutel herausgeguckt. Täuscht er sich oder waren das Geldscheine? Nach den bekannten Euro-Banknoten sah es allerdings nicht aus. Violette Scheine hat er noch nicht in der Hand gehabt.

Raik stiert auf die Schublade. Inez steht davor und stützt sich mit den Händen auf der kalten Granit-Arbeitsplatte ab. Plötzlich hat sie das Austernmesser in der Hand und richtet es auf Rettmer. Erstaunt blickt sie auf die kurze, kräftige Klinge.

19

»Nicole, dat war Mord, dat sagt mir mein Bauchgefühl.«

Thies ist sich da ganz sicher. »Und der Mordfall hat mit Golf zu tun. Wir hab'n diesen toten Golfspieler, der immer wieder verschwindet... all diese Autos voller Golfschläger... 'n toten Kurdirektor, der von einem Golfplatz träumte, und eine Ente, die vom Golfball getroffen wird. Dat is schon seltsam. Wo dat hier gar keinen Golfplatz gibt.«

»Das wollen einige hier scheinbar ändern. Es geht in unserem Fall offenbar um Golf und Immobilien.«

Nicole Stappenbek nimmt sich eine Zigarette aus ihrer goldenen Benson&Hedges-Schachtel. »Ich hab vorhin mal mit dem Notar gesprochen. Bei dem Termin, den Griepenstroh dort hatte, handelte es sich tatsächlich um eine Eigentumswohnung in dieser neuen Anlage ›Friesenpark‹. Nur finanziell war das wohl noch nicht alles geklärt. Der Notar hat sich da noch bedeckt gehalten. Wir brauchen da eine richterliche Anordnung.«

»Und wat is, wenn die Immobilienleute sich bei dem Kurdirektor erkenntlich zeigen wollten?«

»Jungius, die Bankerin und auch dieser Pohlmann...«

»Und nachdem sie die Baugenehmigungen für

Apartments und Golfplatz haben, wollten sie ihn jetzt wieder loswerden.«

Motiv, Mittel, Gelegenheit, der Lehrsatz aus der Polizeischule schießt Thies durch den Kopf. Aber so viel weiter bringt ihn das im Augenblick auch nicht.

»Solange wir noch keine Ergebnisse von der KTU haben, müssen wir in alle Richtungen ermitteln«, sagt die Kommissarin.

Eben wollten Thies und Nicole Stappenbek Raik Rettmer befragen. Aber sie hatten den Koch aus der »Kombüse« in seiner Wohnung im Gewerbegebiet nicht angetroffen.

»Nee, nich da.« Mehr war aus dem Mann in der benachbarten Zimmerei nicht herauszubekommen.

Jetzt sind die beiden Polizisten auf dem Weg zu Vogelwart Nils Gerckens. Thies' Polizei-Escort mit der falschen Lackierung haben sie am Oodwai, dem kleinen Weg zur Odde, stehen lassen und sind den restlichen Weg zur Vogelwarte zu Fuß gegangen.

»Das liegt ja wirklich vollkommen einsam in den Dünen«, staunt Nicole. »Und dieser Gerckens lebt hier tatsächlich die ganze Zeit?«

»Ja, angeblich seit dreißig Jahren.«

»Toll, aber ganz schön einsam, so ganz allein.« Nicole zieht Luft durch die Nase.

»Na ja, bis vor Kurzem war er noch mit 'ner Frau zusammen. Aber der war dat auf Dauer wohl auch 'n büschen weit draußen.«

Als sie auf das Haus zugehen, steht Nils Gerckens bereits im Anorak in der offenen Tür.

»KHK Stappenbek aus Kiel. Meinen Kollegen POM Detlefsen kennen Sie ja, glaube ich.«

»Moin, Nils«, grüßt Thies.

»Wir ermitteln in dem Todesfall des Touristikchefs Griepenstroh und haben da auch ein paar Fragen an Sie.«

»Das ist jetzt schlecht. Ich bin grad auf dem Sprung. Wir haben ja nachher unser Solidaritätskonzert.«

»Ja, ich hab schon gesehen, für… ähh… die Löffelente.« Thies rückt die Polizeijacke zurecht.

»Das ist so eine Protestaktion gegen die Einrichtung eines Golfplatzes, verstehe ich das richtig?«, beginnt Nicole die Befragung.

»Gegen den Golfplatz und ganz allgemein gegen den Ausverkauf der Insel.« Gerckens zündet sich eine Selbstgedrehte an und harkt sich mit den Fingern einmal durch den Bart.

»Wir haben Aussagen, dass Sie vor ein paar Tagen in der ›Kombüse‹ eine Auseinandersetzung mit Herrn Griepenstroh hatten?«

»Aussagen, so, so.« Gerckens blickt lauernd und zieht an seiner Zigarette. »Haben die Immobilienfritzen gepetzt.«

»Wat heißt hier gepetzt? Dat hat ja wohl das ganze Lokal mitgekriegt, dass du dem Kurdirektor 'n Schnaps ins Gesicht gekippt hast«, schaltet sich Thies ein.

»Daran wird er ja wohl nich gestorben sein«, sagt Gerckens motzig.

»Aber es zeigt, dass Sie mächtig wütend auf ihn waren«, bohrt die Kommissarin weiter.

»Mit diesem Idioten fing das doch alles an, Golfplatz, die ganzen Bauprojekte, dieser Scheißtyp wollte die ganze Insel umkrempeln und verhökern …«

»Und dat wolltest du verhindern, ein für alle Mal«, geht Thies dazwischen.

»Der hat einen Sandweg nach dem anderen asphaltiert, überall hat er diese idiotischen Schilder aufgestellt und meine Vogelwarte hier wollte er auch dichtmachen.« Gerckens redet sich so sehr in Rage, dass er das Rauchen glatt vergisst.

Nicole Stappenbek sieht ihn prüfend an. »Herr Gerckens, wo waren Sie an diesem Abend, nachdem Sie die ›Kombüse‹ verlassen haben, und vor allem dann in der Nacht?«

»Wo soll ich schon gewesen sein? Hier«, sagt der Vogelwart mit einem Achselzucken.

»Jo, da kannst uns viel erzählen.« Thies nickt siegessicher. »Gibt dat Zeugen dafür?«

»Jede Menge!« Gerckens zieht mehrmals an seiner Selbstgedrehten, um die Glut wieder in Gang zu bringen. »Zig Zeugen, wenn nich Hunderte.« In seinem wilden Bart zeigt sich ein Grinsen.

»Bitte?« Thies und Nicole blicken ihn erstaunt an.

»Eiderenten, Rotschenkel, mehrere brütende Zwergseeschwalbenpärchen …«

»Zwerg…see…schwalben? Mensch, hör doch auf, Gerckens, verarschen können wir uns alleine.« Thies macht eine wegwerfende Handbewegung.

»Aber sonst kann das niemand bezeugen?«, sagt die Kommissarin mit kritischem Blick.

»Nee, der kranke Seehundheuler, den ich hier zur Pflege hatte, ist letzten Monat ausgewildert worden.«

»Herr Gerckens, ich glaube, Sie verkennen den Ernst der Lage.« Nicole wird langsam ärgerlich und rückt sich die Sonnenbrille im Haar zurecht.

»Du stehst hier unter Mordverdacht, mein Freund«, platzt Thies heraus. Nicole sieht ihn strafend an.

Gerckens nimmt nervös noch einen Zug aus seiner Selbstgedrehten, dann tritt er die Zigarette im Sand aus. »Ich hab mit dem Tod dieses Idioten nichts zu tun.«

»Aber besonders traurig sind Sie darüber auch nicht«, stellt die Kommissarin fest.

»Nö, das is kein Geheimnis, dass ich diesen Wichtigtuer nich mochte. Ich hab ihm 'n Schnaps ins Gesicht gekippt, das bestreite ich ja gar nich. Aber sonst …«

»Die KTU ist fleißig bei der Arbeit. Und wenn wir erst mal unsere Ergebnisse haben, dann kannst du mit deinen Zwergseeschwalben einpacken«, sagt Thies bestimmt.

Gerckens hat schon wieder den Ansatz eines höhnischen Grinsens in seinem Bart versteckt.

»Wir werden sicher später noch mal ein paar Fragen an Sie haben«, sagt Nicole.

Thies fügt unmissverständlich hinzu. »Die Insel nich verlassen. Is klar, nä?«

Nach der Befragung zeigt Thies Nicole den Kniepsand. Sie ist schließlich das erste Mal auf Amrum. Sie machen einen Spaziergang einmal um die Odde. Über Föhr liegt ein dunkles Wolkengebirge, und auf dem Wasser zwischen Amrum und Sylt sind hohe Wellen zu erkennen. Es ist stürmisch, aber die Sonne kommt immer mal kurz heraus. Auf dem Wasser brettern mehrere Kiter in Neoprenanzügen über die Schaumkronen hinweg. Am Strand ist ansonsten wenig los. In Norddorf haben sich ein paar Unentwegte in ihren Strandkörben verschanzt. Sobald man die Strandaufgänge der einzelnen Orte verlässt, ist man vollkommen allein. Nur die Brandung ist zu hören und über ihnen das schrille Zirpen einer Seeschwalbe, die sie von ihrem Brutplatz weglocken will.

»Hier, dat is so 'ne Zwergseeschwalbe«, sagt Thies. Sie müssen beide lachen.

Und dann will Nicole unbedingt baden. Thies ist das zuerst unangenehm, weil sie keine Badesachen und nicht einmal ein Handtuch dabeihaben. Aber Nicole lässt sich überhaupt nicht davon abbringen.

»Komm, Thies, stell dich nich so an«, grinst Nicole.

Thies zögert noch, doch dann ziehen sich beide kurzerhand ihre Klamotten aus und stürzen sich nackt in die Wellen. Als der erste Brecher sie von den Beinen fegt, ist Thies' Schamhaftigkeit schnell verflogen. Übermütig schwimmen sie ein ganzes Stück raus und steigen etwas später erschöpft und bestens gelaunt aus den Fluten.

Das muss Heike ja nicht unbedingt erfahren, denkt Thies.

20

»All hands on deck, we've run afloat! I heard the captain cry ...«

Die Soundfetzen wehen über den Strand. Bounty gibt sich alle Mühe, den Sound von »Procul Harum« zu treffen. Der Althippie aus Fredenbüll ist mit Teilen seiner Band »Stormy Weather« angereist. Das von seinem alten Bekannten Nils Gerckens spontan angesetzte Solidaritätskonzert für die Löffelente findet an der Wandelbahn über dem Strand statt. Bounty startet passenderweise mit dem maritimen »Procul Harum«-Klassiker ›A Salty Dog‹. Ganz so wie »Procul Harum« klingt er zwar nicht, aber einige Urlauber holen bereits die Feuerzeuge heraus und schwenken sie über dem Kopf. Die kleinen Gasflammen werden in dem auffrischenden Wind und den kurz, aber heftig über sie hinwegziehenden Regenschauern immer wieder ausgeblasen. Die Leute stehen dichtgedrängt auf der engen Wandelbahn und feiern, in Ölzeug, einige unter Regenschirmen oder in durchnässten Shirts und Pullovern. Der Bandname »Stormy Weather« passt zum Wetter. Aber die Stimmung ist ausgelassen.

Zum Konzert für die Löffelente war neben Gitarrist Bounty die komplette Stammbesetzung aus dem Fredenbüller Imbiss »De Hidde Kist« angereist: Postbote Klaas, Wirtin Antje samt Schäfermischling Susi, Piet

Paulsen weilt ja ohnehin zur Kur auf der Insel und Thies Detlefsen auch. Nur der Schlagzeuger von »Stormy Weather« hatte die Fähre verpasst. Aber Trommler gab es auf der Insel ja derzeit genug.

»Musst nur aufpassen, dass die sich 'ne Büchs überziehen«, hatte Piet Paulsen gewarnt. Und so hatte Bandleader Bounty kurzerhand drei Schamanen mit zum Soundcheck genommen, die von der kleinen Bühne über dem Meer auch nicht wieder herunterkamen.

Die machen ihre Sache ganz ordentlich.

»Nach Stones hört sich dat aber nich mehr an«, findet Postbote Klaas. ›Jumping Jack Flash‹ klingt jetzt tatsächlich eher wie eine Meditations-CD. Einzelne Soundfetzen, Gitarrenriffs und Bassläufe werden immer wieder verzerrt von einer Sturmböe über den Platz geweht.

Nicht nur auf der Bühne, an allen Ecken des Platzes an der Wandelbahn, auf der die Urlauber sich normalerweise sonnen und Eis essen, wird fleißig getrommelt. Und die zahlreich erschienenen Schamanen sind ausgesprochen tanzfreudig. Zwei Männer, die wie ganz normale Büroangestellte im Urlaub aussehen, machen die wildesten Verrenkungen und schwenken über sich bunte Fahnen. Die Detlefsen-Zwillinge Telje und Tadje blicken fasziniert, die beiden Jungen von Makler Hans-Rüdiger Jungius in Edelölzeug verschreckt zu ihnen hinüber.

Der Fredenbüller Imbisshund Susi läuft auf der Suche nach einem vegetarischen Happen im Zickzack durch die Zuschauerreihen. Ähnlich unruhig kämpft sich der kleine Italiener mit einem Regenschirm, der immer wieder umknickt, durch die dichtgedrängten Zuschauer.

»Bella Signora«, fragt er Happy Puttkammer, »ist denn bella Signora Inez gar nicht da?«

»Ja, wo ist denn unsere Inez überhaupt?«, wendet sich Happy an Hans-Rüdiger Jungius.

»Tja, wo is Inez? Der ist bestimmt das Wetter zu schlecht.«

Alle sind gekommen, nur Inez Schulz nicht, und auch Raik Rettmer scheint das Konzert zu schwänzen. Thies Detlefsen steht am Kiosk an, um Nicole Stappenbek und seiner Heike einen Drink zu organisieren. Ein junges Mädchen, das in anderen Sphären schwebend aus einer wilden Mähne herauslächelt, pendelt ein Stück weiter ein Büschel Dünengräser aus. Eine nicht mehr ganz so junge Frau in einer nassen Bluse, durch die sogar Stevie Wonder durchgucken könnte, tanzt mit geschlossenen Augen wie in Trance. Eine andere reißt sich mit verzücktem Blick gerade das violette Wickeltuch vom Leib. Trotz des schlechten Wetters haben die Schamanen offenbar den Wunsch, sich freizumachen. Strandkorbvermieter Ole Tobarben, der offensichtlich schon einige Bierchen intus hat, kommt aus dem Staunen gar nicht raus.

Als Vogelfreund Nils Gerckens die Bühne betritt, wird es unruhig im Publikum. Vereinzeltes Klatschen mischt sich mit Pfeifen. Gerckens hält die Ausgabe des Inselboten mit dem Foto der verendeten Löffelente hoch. Er steht da wie ein Arbeiterführer.

»Solidarität mit den bedrohten Vögeln!«, ruft Gerckens.

Die ersten Worte werden von einer Windbö verschluckt. Nils steht nicht nah genug am Mikrofon. Nur das Wort »Vögeln« schallt überlaut mit Ausrufungszeichen über die Wandelbahn. Lautes Gejohle bei einer Männergruppe, deren Teilnehmer sich mit ein paar Küstennebel in Stimmung gebracht haben, freundliches Nicken bei den Schamanen.

»Super, dass ihr alle gekommen seid. Ihr habt ja wahrscheinlich gehört, es gehen grausame Dinge auf der Insel vor sich.« Gerckens setzt eine finstere Miene auf.

»Hört sich aber eher nach ›Love and Peace‹ an«, sagt eine Urlauberin und lächelt ihren Mann an.

Gerckens' Stimme wird noch lauter. »Ihr wisst ja alle, warum wir hier sind.«

»Ja! Wir wollen die Band hören!«, schreit ein Jugendlicher.

Jetzt tritt Bounty zu Nils ans Mikro. »Ey, Leute! Solidarität mit den Enten!«, ruft der Gitarrist und reckt kurz die Faust nach oben.

»Hat Bounty schon wieder eine von seinen Haschischzigaretten geraucht?«, krächzt Piet Paulsen, der Mühe hat, bei dem Regen sein Zigarillo in Gang zu halten.

»Ja, er is wieder fix dabei«, bestätigt Imbisswirtin Antje.

»Ganz schöner Rambozambo, nur weil so 'ne Ente den Löffel abgegeben hat«, findet Piet.

»Herr Paulsen? Wir haben Sie heute Morgen bei der Atemtherapie vermisst.« Im Gedrängel kommt die Physiotherapeutin aus dem Mutter-und-Kind-Heim mit strengem Blick auf den Fredenbüller Rentner zu.

»Ach so, moin-moin, ich hab Sie gar nich erkannt.« Paulsen wischt sich verlegen die Regentropfen von seiner Gleitsichtbrille.

»Aber ich hab *Sie* erkannt«, sagt die Therapeutin und deutet auf Paulsens müde kokelnden Stumpen. Sie wedelt mit dem erhobenen Zeigefinger.

Nicole Stappenbek muss lachen. Heike steht daneben und zieht eine Flappe. Thies hatte sie mitgeschleppt. Und jetzt steht sie hier im Regen zusammen mit Thies' blonder, ach so toller Kommissarin und trinkt aus Pappbechern einen lauwarmen »Summer Breeze«, der diesen Namen nicht verdient. Schmollend verzieht sie sich zu der in der Nähe stehenden Vermieterin Happy Puttkammer.

Thies ist mit seinen Gedanken ganz bei dem Fall, als er plötzlich diesen kleinen Italiener mit Regenschirm hektisch durch die Zuschauerreihen irren sieht. Er trägt Sonnenbrille und hat offensichtlich zwei Pflaster im Gesicht. Dann ist der Mann sofort wieder in einer Urlaubergruppe in Ölzeug verschwunden.

»Nicole, da is er!« Thies macht Anstalten, als wolle er den kleinen Mann gleich verhaften.

»Nur weil er ein italienisches Kennzeichen hat?« Nicole Stappenbek sieht ihren Kollegen skeptisch an. »Nee, Thies, das is zu dünne.«

»Hast du dat Pflaster nich gesehen? Und Sonnenbrille bei dem Wetter? Der hat doch 'n Veilchen, jede Wette.«

»Vielleicht hast du recht, wir sollten ihn auf jeden Fall mal befragen.«

Auf der Bühne hält Nils Gerckens noch einmal die Zeitung hoch.

»Es ist eine Riesensauerei, was hier passiert ist. Am dreiundzwanzigsten Juni ist dieser Vogel hier gestorben.« Nils legt Pathos in die Stimme. »Getötet, und zwar nicht durch eine Kugel, sondern durch einen Golfball. Wir müssen uns entscheiden, was wir hier wollen, die Vögel oder die Schickis mit ihren Golftaschen?!«

Aus dem Publikum kommen Klatschen und der höhnische Zwischenruf eines Einheimischen: »Willst dich nich noch mal an die Boje anketten?!« Ein paar Leute lachen. Die Schamanen sind etwas ruhiger geworden. Aber ein unermüdlicher einsamer Trommler ist im Hintergrund immer noch zu hören.

»Amrum ist die Insel mit den meisten Seevögeln«, setzt Gerckens zu einem ornithologischen Exkurs an. »Wir haben hier fünfzehntausend Brutpaare. Und ich kann euch eins verraten, in den Scheißgolflöchern wollen die nich brüten.«

Makler Hans-Rüdiger Jungius, im durchgeregneten rosa Hemd, macht eine wegwerfende Handbewegung. »Eure Enten zahlen euch aber keine Kurtaxe und die Fischbrötchen wollen die umsonst«, ruft er Richtung Bühne.

»Rüdi-Darling, lass doch, ist doch lustig, und die Band find ich richtig supi.« Happy Puttkammer, mit einem stylisch-nostalgischen knallroten Südwester auf dem Kopf, swingt mit den Fingern schnippend, obwohl »Stormy Weather« im Augenblick gar nicht spielt.

»Ehrlich gesagt, Golfplatz hier fänd ich gar nich so schlecht. Golfen mit Blick auf's Meer, wär doch cool«, pflichtet ein Typ mit ebenfalls durchnässtem Poloshirt, aber hochgestelltem Kragen dem Makler Hans-Rüdiger Jungius bei.

»Wenn euch dat hier nich passt, dann geht doch nach drüben …« Knut Boyksen deutet den Kniepsand entlang Richtung Norden.

»… nach Sylt«, bringt Thies den Satz zu Ende.

»Den folgenden Song widme ich allen Löffelenten, echt.« Bounty muss fast selbst lachen. »Und all diejenigen, die die Insel mit ihrem Geld zuscheißen, sollten sich warm anziehen. Wir haben die Insel noch lange nicht aufgegeben!«

Klatschen und Pfiffe aus dem Publikum. »Wir wollen Satisfaction«, schreit der braungebrannte Strandkorbvermieter Ole Tobarben.

»Satisfaction für die Seevögel«, gluckst Bounty. Der Bassist setzt prompt mit dem berühmten Basslauf ein.

»Hei-jana-ju hei-jana-ju hei-jana-ju.« Das gutturale Gebrumme des weißhaarigen Oberschamenen Odin ist auch gegen ›Satisfaction‹ deutlich zu hören.

»Wat brummt der da eigentlich immer?«, krächzt Piet Paulsen.

»Nordfriesisch is dat nich«, sagt Boyksen, der sich seine Schiffermütze tief ins Gesicht gezogen hat.

»Nee, Dänisch aber auch nich«, stellt Imbisswirtin Antje fest.

»Hier, Susi, willst 'n Krabbenbrötchen?« Piet Paulsen hält dem Schäfermischling sein Brötchen hin. »Antje, wie ist das bei ihr überhaupt mit Krabben?«

»'n büschen Fisch frisst sie manchmal schon wieder. Wenn ich freitags im Imbiss mal Fischstäbchen mach.« Die Hündin stellt die Ohren auf. »Ja, Susi, Fischstäbchen, feiiin!«

Von Paulsens Krabbenbrötchen allerdings wendet sich Susi angeekelt ab.

»Wat denn? Lecker Krabben.« Piet Paulsen guckt beleidigt.

»Tja, Piet, nix zu machen.« Antje zuckt mit den Schultern. »Wahrscheinlich Konservierungsstoffe drin. Dat spürt sie sofort.«

»Ja, ja, die Krabbenbrötchen, dat sind keine Krabben vom Kutter. Das is so eingeschweißtes Zeug, in Marokko gepult. Jo, is so.« Knut Boyksen kennt sich mit Krabbenpulen aus.

Die Band macht eine Pause. Auch die beiden Feierabendschamanen haben sich beim Tanzen und Fahnenschwenken dermaßen verausgabt, dass sie dringend mal verschnaufen müssen. Es hat aufgehört zu regnen. Über dem Meer erscheint ein heller Streifen, unter dem die Sonne rot hervorlugt, bevor sie untergeht. Bounty trinkt mit Antje und Klaas ein Pausenbierchen und für die Damen gibt es einen neuen »Summer Breeze«. Die Detlefsen-Zwillinge wollen ein Eis von dem Eismann mit dem Quad. Nachdem Telje ein »Nogger« ergattert hatte, will Tadje natürlich auch eins.

»Eigentlich müsste da noch eins sein.« Der Eisverkäufer durchforstet die ganze Truhe. »Muss ich mich wohl getäuscht haben.«

»Das is aber voll unfair. Ich will auch 'n ›Nogger‹, du hast gesagt, da ist noch eins«, quakt Tadje, während Telje schon die Nüsse von ihrem Eis knabbert.

»Kinder, dat geht nich.« Der Eismann gibt die Suche auf. »Mir schmilzt hier die ganze Ware. Ich kann kein ›Nogger‹ entdecken.«

»Ich will aber ein ›Nogger‹«, nölt Tadje. Sie lässt sich absolut nicht abwimmeln.

»Ja, dann musst du selbst mal gucken.« Kaum hat der Eisverkäufer das gesagt, ist Tadje mit dem ganzen Oberkörper in der großen Eiskiste verschwunden. Aus der Tiefe der Eiskiste dringt Rascheln. Nur die nackten Beine mit Flip-Flops an den Füßen staksen heraus.

»Bring mir bloß nich den Karton mit den ›Dominos‹ durcheinander.«

Plötzlich taucht Tadje aus der Eiskiste auf. Statt des »Nogger« hält sie einen Golfschuh in der Hand. Sie streckt die Hand mit dem gut gekühlten Schuh stolz in die Luft. »Telje! Guck mal«, ruft sie.

Telje, der vor Schreck die Schokoladenhülle von ihrem Eis fällt, ruft: »Mama!«

Und Heike ruft: »Thi-i-ies!«

21

Raik Rettmer segelt pfeifend auf dem Fahrrad den Tannenwai entlang. Es ist keine erkennbare Melodie, nur irgendwelche Töne, die ihm spontan über die Lippen kommen. Auf dem Sandweg, der vor dem Dünengürtel durch Heide und Wald führt, ist der Regen nicht ganz so heftig. Aber das kommt Raik nur so vor, weil der Wind von hinten kommt. Er ist nach der kurzen Strecke durch die Jacke hindurch klitschnass bis auf sein Möwenschiss-T-Shirt.

Raik müsste eigentlich eine Stinkwut haben. In der »Kombüse« herrschte heute Abend mal wieder Hochbetrieb. Deshalb hatte er das Konzert von dieser Band verpasst. Und dann hatte ihm die Sylter Schnepfe Happy Puttkammer schon wieder das Auto entführt. Jetzt muss er bei diesem Sauwetter sehen, dass er mit dem Rad nach Hause in seine muffige Wohnung im Industriegebiet kommt.

Raik Rettmer ist trotzdem bester Laune. Er zeigt es natürlich niemandem, aber er ist in einer regelrechten Hochstimmung. Die Geschichte mit dem toten Griepenstroh ist ihm etwas unheimlich, aber darüber zerbricht er sich nicht den Kopf. Sein spontaner Besuch bei dieser Banktante heute Nachmittag war ein richtiger Treffer, wie ein Sechser im Lotto. Er muss jetzt nur aufpassen, dass ihm niemand diesen Stoffbeutel mit dem Leuchtturm, den er vorhin aus dem Mülleimer mit den stinkenden Austernschalen herausgefischt hatte, streitig macht. Bevor er zu seinem Küchendienst in die »Kombüse« gefahren war, hatte er auf die Schnelle nur ein notdürftiges Versteck gefunden. Raik hat keine Ahnung, was es mit diesem Geldbündel in dem Amrum-Beutel auf sich hat. Irgendetwas war damit ganz sicher nicht in Ordnung. Normalerweise bewahrte man sein Geld nicht neben dem Abfalleimer auf. Das mussten Schmiergelder oder Schwarzgeld sein. Das ist wahrscheinlich nicht einmal strafbar, überlegt Rettmer, wenn man geklautes Geld einfach noch einmal klaut. Denn dass diese blonde Bank-Lady das Geld nicht rechtmäßig erworben hatte, darauf würde Raik Rettmer jede Wette eingehen.

Es sind drei dicke Bündel violetter Euro-Scheine, wie er sie noch nie in seinem Leben gesehen hatte. Er hatte noch keine Zeit gehabt, sie genau durchzuzählen. Er hatte Angst, beobachtet zu werden. Selbst wenn er mit seinem Pick-up auf die kleinen Nebenwege zum Strand fuhr oder hinter den Altglascontainern Zuflucht suchte, überall lauerten Urlauber, die plötzlich um die Ecke geradelt kamen. Aber es waren bestimmt dreihundert Fünfhundert-Euro-Scheine oder auch mehr. Der Traum vom Strandkiosk könnte auf einmal wahr werden. Er wäre nicht mehr auf die Almosen dieser Bankfritzen angewiesen. Er könnte den verhassten Job bei Happy Puttkammer und auch in der »Kombüse« hinschmeißen.

Und dann war da noch dieses seltsame Schriftstück in dem Beutel: »LOI«? Was hatte das zu bedeuten? Er hatte das in der Eile nicht genauer ansehen können. Nur den Namen Griepenstroh hatte er gelesen.

Während der Nordwest ihn auf seinem Fahrrad ohne Licht über den Sandweg an den im Wald und in der Heide versteckten Ferienhäusern vorüberweht, sieht Raik sich in Gedanken in seinem erträumten reetgedeckten kleinen Strandhäuschen mitten in den Dünen Fische und Pommes frittieren. Die Urlauber in Strandklamotten stehen bei schönstem Wetter vor seiner Essensausgabe Schlange. Raik ist ganz in Gedanken, als plötzlich vier Scheinwerfer eines Sportwagens vor ihm auftauchen.

Im ersten Moment denkt er sich nichts. Aber das Auto hält direkt auf ihn zu. Der Fahrer macht nicht die geringsten Anstalten, ihm auszuweichen oder ihn rechts vorbeifahren zu lassen. Ganz im Gegenteil. Der dunkelblaue Alfa gibt jetzt Gas. Der Sand knirscht. Aus einer Pfütze spritzt Wasser. Er kommt ihm direkt entgegen, bremst und rutscht mit einem Dreher auf ihn zu, sodass das Auto jetzt quer zur Fahrbahn steht. Die Schweinwerfer schwenken dabei einmal quer über die Fahrbahn und leuchten jetzt in einen Seitenweg, der zu einem Bohlenweg in die Dünen führt. Aus der Dunkelheit strahlt ein rotumkreistes Durchfahrt-Verboten-Schild heraus und ein kleineres Schild mit der Aufschrift: »VERNÜNFTIGE FAHREN HIER NICHT MIT DEM RAD, DEN ANDEREN IST ES VERBOTEN!« Davor liegt ein Stapel von Brettern zum Ausbessern des Bohlenweges, eine Schaufel und anderes Arbeitsgerät.

Auch Rettmer muss mit seinem Fahrrad eine Vollbremsung machen. Die beiden Fahrzeuge stoßen fast zusammen. Raik stürzt beinahe. Mit einem Bein kann er gerade verhindern, dass er hinfällt. Er ist noch damit beschäftigt, das Rad wieder aufzustellen, da ist der Fahrer des Alfa bereits aus seinem Wagen gesprungen.

Raik Rettmer erkennt ihn sofort. Es ist der kleine Italiener, der neulich in der »Kombüse« mit Inez Schulz rumgeschäkert hat. Er traut seinen Augen nicht. Aldo hält in seiner Rechten einen riesigen chromblitzenden Revolver. Zunächst ist die Waffe noch auf den Boden gerichtet. Dann hält Aldo den Colt in Raiks Richtung, ohne direkt auf ihn zu zielen.

»Ganz ruhig, Signore, keine Panik«, sagt Aldo mit bedrohlich leiser Reibeisenstimme, die gegen Wind und Regen kaum zu verstehen ist.

Rettmer ist eigentlich gar nicht panisch. Er ist einfach sprachlos. Mit einer Hand wischt er sich die nassen Haare aus dem Gesicht. Dann hat er beide Hände wieder am Fahrradlenker und starrt wie gebannt auf den Revolver, der in der Hand des kleinen Mannes besonders monströs aussieht. Auf dem Waldweg ist es dunkel. Aber das Streulicht der Autoscheinwerfer lässt die Waffe in der Dunkelheit silbrig schillern. Einen solchen Colt kennt Rettmer nur aus dem Kino.

»Wir haben etwas zu besprechen, Signore«, krächzt Aldo. »Nur eine kleine geschäftliche Besprechung.«

»Ich weiß nich, wat wir zu beschnacken hab'n?«, entgegnet Rettmer. Aber sein Ton klingt angesichts der großkalibrigen Waffe weniger rotzig als sonst.

»Bleiben Sie ganz ruhig, Signore.«

»Jo, Scheiße, ich bin ganz ruhig.« Raik starrt auf den

gewaltigen Lauf der Waffe. Ihm schwant natürlich sofort, was dieser Typ von ihm will.

»Keine Angst, ich will Ihnen nicht wehtun«, beteuert Aldo, aber sein Blick sagt ganz etwas anderes. »Sie waren heute bei Signora Schulz zu Besuch… und da haben Sie etwas mitgenommen, was nicht Ihnen gehört.«

»Ich weiß überhaupt nich, wovon Sie reden. Wat hab'n Sie mit… mit Frau Schulz zu tun?«

»Sehen Sie, Signora Schulz war sehr betrübt darüber, dass Sie etwas mitgenommen haben. Madonna! Wenn eine schöne blonde Frau traurig ist, das kann ich nicht mit ansehen, da muss ich etwas für sie tun, capisce. Signora hat mich um einen kleinen Gefallen gebeten, so etwas kann ich nicht abschlagen.«

Aldo fuchtelt mit der chromblitzenden Pistole durch die Luft. Und jetzt meint Rettmer trotz der Dunkelheit neben dem Pflaster ein hübsches Veilchen auf seinem linken Auge zu erkennen.

Absolut lächerlich, denkt Raik, dieser Bonsai-Mafioso ist ein Witz. Wenn nur diese dicke Wumme nicht wäre.

»Sach mal, dat is doch 'ne Spielzeugpistole, oder wie seh ich dat?«, versucht Raik die Situation zu entkrampfen.

Er erreicht genau das Gegenteil. Aldo fixiert ihn mit seinen gefährlichen dunklen Augen. »Spielzeug? Vaffanculo, ich werde dir cretino zeigen, was ein Spielzeug ist.« Das Krächzen geht jetzt in ein Schreien über. Wütend hält der Italiener die schwere Smith & Wesson 357 Magnum Richtung Bohlenweg und feuert einen

Schuss ab. Es gibt keinen lauten Knall, eher ein bedrohlich dumpfes »Dummb«, gefolgt von einem Pfeifen und metallischem Scheppern. In einiger Entfernung hört man ein paar Vögel kreischend auffliegen. Das vom Autoscheinwerfer angestrahlte Schild zittert und in dem Wort »Vernünftige« prangt ein deutliches, sauber ausgestanztes Loch. Aldo und Rettmer starren beide auf das Schild.

»Vernünftige fahren hier nicht mit dem Rad, den anderen ist es verboten? Was soll das heißen? Vaffanculo! Sind hier auf dieser Insel denn alle pazzo … plem-e, plem-e?«

Er zielt noch einmal auf das Schild und schießt ein zweites Mal, deshalb bekommt er nicht mit, dass sich plötzlich ein Auto nähert.

Der Wagen muss anhalten, weil der schmale Weg durch den quergestellten Alfa versperrt ist. Es ist der Kombi der Insel-Pizzeria »La Gondola«. Der massige Pizzawirt Torben wuchtet sich behäbig aus dem Auto heraus.

»Na, wen hab'n wir denn da schon wieder? Hast immer noch nich genug von der Insel?«

Torben hat den Italiener und seinen dunkelblauen Alfa natürlich sofort erkannt. Schließlich hatte Aldo ihm in seiner Pizzeria einen zweiten Besuch abgestattet, der für beide wenig erfreulich verlaufen war. Das »La Gondola« hatte eine zerbrochene Schaufensterscheibe und Aldo ein blaues Auge davongetragen. Was sein alter Kumpel Raik Rettmer hier allerdings mit dem Italiener zu tun hat, ist ihm nicht klar, und auch die Waffe übersieht er im ersten Moment.

»Ganz schön ungünstig geparkt, mein Freund«, blafft Torben den Italiener an. »Fahr dein Coupé mal auf die Seite, aber 'n büschen pronto. Ich hab hier zwei ›Funghi‹ auszuliefern, die werden mir sonst kalt.«

Aldo verschlägt es angesichts dieser Dreistigkeit für einen kurzen Moment die Sprache.

»Hier wird gar nichts ausgeliefert«, schreit er dann. »Madonna, womit hab ich das verdient, dass dieser stupido, dieser cretino hier schon wieder auftaucht.« Wütend fuchtelt er jetzt mit der Waffe in Torbens Richtung.

»Wat is dat denn? Hast jetzt 'ne Schreckschusspistole dabei?« Pizzabäcker Torben hat den Ernst der Lage noch nicht ganz erkannt.

»Vorsichtig, Torben, dat Ding is echt«, brüllt Rettmer für seine Verhältnisse erstaunlich laut.

»Schreckschuss?!« Aldo gerät immer mehr in Rage. »Hier hast du deine Schreckschusspistole!«, schreit er und feuert einen weiteren Schuss ab. Die Kugel schlägt dumpf vor dem Bohlenweg zum Strand ein. Im Scheinwerferlicht des Autos spritzt der Sand auf. Raik Rettmer hebt beschwichtigend die Hände. Torben ist weniger beeindruckt.

»Moment, Freundchen, so läuft dat hier nich«, protestiert der Pizzawirt.

»Jetzt steig sofort in deinen beschissenen Kombi und verzieh dich in deine Scheiß-Pizzeria!«, krächzt Aldo mit sich überschlagender Stimme. »Ich hab mit dem Signore hier etwas zu regeln. Geht das rein in dein Spatzenhirn?!«

Torben starrt den Italiener ruhig an, dann geht er zu

dem Holzstapel und greift in aller Seelenruhe nach einem der Bretter, die zum Ausbessern des Bohlenwegs bereitliegen.

»Sach ma', Raik, wat hast du mit ihm hier überhaupt zu schaffen?«

»Keine Ahnung, wat der mit mir regeln will.«

Im Gegensatz zu Torben klingt Raik etwas kleinlauter. Aldo ist irritiert. Bisher haben alle vor seiner Smith & Wesson 357 Magnum gezittert. Doch jetzt hat er einige Probleme, beide Männer gleichzeitig mit seinem Revolver in Schach zu halten.

Als eine kurze Regendusche über die drei hinwegweht, nutzt Kleiderschrank Torben die Gelegenheit, Aldo von der Seite anzugreifen. Er schwingt die Holzlatte. Der Italiener versucht im letzten Moment auszuweichen und reißt den Arm mit der Waffe nach oben. Doch das Brett trifft die Hand mit dem Revolver, der in hohem Bogen durch die verregnete Nacht fliegt und in einer Pfütze neben Rettmers Fahrrad landet. Raik reagiert sofort und fischt den Revolver aus dem Wasser. Als er die nasse Waffe in der Hand hält, weiß er gar nicht recht, was er damit anfangen soll.

Jetzt hebt Aldo beschwichtigend die Hände. »Attenzione! Vorsicht, scharf geladen.«

Torben steht unternehmungslustig mit seinem Holzbrett da. »Komm, Raik, kurzer Prozess.«

»Wie jetzt?« Rettmer begreift nicht ganz. Er versucht den Colt an seinem T-Shirt trocken zu wischen.

»Ja, ich hab nich ewig Zeit. Ich muss ausliefern. Die ›Funghi‹ werden mir hier kalt.«

»Deine ›Funghi‹ kannst du dir in den Arsch stecken, capisce«, hustet der Mafioso.

Da versteht Pizzabäcker Torben überhaupt keinen Spaß mehr. Kurzentschlossen holt er noch einmal mit einem weiten, kräftigen Schwung aus und lässt die flache Seite der Holzbohle mit einem satten Schmatzen auf der linken Gesichtshälfte des Italieners landen.

Aldo starrt einen Moment ins Leere. Vor seinen Augen explodieren zahllose Sterne. Dann krächzt er mit lautloser Stimme: »Scheiß Funghi«, und sackt in seinem schönen blauen Anzug in den nassen Sand.

22

Nils Gerckens, Bounty und die Notbesetzung von »Stormy Weather« sind mit dem Verlauf des Abends hochzufrieden. Sie sind durchgefroren, durchnässt und müde, aber fest entschlossen, nach der Show in der »Blauen Maus« ein paar Nummern auf der berühmten Whiskeykarte abzuhaken.

Bei einem zwölfjährigen Glenfiddich und einem zweiten gleich hinterher bestätigen sich der Vogelwart und der kräftig bekiffte Bandleader samt schamanischem Ersatzdrummer den rauschenden Erfolg ihres Solidaritätskonzertes für die Löffelente. Strandkorbvermieter Ole Tobarben und Oberschamane Odin nicken zustimmend. Nach zwei weiteren Whiskeys entbrennt eine ausführliche Debatte über die weitere politische Strategie, mit der man der Immobilienmafia das Handwerk legen kann. Die Runde ist sich schnell einig, dass das für den nächsten Tag geplante Edel-Event des Immobilienfonds an den prähistorischen Grabhügeln unbedingt gesprengt werden muss.

»Da is 'ne große Sache geplant«, weiß Gerckens. »So richtig syltmäßig mit Schampus, Austern und Fischhäppchen. Ich weiß das von Raik Rettmer, die ›Kombüse‹ liefert die Häppchen. Und abends is Party auf der ›Maret H‹. Da wird dann auf'm Wasser gefeiert.«

»Wat woll'n die ganzen Schickis bloß auf'm Grabhügel. Mann, Mann, Mann.« Strandkorbvermieter Tobarben, der an dem heutigen Abend seltsam deprimiert wirkt, schüttelt den Kopf.

Die politische Allianz zwischen Vogelschützern, Strandkorbvermietern und trommelnden Heilern zeigt allerdings schon im Ansatz Brüche. Mit jedem Whiskey wird deutlicher, dass die Motive bei den Beteiligten der nächtlichen Diskussionsrunde höchst unterschiedlich sind. Nils geht es um seine Seevögel. Ole Tobarben befürchtet, dass er, sollten die Golfer die Insel erobern, keine Strandkörbe mehr vermieten wird. Und die Schamanen glauben, dass der Ort durch die Anlage eines Golfplatzes seine positiven Schwingungen verlieren könnte.

Die Drinks zeigen Wirkung. Strandkorb-Tobarben, Ersatzdrummer und Odin können Gerckens' Ausführungen über den Zusammenhang zwischen Gentrifizierung, Vogelschutz und Klimaerwärmung nicht mehr recht folgen. Und auch bei Gerckens selbst reduziert sich der politische Protest auf den altbewährten Begriff »Schweinesystem«. Bounty, durch das Zusammenwirken von zehnjährigem Tullamore und selbstgezogenem Gras überraschend plötzlich außer Gefecht gesetzt, entert schwankenden Schrittes den Tour-Bus und tritt die Heimreise ins nahegelegene Haus des Gastes an. Die anderen halten wacker die Stellung, solange der Aktionsplan für den nächsten Tag nicht steht.

»Wir müssen unbedingt was unternehmen gegen diese Idioten«, sagt Gerckens. »Die wollen die Insel übernehmen, das müssen wir verhindern.«

»Wollt ihr nich einfach noch mal einen trommeln«,

schlägt der Strandkorbvermieter mit Blick auf die Schamanen vor.

»Du meinst Spirit-Trommeln?« Nach vier Whiskeys wirkt Odin unerwartet klar und fast geschäftsmäßig.

»Spirit? Meinetwegen auch das«, sagt Gerckens.

»Dazu müssen wir dort nicht einmal erscheinen. Wir können in unserer Jurte bleiben.« Vogelwart und Strandkorbvermieter sehen den Schamanen fragend an. »Wir sind keine feste Materie«, fährt Odin fort. »Alles, was wir sind oder glauben zu sein, sind Energie und Spannungen.«

»Ich fänd's schon besser, wenn 'n paar von euch Sportskameraden da persönlich erscheinen würden«, sagt Tobarben bereits mit deutlichen Artikulationsproblemen.

»Du meinst, ganz da sein, alles spüren in dir und im Hier und Jetzt, du und dein Krafttier?«

»Genau, dat is's, was ich meine«, lallt Gerckens und grinst breit.

Die Stimmung wird immer vertraulicher zwischen den Männern. Alle anderen Gäste haben sich inzwischen aus der »Blauen Maus« verabschiedet. Die kleine Whiskey-Runde will sich aber noch nicht trennen. Man wird ungewohnt gesprächig und so von Mann zu Mann offenbart man sich schon das eine und andere Geheimnis.

Gerckens erzählt von seinen Gewaltfantasien gegen den lispelnden Surflehrer, mit dem seine Freundin durchgebrannt ist. Schamane Odin gesteht, dass er in Wahrheit Jörg-Peter heißt und Verwaltungsangestellter bei der Stadt Bochum ist. Aber das verblüffendste

Geständnis hat Strandkorbvermieter Ole Tobarben auf Lager.

»Leute, ich hab echt Probleme«, druckst Tobarben herum. Er macht ein trauriges Gesicht und senkt vertraulich die Stimme. »Das muss jetzt aber wirklich unter uns bleiben.«

Die anderen nicken müde.

»Ihr ahnt es nicht, wer bei mir heute früh in einem meiner Strandkörbe saß. Ich hab das ja bisher für 'n schlechten Witz gehalten, aber …«

Die nächtliche Männerrunde ist mit einem Mal mucksmäuschenstill.

»Nu' mach das nich so spannend«, brummt Gerckens.

»Gelber Pullunder, grünes Gesicht und karierte Socken. Na, klingelt wat? Mir steckt der Schreck jetzt noch in den Gliedern.«

Odin blickt ratlos versonnen, aber Gerckens weiß natürlich sofort Bescheid.

Tobarben hält sein Whiskeyglas fest umklammert. »Ich hatte schon überlegt, die Polizei zu holen. Aber dann hätte ich meinen Laden auch gleich dichtmachen können. Ich hätte keinen einzigen Korb mehr vermietet, und das jetzt zum Ferienbeginn … mein Hauptgeschäft.«

»Wo bist du mit ihm hin?«, will Gerckens wissen.

»Mitsamt dem Strandkorb hinten auf'n Trecker drauf, ab in die Strandkorbhalle und erst mal Plane drüber.«

»Perfekt, Ole.« Nils Gerckens kippt den Rest seines Whiskeys mit einem Zug hinunter und nickt Tobarben und dem Schamanen Odin verschwörerisch zu.

23

»Haben Sie diesen Schuh schon mal gesehen?«

Auf Thies' Frage war die gute Frau Pohlmann in Nicoles provisorischem Dienstzimmer im Haus des Gastes kurz in den Ständer mit dem Prospektmaterial gesackt.

Nach dem Fund des Golfschuhs in der Eiskiste hatten Thies und Nicole die Frau des Bauunternehmers, die bereits völlig aufgelöst auf der Insel nach ihrem Mann Ausschau hielt, heute Morgen aufgesucht. Das gemeinsame Formulieren einer Vermisstenanzeige war dann allerdings gar nicht so einfach. Das zwanzig Jahre alte Foto ihres Mannes in Badehose auf Teneriffa, das Frau Pohlmann in ihrem Portemonnaie dabeihatte, war für eine Suchanzeige denkbar ungeeignet, und mit einer Beschreibung ihres Horst tat sie sich schwer.

»Ungefähr eins achtzig groß, schütteres Haar, Golfkleidung, karierte Socken, trägt nur einen Schuh«, hatte Thies schließlich dem Kollegen entnervt ins Telefon diktiert.

Inzwischen ist wieder alles an der Steenodder Mole versammelt. Die Fredenbüller Imbisstruppe, Bounty, Klaas und Antje nebst Schäfermischling Susi, frühstückt nach einer unbequemen Nacht auf den Lesesesseln im Haus des Gastes übermüdet, aber guter Dinge auf Knut Boyksens Bank, allerdings ohne Boyksen. Nur Piet Paulsen hat in seinem Mutter-und-Kind-Heim geschlafen wie ein Murmeltier und genießt sein Morgenzigarillo. Die Detlefsen-Zwillinge, die Thies heute Morgen zum Anleger mitgenommen hat, spielen mit ihrem Polizei-Set. Telje sichert mit Knete, Puder und Pinsel verdächtige Spuren an der Schiffsglocke, die vor dem Pavillon hängt, und Tadje schießt mit der Erbsenpistole auf vorbeifliegende Möwen.

»Willst wohl auch mal Polizist werden«, krächzt Piet Paulsen, »wie dein Papa?«

»Nee, lieber wie Nicole!«, quiekt Telje unmissverständlich.

Mischlingshündin Susi blickt bewundernd zwischen den Detlefsen-Zwillingen hin und her. Die anderen sehen zum Steuerhaus hinüber. Vor dem Verkaufsstand kommt es wieder zu heftigen Diskussionen über die Reihenfolge in der Warteschlange. Aber heute Morgen gibt es noch mehr zu sehen.

Thies Detlefsen und Nicole Stappenbek stehen zusammen mit Knut Boyksen am Krabbenkutter und befragen den Fischer. Fischer Andreesen wuchtet gerade die letzten Kisten mit dem frischen Fisch von Bord. Sein Lehrling spritzt mit einem Schlauch das Deck ab. Auf der Mole stehen die bereits ausgeladenen Kisten mit den frischen Krabben und Fischen, eine Kiste voller Schollen, eine mit Krebsscheren und Tintenfischen, in den anderen mischen sich Makrelen, Knurrhahn und Steinbutt. Knut Boyksen läuft gleich das Wasser im Munde zusammen.

»Pack mir mal zwei Makrelen ein«, sagt Boyksen und reicht dem Fischer eine Plastiktüte.

»Sieht gut aus«, sagt Nicole. »Aber wir sind aus einem anderen Grund hier.« Sie schnieft und schiebt sich die Sonnenbrille ins Haar. »KHK Stappenbek, Mordkommission Zwei in Kiel«, stellt sie sich vor.

Thies assistiert mit wichtigem Gesicht.

»Oha«, sagt der Fischer. »Mordkommission hatten wir hier auch noch nicht.«

»Herr Andreesen«, setzt Nicole Stappenbek an, »wir haben ein paar Fragen an Sie.«

»Wat wollt ihr denn wissen?«

»Sie beliefern doch auch die örtlichen Restaurants mit Fisch und Krabben, ist das richtig?«

»Jo. Wieso?« Der Fischer reicht Boyksen seine Plastiktüte mit den Makrelen.

»Haben Sie Samstag das Restaurant… wie heißt das?«

»Kombüse«, antworten Thies und Knut Boyksen im Chor.

»Kombüse«, richtig. »Hat die Küche der ›Kombüse‹ Samstag Fische und Krabben von Ihnen bekommen.«

»Jan kriegt jeden Tag Ware von mir. Sonnabend? Ja, Sonnabend auch. Wo is dat Problem?« Der Fischer hievt eine weitere Kiste voller Krabben von Bord.

»Ach wat, alles klar.« Boyksen macht eine wegwerfende Handbewegung. Trotz des toten Touristikchefs scheint der pensionierte Polizeiobermeister den Ernst der Lage immer noch nicht ganz wahrhaben zu wollen. Nicole schnieft unwillig.

»War mit den Krabben oder mit dem Fisch irgendwat nich in Ordnung?«, funkt Thies dazwischen.

»Freunde, nu is aber wirklich gut!« Fischer Andreesen wird langsam ärgerlich. »Meine Krabben sind immer in Ordnung.«

Die Wartenden in der Schlange auf der anderen Seite des Anlegers sehen ungeduldig, aber auch interessiert zu ihnen herüber.

»Die Teilnehmer der Runde, die am Vorabend mit dem Todesopfer zusammen in der ›Kombüse‹ gesessen haben, klagten alle über Magenbeschwerden«, sagt Nicole Stappenbek.

»Ja, die hatten wohl 'n paar Küstennebel zu viel«, vermutet der Fischer.

»Hab ich doch gesagt«, bestätigt Boyksen und schiebt sich die Schiffermütze in den Nacken. »Wenn der dicke Makler in Spendierlaune is, dann gibt dat schon mal 'n paar Runden.«

»Knut, dann hast du 'n dicken Kopp, aber du liegst nicht gleich tot unter der Dusche«, gibt Thies zu bedenken.

»Und dass gleich die gesamte Runde Magenkrämpfe hat? Ich weiß nicht recht.« Nicole hat auch ihre Zweifel. »Was genau haben Sie denn Samstagabend an die ›Kombüse‹ geliefert?«

»Ja, normal.«

Die Kommissarin runzelt ungeduldig die Stirn. »Und was heißt normal?«

»Jo, unterschiedlich, nä. Wat so im Netz is. Sie sehen ja selbst.« Der Fischer zeigt auf die Fischkisten. Knut Boyksen nickt zustimmend. »Ich muss den Fisch jetzt mal eben ans Steuerhaus rüberbringen. Sie sehen ja, die Leute warten. Wir können ja drüben weiterschnacken.«

Andreesen fährt den mit den Fischkisten beladenen Pick-up zu dem kleinen Verkaufsstand und entlädt das Auto. Thies, Nicole und Knut Boyksen gehen die paar Meter zu Fuß hinterher.

»Nicole, wat war das noch? Was hab'n diese Immobilienfritzen in der ›Kombüse‹ gegessen? Die haben doch was gesagt.«

»Krabben, hat deine Pensionswirtin erzählt, und dieser Fisch mit dem lustigen Namen ...«

»Genau, Petermännchen! Ja, nicht nur Frau von Puttkammer hat das erzählt, auch diese Banktante, Frau Schulz.«

Fischer Andreesen unterbricht das Abladen der Kisten und überlegt. »Ja, Sonnabend hatten wir Petermännchen. Weiß ich noch genau, hab'n wir nämlich höchst selten. Und Petermännchen... Na ja, der is nich ganz ohne.«

»Was heißt das jetzt?« Nicole Stappenbek geht das hier alles viel zu langsam.

»Na ja, Petermännchen is so 'ne Sache«, bestätigt auch Knut Boyksen.

»Freunde, nun mal raus damit!« Nicole Stappenbek zieht zweimal die Luft durch die Nase. Thies nickt bestätigend. Die »abtastende Vernehmung« aus »Vernehmungstechniken Eins« hat auch ihre Grenzen, denkt Thies.

»Der giftigste Fisch der Nordsee«, sagt Boyksen und zieht sich die Schiffermütze wieder ein Stück ins Gesicht. »Oder?«

Die Gespräche in der Schlange verstummen. Die umstehenden Fischkäufer hören interessiert zu.

»Kann man so sagen. Vor 'n paar Jahren hatten wir hier auf der Insel 'n Badegast, der is beim Wattlaufen in so ein Petermännchen getreten. Der musste sofort mit'm Hubschrauber ausgeflogen werden, nach Föhr in die Klinik. Wie die Sache genau ausgegangen is, weiß ich nich. Daran gestorben is der Mann wohl nicht, das hätte ich mitbekommen, aber ...«

»Das hört sich ja wirklich gefährlich an«, sagt Nicole. »Man lernt nie aus, was, Thies?«

»Ist ja lebensgefährlich«, raunt eine Rentnerin in Öljacke ihrem Mann zu. »Deshalb sag ich ja: Heinz, immer schön die Badeschuhe anziehen.«

»Ja, ja, Petermännchen, hab ich auch schon gehört«, sagt ein Mann in Fahrradrennanzug. »Musst du den Fuß oder die Hand sofort in kochendes Wasser halten.« Die Umstehenden verziehen mit genüsslichem Schauder die Gesichter.

»Man hat schon von schlimmen Magenkrämpfen, Atemnot und Herzrasen gehört«, fährt der Fischer fort, der ganz offenbar die Aufmerksamkeit der Umstehenden genießt. »Die Leute erzählen die tollsten Sachen über das Petermännchen.«

»Magenkrämpfe ...«, wiederholt Thies und sieht Nicole bedeutungsvoll an.

»... Atemnot, Herzrasen ... passt irgendwie zusammen.« Die Kommissarin nickt Thies bestätigend zu.

»Entschuldigen Sie, wenn ich mal fragen darf: Is da was passiert?«, wendet sich die Rentnerin an Thies, der in seiner Jacke als Einziger als Polizist zu erkennen ist.

»Da können wir im Augenblick noch gar nichts sagen«, antwortet der Fredenbüller Polizist wichtig. »Wir ermitteln.«

Nicole wirft ihrem Kollegen einen warnenden Blick zu. Nicht dass Thies hier schon wieder vorprescht.

»Trotzdem eignet sich der Fisch ja aber zum Verzehr, oder?«, fragt sie weiter.

»Ja, sicher«, sagt der Fischer.

»Richtig lecker«, bestätigt Knut Boyksen.

»Aber bei der Zubereitung muss man fix aufpassen. Dat Gefährliche sind die Stacheln, die sitzen am Kiemendeckel und an der ersten Rückenflosse.« Andreesen wird jetzt richtiggehend gesprächig.

»Die entfernt man wahrscheinlich vor der Zubereitung?«, vermutet Nicole.

»Na ja, aber dat Häutchen, dat um die Stacheln rum is, darfst du nich zerreißen. Sonst kommt das Gift raus. Das siehst du nich mal, dat is so 'n durchsichtiger Glibber.«

»Was es alles so gibt …«, funkt die Rentnerin dazwischen. »Heinz, nicht dass du mir so ein Petermännchen nach Hause bringst.«

»Auf gar keinen Fall darf man sich stechen lassen. Dat is schmerzhaft und gibt Schwellungen, die sich allmählich über den ganzen Körperteil ausbreiten können. Da kann dir sogar wat absterben.«

»Und was würde passieren, wenn etwas von diesem Gift in die Pfanne kommt oder meinetwegen in eine Fischsuppe?«

»Wenn der Fisch gekocht wird, wirkt das Gift nicht mehr«, weiß Knut Boyksen.

»Deshalb soll man den Fuß ja auch gleich in kochendes Wasser halten«, ruft der Radrennfahrer dazwischen.

»Hören Sie bloß auf!«, kreischt die Gattin von Rentner Heinz.

»Schon seltsam«, sagt Nicole leise zu Thies und Boyksen gewandt. »Die Runde in der ›Kombüse‹ hat den Fisch ja nicht roh gegessen.«

»Nee, Sushi gibt dat nich auf Amrum. So weit sind wir hier, Gott sei Dank, noch nich«, brummt Boyksen in seinen Bart.

»Irgendwie komisch«, findet auch Thies.

»Da wartet in Kiel noch richtig Arbeit auf unseren Gerichtsmediziner.« Nicole zieht einmal kräftig Luft durch die Nase, die nach zwei Tagen Nordsee schon viel freier geworden ist.

»Ja, bin ich auch gespannt, was Doc Carstensen dazu sagt.«

24

Das Wetter hatte sich beruhigt, es hatte kurz aufgehört zu regnen. Aber aus dem Einflussbereich von Tief »Helga« haben sich die Nordfriesischen Inseln noch nicht befreien können. Für einen Moment war die Sonne herausgekommen. Jetzt wird vom Horizont aus schon wieder eine dunstige Wolkenwand wie ein Wollteppich über den Himmel gezogen.

Am Rande der prähistorischen Stätte ist ein langer Holztisch aufgebaut. Darauf stehen Sektgläser, Schampus-Flaschen, Silbertabletts mit Austern auf Eis, Platten mit kleinen Fisch- und Krabbenhäppchen. Inez Schulz steht etwas erhöht und ist mitten in den Begrüßungsworten zur Eröffnung des Summit ihres Immobilienfonds. Die angereisten Investoren stehen in Regenjacke und mit Sektglas in der Hand da und lassen ihre Blicke über die Inselkulisse schweifen. Von hier aus hat man einen grandiosen Blick zum Leuchtturm und den Dünen, Richtung Wittdün, und dann vor allem über Steenodde hinweg über das Wattenmeer bis nach Föhr zu den Halligen hinüber.

Es ist eine betuchte Kundschaft aus dem Hamburger Westen und dem Rest der Republik, ein paar holländische und schwyzerdütsche Brocken sind zu hören. Männer in maßgeschneiderten englischen Jacketts und Regenmänteln, ein Rheinländer mit Kaiser-Wilhelm-Schnurrbart, eine Blankeneser Dame, die von oben bis unten in kariertes Burberry-Muster gehüllt ist, und ein Schweizer, der auch im Sturm seine halbe Lesebrille aus Horn auf der Nase behält und in schönstem Schwyzerdütsch immer wieder »Super, oder?« sagt. Fünfzig Meter weiter trommelt und tanzt eine Gruppe von Schamanen. Zwei Heringsmöwen kreisen interessiert über dem Buffet mit den Fischspezialitäten. Eine auffrischende Brise weht ein paar Papierservietten und ein einzelnes Krabbenbrötchen über die Grabhügel.

»Nachhaltigkeit ist eines unserer Kernthemen, meine Damen und Herren, darauf legen wir bei unserem ›Island Resort Investment Fund‹ großen Wert. Ich will sie nicht zu Beteiligungen an Gewerbegebieten oder großen Wohnanlagen irgendwo in der Vorstadt überreden. Das ist passé, das ist einfach nicht mehr sexy. Der neuste Trend geht eindeutig von gewerblichen Investitionen weg hin zum naturverbundenen Investment.«

Inez kommt mit ihrem dünnen Stimmchen gegen den Wind kaum an, aber ihr Ehrgeiz hat sie voll gepackt. Die Trommeltruppe irritiert sie etwas, aber sie bekommt ihre Kunden trotzdem in den Griff. Hans-Rüdiger Jungius nickt zustimmend und ihr neuer italienischer Freund, der sie heute Morgen gerettet hatte, zwinkert Inez zu.

Der Tag hatte für Inez Schulz alles andere als erfreulich begonnen. Sie hatte ihren Augen nicht getraut, als sie frühmorgens zu der kleinen Anhöhe neben den prähistorischen Hünengräbern gekommen war. Sie wollte noch einmal die Location in Augenschein nehmen, wo nachher der Summit stattfinden sollte. Sie wollte festlegen, wo genau das kalte Buffet aufgestellt werden sollte und wo sie ihr Begrüßungsreferat halten wollte. Sie war von der Inselstraße abgebogen und hatte den Maserati, ganz gegen ihre Gewohnheit, in bedächtigem Tempo die kleine Straße Richtung Wattenmeer rollen lassen und in Höhe der Hünengräber am Straßenrand geparkt. Als sie durch das Gras auf die prähistorischen Grabhügel zuging, sah sie schon von Weitem einen gelben Fleck aus der Wiese herausleuchten. Über den ganzen Himmel zog sich eine Marmorbewölkung, die alles in ein mattes graues Licht tauchte. Da stach dieses Gelb geradezu ins Auge.

Als Inez näher kam, glaubte sie ihren Augen nicht zu trauen. Vor einem der grasbewachsenen kleinen Anhöhen, an einem verwitterten Pfosten eines Weidezaunes, lehnte ihr Geschäftsfreund Horst Pohlmann im gelben Golferpullunder. Sein starrer Blick war auf die Halligen gerichtet. Der Mund war weit geöffnet, dass seine Goldkronen zu sehen waren. Aus der Nase war eine rötliche Flüssigkeit gelaufen, kein Blut, eher ein rötlicher Schleim. Die Gesichtsfarbe war kalkig-käsig weiß mit einem Stich ins Grünliche. Auf der Haut zeigte sich violett das Venengeflecht. Der Bauch unter dem gelben Pullunder wirkte auf einmal dick, wie aufgeblasen. Mehrere fette Fliegen umkreisten seinen Kopf. Die längeren Haare, die er sich sonst quer über den kahlen Kopf legte, klebten nass auf Ohr und Wangen.

Inez wurden die Knie weich. Einen Augenblick lang begann sich die Landschaft um sie herum zu drehen. Sie durfte Pohlmann auf keinen Fall ins Gesicht sehen. Stattdessen starrte sie jetzt auf seine Golfklamotten. Seine Hosenbeine waren hochgerutscht und zeigten die blau-gelb karierten Socken. Er trug nur einen Schuh. Trotzdem sah seine Kleidung seltsam adrett aus.

Inez Schulz zwang sich, nicht hysterisch zu werden, sondern nachzudenken. Was war hier los? Vor ein paar Tagen hatte sie den Touristikchef Griepenstroh tot in seinem Apartment unter der Dusche gefunden und heute Horst Pohlmann. Wie war Pohlmann überhaupt hierhergekommen? War das ein Komplott? Sollten etwa alle Mitglieder ihrer Krabbencocktailrunde in der »Kombüse« ausgelöscht werden? Oder hatte womöglich einer von ihnen seine Finger im Spiel? War sie selbst in Lebensgefahr?

Bei diesem Gedanken spürte sie dann doch langsam Panik in sich aufsteigen. Aufgeregt lief sie zwischen dem Weidezaun, an dem der Tote lehnte, und ihrem Sportwagen hin und her.

Für einen kurzen Moment hatte sie überlegt, die Polizei zu rufen. Es war ein Reflex. Aber dann hatte sie diesen Gedanken sofort verworfen. Wenn die Polizei hier erst mal angerückt war, könnte sie den Summit ihres Island Funds vergessen. Das könnte dauern, bis die Polizei den toten Pohlmann von hier wegtransportiert hatte. Sie hatte die Polizei hier vor Ort ja im Apartment des toten Griepenstroh kennengelernt: den behäbigen Pensionär mit der Schiffermütze, der aussah wie George Clooney in Rente, der Blitzmerker von der Nachbarinsel Föhr und dieser Dorfpolizist in seiner zu engen Polizeijacke, der eigentlich gar nicht zuständig war. Nein, von diesem Trio durfte sie keine schnelle Hilfe erwarten. Da hatte sie eine bessere Idee.

Statt der Eins-eins-null hatte Inez dann die Nummer ihres neuen italienischen Freundes gewählt. Die beiden waren sich in der vorletzten Nacht überraschend nähergekommen.

»Si, vengo subito«, hatte Aldo knapp ins Telefon gekrächzt. Zehn Minuten später war er in seiner dunkelblauen Alfetta mit quietschenden Reifen vorgefahren. Dabei sah der Beauftragte für die Betreuung italienischer Restaurants im Kreis Nordfriesland selbst gar nicht gut aus. Hinter der Wrap-around-Sonnenbrille lugte ein bunt schillerndes Veilchen hervor, und die gesamte linke Gesichtshälfte wirkte angeschwollen.

»Das sieht ja schrecklich aus«, bemitleidete Inez ihn und wollte ihm über die derangierte Wange streichen. »Und dann war alles umsonst. Wie konnte das passieren?«

»Porca miseria! Frage mich nicht. Ich hätte sie erschießen sollen, ganz einfach zwei Kugeln in ihre kleinen Spatzenhirne.«

»Glücklicherweise hast du es nicht gemacht. Erst mal soll dieser Rettmer uns sagen, wo er mein Geld versteckt hat.«

»Ich bekomme ihn noch dazu, und vor allem diesen Torben, den mach ich fertig!« Nur der Gedanke an den Amrumer Pizzabäcker brachte Aldo sofort in Rage. Aber genauso schnell hatte er sich auch wieder beruhigt und seine unbewegliche Miene aufgesetzt.

Er ging zu dem toten Pohlmann und schaute dem Baulöwen prüfend in das aufgedunsene käsige Gesicht. Er schloss ihm die Augen, setzte ihn gerade hin und zog dessen verrutschten Pullunder zurecht.

Ganz schön routiniert, bemerkte Inez, wie ein Krankenpfleger oder vielleicht besser wie ein Bestattungsunternehmer.

»Du kennst diesen Mann, Inez?«

»Ja… ja, sicher. Schrecklich.« Inez sah kurz zu Pohlmann, dann musste sie ihren Blick wieder abwenden.

»Wer ist er?«, fragte Aldo mit leiser rauer Stimme. »Wieso trägt er nur einen Schuh? Und was sollen diese lächerlichen Golfklamotten?«

»Horst Pohlmann. Wir arbeiten hier zusammen… das heißt, wir haben zusammengearbeitet… bei unseren Bauprojekten hier. Was sollen wir denn jetzt bloß machen? In drei Stunden rückt hier meine Investorengruppe an.«

»Stai calma, bella Inez, ganz ruhig. Wir bekommen das alles geregelt.« Aldos Gesicht sah im Augenblick zwar nicht so aus, dass er alles geregelt bekam. Aber er wirkte tatsächlich ganz ruhig.

»Der Mann muss hier weg, da gibt es überhaupt keinen Zweifel. Aber dafür bin ich da.« Er fasste die blonde Investmentbankerin an der Schulter.

»Aber wo sollen wir mit ihm hin? Was hast du mit ihm vor?«

»Bella Inez. Un momento. Das ist alles nicht schön, aber solche Probleme kann man lösen.«

Inez Schulz lief es kalt über den Rücken. Irgendwie

war ihr dieser Sizilianer unheimlich, gleichzeitig war sie heilfroh, dass er da war und ihr in dieser Situation zur Seite stand. Sie stieß einen Stoßseufzer aus.

»Keine Sorge, wir werden deinen Kunden diesen Anblick ersparen, naturalmente. Wir sind hier am Meer. Da können Menschen ins Wasser stürzen und für alle Zeiten verschwinden. Tragico. Aber so etwas passiert.« Inez sah ihn seltsam abwesend an.

Aldo holte ein paar Arbeitshandschuhe aus dem Kofferraum seines Alfas. Dann fasste er den Toten mit ein paar geübten Griffen unter den Achseln und schleifte ihn über das Gras zu seinem Auto. Aldo war ein bisschen außer Atem, aber er machte so etwas ja nicht zum ersten Mal.

Inez stand hilflos und verstört in ihrer wattierten golden schillernden Steppjacke daneben. Er legte den Kofferraum mit einer Decke aus und hievte die Leiche in den Alfa. Horst Pohlmann war kein Hüne, aber der Kofferraum der schicken italienischen Alfetta war für ihn eindeutig zu klein. Sosehr Aldo auch drückte, zog und zerrte, die Beine mit den karierten Socken stakten aus dem Kofferraum immer wieder heraus.

»Porca miseria«, krächzte er leise in sich hinein. Schließlich verhüllte er die heraushängenden Beine notdürftig mit einem Stück der Wolldecke und band den Deckel des Kofferraums mit einem Abschleppseil fest.

»Wo willst du mit ihm hin? Es ist heller Tag. Wir können jederzeit beobachtet werden.« Inez Schulz war nervös. »Dann werden wir noch für seinen Tod verantwortlich gemacht.«

»Wir machen eine kleine Autofahrt, nur eine kleine Spritz-e-tour.«

»Aber wohin?«

»Bella Inez, lass mich mal machen. Ich hab da schon eine Idee für ein schönes Plätzchen, an dem dein toter Freund seine Ruhe findet.«

Aldo am Steuer, Inez Schulz auf dem Beifahrersitz und Baulöwe Pohlmann im Kofferraum, fuhren sie die Inselstraße nach Norden. Am frühen Morgen war noch kaum Verkehr. Nur der Transporter der örtlichen Reetdeckerei kam ihnen entgegen, der fast leere Linienbus Richtung Fähranleger und der Kombi der Pizzeria »La Gondola«. Pizzabäcker Torben erkannte die dunkelblaue Alfetta natürlich sofort und sah ihnen neugierig hinterher. Hinter dem Ortskern von Nebel bogen sie auf den kleinen Fahrweg, der einsam zwischen Wiesen und Wattenmeer hindurchführt. Bei dem schlechten Wetter waren nicht einmal die Ornithologen unterwegs.

Der Sizilianer fuhr seinen alten Alfa mit einem Schwung auf den Deich, der hier ein kleines Stück asphaltiert war, hinauf und am anderen Ende genauso schwungvoll wieder hinunter. Der tote Golfer im Kofferraum machte einen Hüpfer. Aldo parkte den Wagen nahe am Wasser. Er zurrte das Abschleppseil los und öffnete den Kofferraum. Die Beine waren aus der Wolldecke herausgerutscht. Inez Schulz stand bleich und untätig daneben, während er Pohlmann aus dem Auto zerrte, über einen kleinen Steg schleifte und in das auflaufende Wasser warf. Er machte das so selbstverständlich, als würde er ihr beim Umzug helfen.

»So, wie er daliegt, wird er aber sofort gefunden«, monierte Inez. »Da sieht ihn doch jeder.«

»Im Augenblick, certo, aber das Wasser steigt, du wirst sehen.«

Es flutete tatsächlich, bald würde der Tote von dem auflaufenden Wasser überspült und wahrscheinlich auch weggeschwemmt. Aber dann hatte sich Aldo unter den strengen Blicken der Bankerin doch noch die Schuhe und Jacke ausgezogen, die Hosenbeine hochgekrempelt und den Baulöwen ein paar Meter weiter in die Fluten gezogen. Das auflaufende Wasser umspülte den toten Mann, bis er kaum mehr zu sehen war. Nur die karierten Burlington-Socken sahen aus dem Wasser heraus. Da erst fiel es Inez Schulz auf, dass Pohlmann jetzt auch den zweiten Golfschuh verloren hatte.

»Auf der Bank bekommen Sie nichts mehr für Ihr Geld. Das ist in unserem Hause leider nicht viel besser.«

Inez Schulz blickt in die Augen ihrer Investorengäste und dann zum Wattenmeer hinüber. Sie bekommt von Hans-Rüdiger Jungius einen Regenschirm gereicht. Es beginnt wieder heftiger zu regnen und wird richtig windig. Auch die Zuhörer spannen ihre Schirme auf. Nur die schamanische Trommlergruppe, die ein Stück näher gekommen ist, tanzt durchnässt, aber unverdrossen im Regen.

»Alle stürmen auf den Immobilienmarkt«, fährt Inez fort. »Die attraktiven Stadtzentren sind ausverkauft, die Preise ausgereizt. Und wenn man stattdessen an ein Investment in einer naturnahen Location denkt, dann landen wir ganz schnell auf den Inseln.«

»Wir sind reif für die Insel, was, hahaha!«, blökt der »Blanke Hans« Jungius dazwischen. Seine Frau Bernadette knufft ihn in die Seite.

»Da gehört so ein Ort wie dieser für uns natürlich zum ›First Point of Interest‹. Wir sehen uns mit unserem ›Island Resort Investment Fund‹ natürlich auch anderswo um, zurzeit im Pazifik, in der Südsee. Da gibt es einige hochinteressante Locations. Aber heute wollen wir in good old Europe bleiben, und was bietet sich da Besseres an als diese schöne Insel?«

»Dieses Wetter ist völlig untypisch«, raunt Happy Puttkammer dem Schweizer Interessenten zu und kramt ihren signalroten Südwester im Retrolook heraus. »Wir haben hier grade so ein ganz scheußliches Sturmtief zu fassen. Aber morgen wird es besser.« Sie verschwindet halb unter der schlabbrigen Kopfbedeckung und lacht den Schweizer an.

»So einen Strand finden Sie in ganz Europa nicht und auch in Übersee müssen Sie lange suchen«, fährt Inez fort. »Mit der Infrastruktur steht es noch nicht zum Besten. Aber das ist gleichzeitig auch eine Chance. Hier können wir alle zusammen noch etwas gestalten. Es gibt Pläne für einen Golfplatz. An diesem Ort, wo wir hier stehen, soll mal das Clubhaus stehen. Ich gebe zu, mit dem Flughafen gibt es ein paar Probleme. Da müssen wir uns wohl oder übel mit Sylt und Föhr behelfen. Aber das hat doch auch etwas ganz Charmantes, eine Insel ganz ohne Flughafen, so ganz Natur pur.« Inez hat jetzt das sichere Gefühl, die Investorenreisegruppe voll im Griff zu haben.

Und fast triumphierend stellt sie fest, dass ihre Gäste

selbst die lästigen Trommler mittlerweile sehr originell finden.

»Wirklisch mal wat anderes, so rischtisch urisch«, kölnert der gezwirbelte Schnauzbart.

Am Ende ist das ganze Event ein voller Erfolg. Sogar das schlechte Wetter konnte man den Gästen als authentische Nordseestimmung verkaufen. Hans-Rüdigers Idee, die Investoren erst mal mit Schampus abzufüllen, dazu Krabbenbrötchen und wilde Austern zu reichen, funktionierte hervorragend. Das musste man der Schmalzlocke wirklich lassen: Wilde Austern direkt aus dem Wattenmeer, auf so etwas stehen potentielle Investoren.

»Solange ich die Austern nicht selbst sammeln muss, hahaha«, hatte der »Blanke Hans« gelacht.

Inez mag Austern, besonders die fetten nussigen Wildaustern, die man hier im Watt finden kann. Aber während sie spricht, muss sie auf einmal daran denken, wer da außer den Austern noch gerade im Wattenmeer umherschwimmt. Bei dem Gedanken kommt ihr die letzte der eben verzehrten Wildaustern wieder hoch. Hektisch schluckt sie den intensiven Meergeschmack herunter, setzt ihr unverbindliches Bankerlächeln auf und erzählt schnell weiter von den sagenhaften Lichtstimmungen über dem »Naturpark Nordfriesisches Wattenmeer«.

25

»Nordsee, Thies, das war für mich das letzte Mal.«

Heike blättert gelangweilt in einem zerlesenen Modemagazin.

»Der Anreisetag war ja noch ganz schön. Aber seitdem regnet das. Bountys Band, und dann auch noch im Regen, Thies, dat muss ich nich haben. Und für die Mädels is das doch auch nichts. Die sitzen den ganzen Tag drinnen und spielen Polizei. Telje hat mit ihrem Polizei-Set schon in der ganzen Anlage Fingerabdrücke genommen, und gestern hatten die beiden Ernst, den Lütten von dem Makler, wieder stundenlang im Kreuzverhör.«

»Heike, dat Wetter ändert sich doch immer schnell an der Nordsee, weißt du doch. Und außerdem, gestern hast immerhin schon mal deinen neuen Badeanzug ausprobiert. Schick übrigens.«

Heike überhört beleidigt das Kompliment. »Das Salzwasser krieg ich von der Haut gar nicht mehr runter.«

»Wie wär's denn mal mit Duschen?«, schlägt er vor.

»Duschen? Thies, bist du wahnsinnig?!«

Thies wundert sich. »Wat is mit der Erlebnisdusche oder wie das Ding heißt?«

»Da krieg'n mich keine zehn Pferde mehr runter.«

Dabei fand Heike den Duschvorhang mit den kleinen blauen Muscheln doch erst so schnuckelig. Aber seit Hitchcocks ›Psycho‹ im Inselkino läuft und der Kurdirektor tot unter der Dusche gefunden wurde, meiden die weiblichen Pensionsgäste den Wellnessbereich und eigentlich auch sämtliche anderen Nasszellen.

»Wir müssen uns diesen Italiener mal vorknöpfen«, sagt Thies Detlefsen geschäftig, als er Nicole Stappenbek im Pavillon an der Mole abholt. »Nicole, der is von der Mafia, jede Wette.«

»Thies, nu' lass mich man erst mal mein Krabbenbrötchen essen.« Nicole, wieder in mokkabrauner Lederjacke, ist von den Thesen ihres Kollegen noch nicht recht überzeugt.

»Nu' hetz die junge Kollegin nich so«, grinst Knut Boyksen.

»Ja, ja, ich weiß schon… wie heißt dat bei uns in der Wellnesspension… Entschleunigung«, fällt Thies wieder ein.

»Wat is dat denn schon wieder?«, brummt Piet Paulsen.

»Na ja, einfach 'n büschen sutsche angehen lassen«, erklärt Knut, »erst mal Krabbenbrötchen und 'n Kaffee.«

»Gibt's hier bei Knut gar keinen Latte Macchiato?«, fragt Thies und grient.

»Nee, is nich der Macchiato aus ›De Hidde Kist‹, aber dein alter Kollege hier macht auch einen guten Kaffee.«

Nicole blickt belustigt auf Knut Boyksens altmodische Thermoskanne. Der Amrumer Rentner zwinkert ihr zu. Die Ähnlichkeit mit George Clooney scheint auch auf die Kieler Kommissarin nicht ganz ohne Wirkung zu sein.

Bei der Lösung der Fredenbüller Mordfälle im Frühjahr war Nicole Stappenbek schnell zum Stammgast des kleinen Stehimbisses geworden. Ihretwegen hatte sich Wirtin Antje sogar zur Anschaffung einer italienischen Kaffeemaschine durchgerungen.

Auf Amrum macht die Kommissarin ihre Pausen zusammen mit Piet Paulsen und Knut Boyksen in dem Pavillon an der Mole in Steenodde oder bei schönem Wetter auf der Bank davor. Aber das konnte man in den letzten Tagen vergessen.

»Fast so schön wie in ›De Hidde Kist‹, was, Piet?«, flachst Thies.

»Na ja, fast.« Paulsen hustet. »Dat is vom Mutter-und-Kind-Heim 'ne ganz schöne Tour hier runter. In Fredenbüll muss ich zum Imbiss nich den Bus nehmen.«

»Aber is doch richtig schön, die Insel«, sagt Thies.

»Der Strand«, schwärmt Nicole Stappenbek, »gigantisch. Wir waren gestern baden.« Sie zwinkert Thies zu, der augenblicklich seinen Kuhblick bekommt. »Ich wusste gar nicht, dass wir in Deutschland so einen breiten Strand haben.«

»Ja, ganz schön weitläufig.« Paulsen schiebt seine Gleitsichtbrille auf die Nase zurück. »Und wenig Imbisse unterwegs.«

»Sag mal, Piet, hast du eigentlich gar keine Kuranwendungen?«, fragt Thies.

»Ja, heute is wieder Atem-Yoga. Ich hab mich vorsichtshalber schon vor dem Frühstück vom Acker gemacht. Gleich mit dem ersten Bus hierher.«

»Wat ich noch sagen wollte«, setzt Boyksen an. »Steffi, die Kleine von der Bank in Nebel, hat mich angerufen. Diese Hamburger Bankerin war bei ihr.« Thies sieht ihn fragend an. »Die Bankerin, die Griepenstroh gefunden hat, die mit der komischen Visitenkarte. Sie war unten in dem Raum mit den Schließfächern.«

»Is ja an sich noch nicht strafbar«, stellt Thies fest.

»Ja, Moment, nu' pass auf. Steffi hat sich auch erst mal nichts dabei gedacht. Aber dann kam ihr dat komisch vor. Diese Inez Schulz hat nämlich gar kein Schließfach bei der Föhr-Amrumer-Bank. Sie sollte was aus dem Schließfach von Griepenstroh holen, angeblich. Wie gesagt, Steffi hat sich erst nichts gedacht. Sie is ja noch neu in der Filiale. Aber als sie dann hörte, dass wir Griepenstroh tot unter der Dusche gefunden haben, gingen bei ihr die Alarmglocken an.«

»Das klingt wirklich seltsam.« Nicole Stappenbek hält ihr halbgegessenes Krabbenbrötchen in der Hand. »Was wollte sie an dem Schließfach von Griepenstroh?«

»Nicole, wir haben heute noch volles Programm. Föhr-Amrumer-Bank …«

»… und an die blonde Investment-Bankerin haben wir auch noch ein paar Fragen …«, ergänzt die Kommissarin.

»Aber vor allem müssen wir uns diesen italienischen Mafioso mal vornehmen, bevor der hier von der Insel verschwunden ist.«

»Den Alfa mit dem italienischen Kennzeichen hab ich heute Morgen aus'm Bus gesehen, saß auch noch irgendjemand auf'm Beifahrersitz und halboffener Kofferraum mit'm Riesenpaket drin«, raunt Paulsen.

»Was denn für 'n Riesenpaket?« Thies wird hellhörig. Ihm ist dieser Italiener die ganze Zeit schon suspekt.

»Wat da drin war, weiß ich auch nich. Irgend so 'n Möbelteil oder so, in 'ne Wolldecke gepackt.«

»Wo wohnt dieser Mann auf der Insel eigentlich überhaupt?«, fragt Nicole.

»Weiß auch nich«, überlegt Boyksen. »Wahrscheinlich inzwischen bei seiner Bankerin.«

»Ich hab den Alfa schon mehrmals vor der Pizzeria in Norddorf stehen sehen«, brummt Piet Paulsen.

»Toll, sogar die Banken haben hier Reetdach«, sagt Nicole zu Thies. Sie parkt ihren Zivil-Mondeo vor der kleinen Filiale der Föhr-Amrumer-Bank.

Der jungen Bankangestellten ist die Aufregung anzusehen, als die beiden Polizisten den Schalterraum, in dem es nur einen Schalter gibt, betreten.

»KHK Stappenbek, das ist mein Kollege POM Detlefsen. Frau … wir kennen nur Ihren Vornamen, Stefanie?«

»Stefanie Henningsen, aber mich nennen hier alle Steffi, auch die Kundschaft.«

»O-kay-y-y.« Nicole zieht einmal kräftig die Luft durch die Nase. »Stefanie, wir haben ein paar Fragen an Sie. Wir ermitteln in dem Todesfall des Touristikchefs Griepenstroh.«

Die junge Bankangestellte steht etwas hilflos in dem kleinen Raum, der eher nach Tourismusbüro als nach einer Bank aussieht. »Meine Chefin, die Frau Marxen, ist dummerweise für ein paar Tage auf'm Festland. Hochzeit in der Familie. Ich bin hier sonst eigentlich nur für den Schalter zuständig.«

»Von Ihrer Chefin wollen wir auch gar nichts«, sagt Thies, »wir wollen mit Ihnen sprechen. Wir haben gehört, dass eine gewisse Inez Schulz hier bei Ihnen aufgekreuzt ist. Können Sie das bestätigen?«

»Ja, Frau Schulz, die war hier.« Die junge Kassiererin wird immer unruhiger.

»Frau Schulz ist eine Kollegin von Ihnen, die, soweit ich gehört habe, einen Immobilienfonds der Calenberg-Bank managt.« Nicole Stappenbek hat auf einmal einen moderateren Ton angeschlagen.

Abtastende Vernehmung, denkt Thies gleich.

»Ja, so was hat sie gesagt. Aber sie wollte denn auch gleich zu den Schließfächern runter«, sagt die Kassiererin hastig.

»Besitzt Frau Schulz denn hier ein Schließfach?«

»Nee, eben nicht. Das ist es ja. Sie sagte, sie sollte etwas aus dem Fach von Herrn Griepenstroh holen, der hat die Null-Siebenundzwanzig.« Die junge Bankangestellte überlegt. »Irgendwie komisch, Minus auf'm Konto, aber 'n Schließfach …« Steffi verstummt. Sie merkt sofort, dass sie sich verplappert hat. »Darf ich ja gar nicht sagen.«

»Alles gut«, beruhigt die Kommissarin sie. »Wir holen uns sowieso noch einen richterlichen Beschluss, um die Vermögens- und Einkommensverhältnisse des

Toten zu klären und außerdem die genauen Angaben in dem Kaufvertrag für die Wohnung.«

»Hat Frau Schulz denn gesagt, was sie holen wollte?«, fragt Thies weiter.

»Irgendwelche Unterlagen, hat sie gesagt. Die haben ja wohl gemeinsame Geschäfte laufen. Immobilien oder so.«

»Steffi, kam Ihnen dat gar nich verdächtig vor?« Thies hat das Gefühl, dass er etwas Druck machen sollte.

»Zuerst eigentlich nicht. Wie gesagt, sie hat mit Immobilien zu tun und Griepenstroh ... na ja, der hat ja hier so die Dinge für die Insel geregelt. Ich dachte, die hatten da irgendwelche Papiere. Hatten sie ja vielleicht auch.« Die junge Bankerin hat die größten Befürchtungen, sich nicht korrekt verhalten zu haben und möglicherweise für Verluste aus dem Schließfach verantwortlich gemacht zu werden.

»Haben Sie gesehen, um welche Art Papiere es sich handelte?«, will Thies wissen. »Oder war es vielleicht auch etwas anderes? Geld?«

»Es ging alles so schnell. Ich hatte sogar noch überlegt, ob ich in Niebüll anrufen soll und nachfragen, ob das alles in Ordnung war.«

»Es macht Ihnen keiner einen Vorwurf«, versucht die Kommissarin sie zu beruhigen.

»Frau Schulz hatte ja schließlich auch den Schlüssel für das Schließfach«, sagt die Kassiererin aufgeregt. »Den muss ihr Griepenstroh ja gegeben haben, hatte ich da noch gedacht. Und dann hab ich gehört, dass sie ihn tot unter seiner Dusche gefunden haben.«

»Und der Besuch von Frau Schulz bei Ihnen hier in der Filiale war eindeutig danach, oder?«, fragt Nicole nach.

»Ja, am Montagmorgen. Das ging alles ganz schnell. Ich musste ja mit ihr kurz nach unten, ich hab ja den Gegenschlüssel für das Schließfach. Ja, und dann war sie eigentlich auch schon wieder weg.«

»Steffi, ich sach mal Steffi, hast du gesehen, was Frau Schulz aus dem Schließfach geholt hat?«

»So 'n Beutel. Auf die Insel, fertig, los.«

»Auf die Insel, fertig, los?« Nicole versteht nicht ganz.

»Dat is hier der Werbeslogan für Amrum«, erklärt Thies.

»Das war einer von diesen Stoffbeuteln von der Amrum-Touristik mit dem Leuchtturm und dem Kniepsand drauf.«

26

Als Nicole und Thies grade in ihren Zivil-Mondeo steigen wollen, kommen ihnen Heike und die Zwillinge auf ihren Oldtimerfahrrädern aus der Pension entgegen. Heike winkt wild und fährt auf ihrem Fahrrad fast in die Wagentür.

»Ihr müsst kommen, bei uns in der Pension… im Wellnessbereich… hat ein Gast was gefunden.«

Thies ist alarmiert. »Schon wieder 'n toten Golfer?«

»Ach, Mensch, Thi-i-ies.« Heikes Gesicht ist errötet, ihr blonder Heuwagen auf dem Kopf deutlich derangiert.

»Nee, Papa, aber 'n Golf*schläger*«, erklärt Telje.

»Golfschläger?«

»Ja, Thies, der stand in der Erlebnisdusche, so in der Ecke. Ich sag dir, gru-u-u-selig.«

»Komm, Heike, nun nimm dich mal zusammen. Hast *du* den Golfschläger gefunden?«

»Nee, Papa, der Dicke, der immer sagt, er is ein neuer Mensch, wenn er aus der Sauna kommt«, antwortet Tadje stattdessen. »Telje hat schon die Fingerabdrücke genommen.«

»Fingerabdrücke? Mädels, seid ihr wahnsinnig?« Thies ist entsetzt.

Happy von Puttkammer, trotz des schlechten Wetters in ihrem weiten weißen Sommeranzug, kommt den beiden Polizisten schon aus ihrer Rezeption entgegen. »Da sind Sie ja, ich wollte Sie grade anrufen. Wir haben einen Golfschläger bei uns im Wellnessbereich gefunden. Ihre Frau meinte …«

»Ich hab schon gehört, Frau von Puttkammer, wo ist denn der Schläger?«

»Kommen Sie«, sie gibt Nicole und Thies die Hand, »ich hab ihn hier bei mir in der Rezeption liegen.«

»Haben Sie den Schläger etwa angefasst?« Thies sieht sie streng an.

»Ja, sonst hätte ich ihn jetzt nicht hier oben.« Happy fährt sich mit den Fingern einmal durch den graublonden Kurzhaarschnitt.

»Das is gar nich gut. Ich sag immer gleich: Nix anfassen, solange die KTU nich da war.« Thies schüttelt den Kopf.

Nicole nickt beschwichtigend. »Alles gut.«

Thies guckt beleidigt.

Happy Puttkammer reicht ihnen den Golfschläger. Dazwischen klimpert der Klangschalen-Klingelton ihres iPhones. »Wellnessoase Pidder Lyng … so sorry, wir sind *fully booked*… ja, richtig, wir haben leider nichts mehr frei. Gern ein andermal, sehr gern.« Sie lässt das Smartphone in der Hosentasche ihres weißen Anzugs verschwinden und verdreht die Augen. »Unglaublich! Ob wir nächste Woche etwas frei haben. Wir haben Hauptsaison. Die Leute haben vielleicht Vorstellungen!«

»Haben Sie vielleicht ’n Stück Folie oder so?« Thies

hält den Schläger mit einem Papiertaschentuch und begutachtet ihn. »Den sollte sich die KTU mal angucken, oder, was meinst du, Nicole?«

»Unbedingt. Sagen Sie, wie kommt denn ein Golfschläger zu Ihnen in den Wellnessbereich? Dort wird ja vermutlich kein Golf gespielt?«

»Natürlich nicht«, protestiert Happy.

»Hier stehen ja Buchstaben oben an dem Griff. HP«, bemerkt Thies. »Was kann das heißen? Irgendein Club oder so?«

»Sie heißen doch Hannelore von Puttkammer«, fällt der Kommissarin sofort auf.

»HP, genau.« Er nickt Nicole anerkennend zu.

»Ich spiele überhaupt kein Golf… warten Sie, ich will mal sehen, ob unser Golfexperte da ist.« Happy lacht gekünstelt, stürmt aus der Rezeption heraus und reißt im Nebenhaus die Tür auf.

»Rüdi-Darling, deine Fachmeinung ist gefragt, wir haben mal wieder Besuch von unseren beiden Kommissaren.«

Hans-Rüdiger Jungius hat überhaupt keine Zweifel, als Thies ihm den Golfschläger hinhält. »Eindeutig ein Siebener Eisen, und ich würde mal sagen, er gehört Horst Pohlmann.«

»Ach so, auch HP!«, kombiniert Thies.

»Ganz genau, mein Freund.« Jungius klopft Thies jovial auf die Schulter. Dann streicht er sich selbstsicher mit beiden Handflächen die pomadigen Haare zurück.

»Aber Hans-Rüdiger, wie kommt dieser Golfschläger bei mir in den Spa?« Bei solchen Übergriffen in ihren Wellnessbereich hört bei Happy der Spaß auf. »Horst hat hier schließlich nie gewohnt.«

»Das fragen wir uns auch, Frau Puttkammer. Wie kommt der Golfschläger des vermissten Horst Pohlmann in Ihre … wie nennen Sie das? … Erlebnisdusche?« Nicole schnupft zweimal.

»Das kann ich Ihnen beim besten Willen nicht sagen.« Aus Verlegenheit strubbelt sich Happy einmal gründlich durch die Frisur.

»Hat einer von Ihnen den Vermissten vielleicht doch noch mal gesehen? Nach diesem Abend mit den Krabbencocktails?«

»Not a bit, keine Spur von ihm, das ist wirklich seltsam«, sagt Jungius. »Seine Frau und sein Sohn suchen ihn ja offenbar auch schon.«

»Herr Jungius, Sie haben uns ja schon erzählt, dass Sie geschäftliche Beziehungen zu dem Bauunternehmer Pohlmann haben.«

»Unser Projekt Friesenpark.«

»Und mit dem Touristikchef Griepenstroh hatten Sie ja auch zu tun. Und dann gehört ja auch die Bankerin Frau Schulz zu Ihrer Runde.« Nicole schnieft einmal.

»Unsere junge Inez, natürlich. Wir brauchen junges Blut in unserer Krabbencocktailrunde, was, Happy?«

Der »Blanke Hans« lacht blasiert und schürzt die fleischigen Lippen. Happy Puttkammer findet das offensichtlich weniger lustig.

»Sie haben da ja wohl so ein gemeinsames Schließfach, hier in der Nebeler Filiale der Föhr-Amrumer-Bank.«

»Schließfach?«, fragt Jungius.

Nicole wundert sich, dass ihr Kollege das Thema anspricht. Aber Thies lässt sich nicht irritieren. »Auf den Namen von Kurdirektor Griepenstroh, und Inez Schulz soll wohl Montagmorgen in der Filiale gewesen sein und zu dem Schließfach …«

Nicole sieht ihren Kollegen mit hochgezogenen Augenbrauen an. Thies merkt sofort, dass er sich mal wieder zu weit vorgewagt hat. Abtastende Vernehmungstechniken sind einfach nicht sein Ding. »Wissen Sie was davon?«, bringt Thies seinen Satz noch kleinlaut zu Ende.

»Haben Sie eine Vorstellung, was Frau Schulz dort wollte?«, übernimmt Nicole jetzt die Befragung.

»Keine Ahnung, wovon Sie reden.«

Der »Blanke Hans« ist auf einmal auffällig einsilbig und Happy Puttkammer macht ein ernstes Gesicht.

»Hat jemand von Ihnen beiden eine Vermutung, was sich in diesem Schließfach befindet?«

Jungius und Happy Puttkammer zucken die Achseln. »Da werden Sie Frau Schulz schon selbst fragen müssen«, blafft der Hamburger Makler jetzt ziemlich unfreundlich. »Der selige Griepenstroh kann Ihnen ja leider keine Auskunft mehr geben.«

»Und wo wir den neuen italienischen Freund von Frau Schulz finden, können Sie uns wahrscheinlich auch nicht sagen?« Nicole schnieft.

»Heute Mittag hab ich ihn noch auf dem Summit des Immobilienfonds von Inez Schulz gesehen«, gibt Jungius wieder etwas bereitwilliger Auskunft. »Mit'm dicken Veilchen unter der Sonnenbrille. Muss wohl irgendwo gegengelaufen sein.« Das laute Lachen verkneift er sich diesmal.

»Er ist schon mehrmals in der Pizzeria in Norddorf gesehen worden. Vielleicht versuchen Sie es doch mal dort«, fügt Happy Puttkammer schnippisch hinzu.

Das Schaufenster der Pizzeria »La Gondola« ist provisorisch repariert. »Pizzeria LA ....OLA« steht jetzt im Halbrund auf der zerschlagenen Scheibe. Anstelle der Buchstaben G-O-N-D klafft ein sternförmiges, mit Klebeband geflicktes Loch.

»Wat is hier denn passiert?«, will Thies Detlefsen wissen. »Sind Sie der Wirt des Lokals?«

»Wer will dat denn wissen?«, blafft Pizzabäcker Torben den Fredenbüller Polizisten an und legt den Hefeteig, den er gerade bearbeitet, beiseite.

»KHK Stappenbek aus Kiel, und das ist mein Kollege POM Detlefsen«, schaltet sich Nicole ein. »Wir ermitteln auf der Insel wegen des Todes des Touristikchefs Griepenstroh.«

»Hab schon so wat läuten hören.«

»Sie sind gar kein Italiener, seh ich dat richtig?«, will Thies wissen.

»Wieso? Is dat irgendwie 'n Problem?«

»Ja, nee, ich mein nur, dat is hier ja schließlich 'ne Pizzeria«, stellt Thies fest. »Bist hier von der Insel?«

»Nee, Hallig Hooge.« Torben wischt sich die mehligen Finger an dem Handtuch ab, das er sich in den Bund der speckigen schwarz-weiß karierten Kochhose gesteckt hat.

»Ach so, auch schön.« Thies fällt auf, dass der Pizzeriabesitzer eine elastische Binde ums Handgelenk trägt, und dann erinnert er sich wieder an die verdächtige Sonnenbrille des kleinen Italieners bei dem verregneten Konzert von »Stormy Weather«.

»Wir wollen auch gar nichts von Ihnen«, geht Nicole Stappenbek dazwischen. »Wir sind auf der Suche nach einem Italiener, der hier seit ein paar Tagen auf der Insel ist und den wir in der Sache befragen wollen. Wissen Sie vielleicht, wo wir den finden können? Er ist hier angeblich schon mehrmals bei Ihnen gesehen worden.«

»Alfa mit sizilianischem Kennzeichen.« Detlefsen setzt seine wichtige Miene auf und lässt seinen Blick über die zerschlagene Scheibe schweifen. Außerdem fällt ihm auf, dass in dem Regal mit den Weingläsern für ein Restaurant auffällig wenige Weingläser stehen. Liegen da Glasscherben neben dem Mülleimer?

»Autokennzeichen weiß ich jetzt nich, aber der Typ war 'n paarmal hier, hat mächtig Rabatz gemacht.« Pizzabäcker Torben sieht Thies provozierend an.

»Diese zerschlagene Scheibe geht also auf sein Konto?«, fragt Nicole.

»Ja, den hab ich mir dann aber vorgeknöpft«, versichert Torben und stiert auf eine halb belegte Quattro Stagioni.

»Was hat er denn gewollt?«, stellt Thies die alles entscheidende Frage.

»Gute Frage. Erst mal hat ihm meine Krabbenpizza wohl nich geschmeckt. Dann hat er wat von seiner Mama gefaselt und irgendwat von Versicherung, dat mir mein Laden hier abbrennen kann und so. Ich dachte ja erst, dat wär so 'n Versicherungsheini, ich weiß auch nich.«

Thies und Nicole sehen sich wissend an.

»Warum haben Sie nicht die Polizei gerufen?«, fragt Nicole.

»Warten, bis der Kollege von Föhr hier mit'm Boot rüberkommt? Nee, dat krieg ich schon ganz gut selbst geregelt. So 'n Zwerg«, Torben hebt die große bemehlte rechte Hand in Brusthöhe, »aber hier den dicken Max markieren. Der hat mir dat halbe Regal mit den Schianti-Gläsern abgeräumt. Ich dachte, ich guck nich richtig… Aber dat macht der nich noch mal.«

»Da wär ich mir nich so sicher«, gibt Thies zu Bedenken. »Sizilien, Autokennzeichen PA für Palermo, klingelt da wat?«

Bei Torben klingelt rein gar nichts oder er weiß das geschickt zu verbergen. Torben stiert wieder auf die mit Dosenpilzen belegte Quattro Stagioni.

Auch Nicole wirft einen verächtlichen Blick auf den Pizzabelag. »Wann ist dieser… Überfall hier denn überhaupt passiert?«

»Ja, wieso? Gestern«, sagt der Pizzabäcker mit einer Selbstverständlichkeit, als wären die beiden Polizisten dabei gewesen.

»Ist der Italiener danach noch mal bei Ihnen gewesen?« Nicole zieht einmal kräftig Luft durch die Nase.

»Hier nich… aber heute Morgen is er mir mit'm Auto entgegengekommen… Blondine auf'm Beifahrersitz.«

»Blondine?!« Thies wird hellhörig.

»Ja, wieso, hab'n die Italiener doch 'n Faible für... Und dann hatte er hinten im Kofferraum wat drin, so 'ne Art Paket, guckte halb raus, Heckklappe offen.« Torben zögert. »Sah irgendwie komisch aus.«

»Komisch? Inwiefern?«

»Ja, wie soll ich sagen, weiß auch nich.« Torben fasst sich unsicher mit den Mehlfingern ins Haar. »So halb in 'ne Wolldecke gewickelt. Na ja... sah fast aus wie Beine... so genau konnt ich dat im Vorbeifahren auch nich sehen. Aber sah fast so aus, als wenn aus der Wolldecke zwei Füße in so Socken rausgucken.«

»Socken?! Blau-gelb karierte Socken!?«, kommt es bei Thies wie aus der Pistole geschossen.

»Kariert? Jo, könnt schon sein.«

Thies und Nicole verlassen im Eilschritt die Pizzeria. Sie müssen jetzt schnellstens diese Bankerin Inez Schulz mit ihren neuen Erkenntnissen konfrontieren. Und vielleicht treffen sie ja ihren italienischen Freund bei ihr an.

In Inez Schulz' Apartment öffnet allerdings niemand und auch sonst ist auf der Insel keine Spur von der Bankerin und dem kleinen Italiener zu entdecken. Die beiden Polizisten fahren alle Straßen ab.

»Für einen Haftbefehl ist das alles noch zu dünne«, sagt Nicole, »aber wir sollten aufpassen, dass sie uns hier nicht von der Insel entwischen.«

Als sie abends nach langer Suche den dunkelblauen Alfa und den silbernen Maserati auf dem Parkplatz am Fähranleger entdecken, sehen sie vom Kai aus nur noch den kleinen Amrumer Ausflugsdampfer in die stürmische Nordsee tuckern.

»Dat darf doch nich wahr sein.« Thies tritt wütend gegen einen Poller. »Nicole, wo wollen die jetzt hin?«

27

Die »Maret H« stampft einen Wellenberg hinauf, um ihn im nächsten Moment gleich wieder hinabzustürzen. Die Gäste an Bord kämpfen mit dem Gleichgewicht und ersten Übelkeitsattacken. Sie torkeln von einer Seite auf die andere, was sicherlich bei dem einen oder anderen auch auf den ausgiebigen Schampus-Genuss zurückzuführen ist. Der kleine Dampfer, der normalerweise gemütliche Ausflugsfahrten zu den Seehundbänken macht, wird jetzt im nächtlichen Sturm hin und her geworfen. Der Meteorologe, der heute mit wehendem Puschelmikrofon vor dem Fähranleger in Dagebüll den Wetterbericht verkündete, hatte schon vor dem Temperament von Tief »Helga« gewarnt.

Der Wind hat jetzt mächtig aufgefrischt. Es ist eine Sturmnacht wie im Frühling oder Herbst. Mit Sommerferien an der See hat das nicht mehr viel zu tun. Aber die illustre Gesellschaft an Bord der »Maret H« scheint die turbulente Seefahrt zu genießen.

Inez Schulz, Hans-Rüdiger Jungius und Touristikchef Griepenstroh hatten die Idee zu dieser Schiffspartie, an der Letzterer nun bedauerlicherweise nicht mehr teilnehmen kann. Die Calenberg-Bank und das Maklerbüro Jungius & Schacht haben zum »Nightcruise mit maritimem Fingerfood« unter dem Sternenhimmel der Nordsee geladen. Vom Sternenhimmel ist nichts zu sehen. Aber der Plan scheint aufzugehen. Das Zusammenwirken von Champagner, schwankenden Schiffsplanken und steifem Südwest scheint ihre zahlungskräftige Klientel in die richtige Stimmung zu bringen, um spontan Fondsanteile zu zeichnen und Absichtserklärungen zum Kauf einer Eigentumswohnung zu unterschreiben.

Als die Investorengruppe, die sich heute Mittag bereits an den prähistorischen Grabhügeln versammelt und danach die Insel besichtigt hatte, am Anleger in Wittdün die »Maret H« bestieg, war es noch trocken gewesen. Die Leute hatten mit Sektgläsern im Freien auf den Sitzbänken auf dem Achterdeck Platz genommen. Ein warmer, aber heftiger Südwestwind ließ die Taue, mit denen das Schiff festgemacht war, an den Pollern ächzen. Fast hätte es einen spektakulären Sonnenuntergang gegeben. Sattdessen war am Horizont nur kurz ein knallroter Streifen unter einem tiefschwarzen Himmel zu sehen. Davor stand gold-rot-blau die nordfriesische Flagge im Wind. Über dem kleinen Fährhafen kreisten bedrohlich Hunderte von Vögeln. Wie nach einer geheimen Verabredung ließen sie sich einer nach dem anderen überall nieder, auf den Brücken der Fähranleger, den Peitschenlampen der Hafenanlage, auf dem Unterstand der Bushaltestelle und den Pollern im Wasser. Aber die Teilnehmer des abendlichen Ausflugs über das Wattenmeer bekamen das Spektakel sowieso nicht mit, denn sie waren gerade dabei, lautstark an Bord des kleinen Ausflugdampfers zu gehen.

Nachdem die »Maret H« abgelegt hat, begrüßt Inez Schulz überschwänglich ihre Gäste. Bei dem Sturm sieht sie aus wie mit dem Laubpuster frisiert. Raik Rettmer schenkt Champagner nach und ist dabei erstaunlich gut gelaunt. Hans-Rüdiger Jungius stellt den Friesenpark im Watt vor, in dem auch der »Island Fund« von Inez Schulz' Calenberg-Bank investiert ist. Einzelne Wohnungen stehen außerdem auch direkt zum Verkauf.

»Die ersten sind natürlich schon weg. Der direkte Wattblick wird schon knapp«, bellt der »Blanke Hans«. »Der frühe Vogel fängt den Wurm, hahaha. Ich stehe für Sie bereit, ich habe die Grundrisse dabei. Und wer auf Nummer Sicher gehen will, unterzeichnet mir gleich einen L-O-I, haha.«

»L… O… was?«

»L-O-I. Letter of Intend«, erklärt Jungius mit einem Augenzwinkern. »Wir werden hier jetzt international.«

Raik Rettmer hört auf einmal sehr interessiert zu.

»De-Luxe-Cabin mit Wattblick und direktem Zugang zur Salzwiese. Klingt doch wirklichhh super, oder?«, säuselt der Schweizer rachitisch, der dem Kölschen Kaiserbart schon vor der Schiffspartie die Terrassenwohnung zum Wasser weggeschnappt hat. Und dann stürzt sich aus dem Nichts auch noch eine Silbermöwe auf den Rheinländer und reißt ihm sein Heringsbrötchen aus der Hand.

Kurzfristig hat man Nils Gerckens zu einem Vortrag über die heimische Vogelwelt im Wattenmeer verpflichtet. Dass es sich bei der interessierten Reisegruppe um potentielle Anleger eines Immobilienfonds handelt, hat man ihm geflissentlich verschwiegen. Nachdem der Amrumer Vogelwart dahintergekommen war, hatte er den Vortrag nicht etwa abgesagt. Er wollte seinen Auftritt vielmehr nutzen, um die Veranstaltung zu sabotieren. Er hatte sich überlegt, eine kleine schrille Show als fanatischer Politagitator hinzulegen.

Nils Gerckens verliert kein Wort über den Artenreichtum der Inseln und des Wattenmeeres, über Entenschwärme, die im Frühjahr im Formationsflug majestätisch über die Inseln hinwegziehen. Statt von Strandläufern, Seeschwalben und Kegelrobben zu schwärmen, referiert er mit besorgter Miene über Tanker, die in der Nordsee ihr Restöl verklappen, über reduzierte Fischbestände und geplante Windparks, die die Vögel bedrohen, über Fracking und unterirdische Kohlendioxidlagerung. Mit zunehmendem Wind und einsetzendem Regen redet sich Gerckens immer mehr in Rage. In seinen Mundwinkeln zeigt sich die Andeutung eines schadenfrohen Grinsens. Hektisch versuchen Jungius und Inez Schulz ihn immer wieder zu unterbrechen.

»Sind Sie wahnsinnig geworden, den Leuten solche Horrormärchen zu erzählen«, zischt Inez.

Nur Happy Puttkammer nickt ihm seltsamerweise aufmunternd zu. Aber da haben sich die meisten ohnehin schon vom windigen Außendeck verzogen und das Fisch-Buffet auf dem Unterdeck geentert. Und die wenigen verbleibenden Zuhörer sind durch den Schampus so sehr in Stimmung, dass sie über ein paar Ölteppiche großzügig hinwegsehen.

Inzwischen geht es hoch her. Sturmtief »Helga« hat das Nordfriesische Wattenmeer fest im Griff und lässt die »Maret H« wie eine Nussschale auf den Wellen tanzen. Es ist fast dunkel. Im letzten Licht schiebt der Sturm ein paar dunkelviolett übereinander getuschte Wolkenberge über den Himmel. Die Platten mit den restlichen Heringshappen und Krabbentoasts rutschen auf dem fest eingebauten Holztisch auf dem Unterdeck hin und her. Wenn das Schiff in ein Wellental stürzt, schlittern abgegessene Teller und auf dem Tisch vergessene halbvolle Gläser über das blankpolierte Holz. Immer wieder fliegt ein Sektglas schwungvoll im hohen Bogen vom Tisch und landet glassplitternd auf dem eisernen Schiffsboden.

Das Gros der Sektkelche kann Raik Rettmer retten. Die meisten Gläser hat er eingesammelt und in Kunststoffkisten verstaut. Die Gäste sind dazu übergegangen, Bier aus Flaschen zu trinken. Mancher trinkt auch gar nichts mehr. Im Gegenteil. Ein Immobilieninteressent aus dem Hessischen steht an der Reling, um sich wiederholte Male von Schampus und Heringshäppchen zu trennen.

Der Sturm und die Brandung werden immer lauter. An eine gepflegte Konversation ist nicht mehr zu denken. Zwei Blankeneser Ehepaare in irischen Steppwesten schreien sich vergeblich an, verstehen sich aber trotzdem blendend.

»Großartig, diese Naturgewalt, oder?«, schwärmt der Schweizer, der auch bei dem Sturm immer noch seine halbe Lesebrille trägt.

»Non capisco!« Aldo, dessen linke Gesichtshälfte

jetzt noch stärker geschwollen ist, versteht die Welt nicht mehr. Was für ein Land, was für schreckliche Leute, und dann dieses Wetter! Aldo fasst sich an die schmerzende Wange. Er hätte längst die Flucht von der Insel ergriffen, wenn … ja, wenn die blonde Bankerin nicht wäre. Und auch Inez kann von dem kleinen Sizilianer mit der heiseren Stimme nicht lassen.

Aber jetzt muss sie sich erst einmal um ihre Bankkunden kümmern. In dem Moment nähert sich Hans-Rüdiger Jungius von hinten und umklammert sie mit seinem kräftigen Arm.

»Inez, meine Süße, wir haben noch was zu bereden.« Das »Süße« klingt allerdings alles andere als freundlich. Jungius schiebt die Bankerin auf das leere Achterdeck. Es ist immer noch stürmisch, aber der Regen hat eine kurze Pause eingelegt.

»Meine liebe Inez, wir hatten im ›Pidder Lyng‹ Besuch von der Polizei. Und die wusste eine interessante Geschichte von dir zu berichten, nämlich dass du in der Bank in Nebel warst, an Heiner Griepenstrohs Schließfach.«

»Wann soll ich in der Bank gewesen sein?« Inez spielt den blonden Unschuldsengel.

»Das ist nicht dein Geld, meine Liebe«, poltert Jungius mit hochrotem Kopf. »Pohlmann, deine Bank und ich haben zusammengelegt, um den guten Heiner auf Trapp zu bringen, damit wir schnell eine Baugenehmigung bekommen. Und jetzt …«

»Ich hab dieses Geld nicht«, piepst Inez Schulz. Das stimmt ja sogar, sie hat das Geld tatsächlich nicht mehr.

»Verkauf mich bitte nicht für blöd«, Jungius wird

jetzt lauter. »Was hast du dann an Heiners Schließfach gemacht?«

»Ja, es stimmt, ich war an dem Schließfach«, gibt Inez kleinlaut zu. »Aber ich hab das Geld nicht …«

»Mädchen, jetzt hör mir mal gut zu …« Der »Blanke Hans« packt sie an ihrem goldenen Steppjäckchen und zieht sie ein Stück zu sich heran. Eine pomadige Haarsträhne fällt ihm ins Gesicht, die wulstige Oberlippe zittert. »Von dir kleinem Bankfräulein lass ich mich nicht für blöd verkaufen!«

»Hans-Rüdiger! Es stimmt wirklich. Ich hab das Geld nicht mehr. Raik Rettmer, diese kleine Ratte, hat mich in meinem Penthaus überfallen.«

In dem Moment betritt der Schweizer mit dicker Zigarre das Achterdeck. »Na, kleine Diskussion unter Geschäftsfreunden.« Er pafft den Zigarrenqualm in die Nordseeluft. »Diskussionen gehören dazu, oder?«

»Jaja, haha.« Jungius' Lachen klingt noch gekünstelter als sonst. Er macht eine abfällige Handbewegung. »Wir sprechen uns noch!«, raunt er Inez zu und torkelt, mit den Schwankungen des Schiffes kämpfend, grollend vom Achterdeck.

Die Teilnehmer der turbulenten Seefahrt haben sich auf das ganze Schiff verteilt und sind in Feierlaune. Es wird auf die ersten LOI und Order von Fondsanteilen angestoßen. Der Geruch der See erfüllt auch den letzten Winkel des Schiffs. Die feinen Herrschaften kippen Köm und rutschen aufgekratzt auf den harten Holzbänken unter Deck hin und her oder stehen schwankend an der Reling und genießen die Weltuntergangsstimmung auf der Nordsee. Die »Maret H« wird von den Wellen hin und her geworfen. Das Schiff hüpft und hechtet, als besäße es ein Eigenleben. Die Gischt stäubt über den Bug. In der Ferne tanzt aus der Dämmerung das Lichtsignal des Leuchtturms von Hörnum auf Sylt auf und ab, und dazwischen wirft alle paar Sekunden der Wittdüner Leuchtturm seinen schwankenden Lichtbalken über die See. Die Luft ist feucht und salzig. Als ein nächster heftiger Schauer einsetzt, verziehen sich alle wieder unter Deck. Nur Inez und Aldo bleiben draußen am Vorderdeck mitten im Wind stehen. Fast wie in der berühmten Szene aus dem ›Titanic‹-Film, denkt Inez.

Die blonde Bankerin, durch sechsstellige Fondsverkäufe und ein paar Ramazotti mächtig in Schwung gebracht, reißt den kleinen Italiener zu sich heran und küsst ihn heftig. Der Sturm fegt die beiden Leichtgewichte fast von Bord. Sie sehen sich leidenschaftlich in die Augen. In dem Moment werden beide von einer Bö mit einem Schauer einmal kräftig abgeduscht. Ihre verwehte Frisur klebt nass auf dem Gesicht. Sie sieht aus wie aus dem Schwimmbecken aufgetaucht. Doch statt des Beckenrandes greift sie Aldos Hosenbund und zieht ihm die Anzug- und Unterhose herunter.

Er ist einen halben Kopf kleiner als sie, aber sein Geschlechtsteil scheint für einen größeren Mann bestimmt. Er ist eine lächerliche Erscheinung, wie er mit Jackett, aber ohne Hosen dasteht und bei dem Seegang mit dem Gleichgewicht kämpft, findet Inez. Trotzdem erregt es sie. Hastig zieht sie sich ihren Rock hoch und mit der anderen Hand den Slip herunter, während

Aldo mit den Knöpfen ihrer goldenen Steppwindjacke und des Businesskostüms kämpft. Im spärlichen Licht der Nacht leuchtet blass die Haut ihres nackten jungenhaften Körpers mit den sich abzeichnenden Knochen auf. Während sie mit einer Hand den an der Schiffswand über sich hängenden Rettungsring fest umklammert, streckt sie ihm ihre flachen Brüste entgegen. Dabei gehen ihr die gezeichneten Fondsanteile durch den Kopf. Sie rechnet die Summen zusammen und lässt ihre Gedanken wieder und wieder zu dem »Auf-die-Insel-fertig-los«-Beutel mit den fetten Geldbündeln aus Fünfhundert-Euro-Noten abschweifen.

Eine Bö nach der anderen bläst ihnen um die halbnackten Leiber. Das hin und her schwankende Deck wirft sie beinahe um. Die blonde Bankerin löst ihre Hand vom Rettungsring. Angriffslustig schubst sie den kleinen Aldo auf eine der blauen Plastikbänke und stürzt sich auf ihn. Er schnappt japsend nach ihren kleinen Brüsten. Vergeblich. Sie drückt ihn auf das himmelblaue Plastik und besteigt ihn hastig hetzend, wobei sie selbst nicht weiß, was sie mehr erregt, sein beachtliches Geschlechtsteil oder die solventen Abschlüsse, die sie eben noch in dem niedrigen Unterdeck getätigt hat.

»Madonna!«, stöhnt Aldo krächzend gegen den heulenden Sturm an.

»Bellissimo«, versucht auch Inez ein paar Italienischbrocken anzubringen. Normalerweise hasst Aldo dieses idiotische Touristenitalienisch, aber in diesem Augenblick bringt es ihn noch mehr in Fahrt.

Doch dann ganz plötzlich, von einer Sekunde auf

die andere, hält Inez Schulz mitten in der Bewegung inne. Entgeistert starrt sie mit offenem Mund auf die Wellen, über die der Leuchtturm grade seinen Lichtkegel wirft.

»Da!« Sie zeigt auf das Wasser.

»Was isse los? Was soll das?«, krächzt Aldo heiser und versucht die Bankerin zu sich heranzuziehen.

»Da, auf dem Wasser!« Inez atmet erregt und heftig, aber mittlerweile aus ganz anderen Gründen. Der kleine Italiener ist auf einmal abgemeldet.

Nicht weit weg kreist ein riesiger Schwarm schreiender Möwen und Krähen über dem Wasser. Inez glaubt, Hunderte Vögel zu erkennen. Aus dem Schwarm heraus stürzen sich einzelne Tiere auf das Wasser hinunter auf ein undefinierbares Etwas, das jetzt wieder im aufflammenden Licht des Leuchtturms grellgelb aufleuchtet.

»Cosa c'è? Was soll das? Avanti, Inez, weiter!« Auf einmal spürt Aldo das harte Plastik der Sitzbank im Rücken und die ganze Nässe dieser Nordseenacht. Von einem Moment zum anderen wird der kleine Mafioso stinksauer. »Willst du mich verarschen, du kleine Hure«, faucht er sie an.

»Nein, sieh nur!«, piepst Inez gegen den Wind. »Ich glaube, ich kann sogar die karierten Socken erkennen. Was machen die Vögel mit ihm?«

28

»Inez-Darling, wie siehst du denn aus? Was haben sie denn mit dir gemacht?«, juchzt Happy Puttkammer spöttisch, als die Bankerin klitschnass und völlig derangiert an ihr vorbeihuscht und in der kleinen Bordtoilette verschwindet.

Happy steht mit Vogelwart Nils Gerckens und dem Käpt'n in dem kleinen Steuerhaus. Sie blicken auf den schwankenden Horizont und trinken inzwischen Gin aus der Flasche. Happy fährt sich durch die zerzausten Haare und flirtet mit Gerckens, der gar nicht weiß, wie ihm geschieht. »Habt ihr das eben gesehen?«

»Was denn?«, fragt Nils blauäugig.

Happy grinst ihn vielsagend an. »Na, unser Bankfräulein und ihr kleiner Casanova, holla!«, gluckst Happy beschwipst und zupft Gerckens mit ihren rotlackierten Fingern an seinem Bart.

»Was meinst du, Nils, diese ganzen Leute haben hier doch nichts zu suchen? Die machen sich hier ganz schön breit, was?«

Sie nimmt einen Schluck Gin und reicht Nils die Flasche. Nils Gerckens blickt leicht glasig und deutlich irritiert. Seit wann ist Happy so nett zu ihm? Und das vor allem nach seinem Horrorvortrag.

Der Passagier aus dem Hessischen steht immer noch an der Reling und versucht, mit mittlerweile leerem

Magen und grünlichem Gesicht den schwankenden Horizont zu fixieren. Er hat inzwischen Gesellschaft bekommen. Ein Leidensgenosse, ebenfalls aus dem Süddeutschen und mit ähnlich grünlicher Gesichtsfarbe, trennt sich kurzentschlossen von den soeben verspeisten »Heringshappen Dänische Art«. Ein Dutzend Möwen kommt auf das Deck zugesegelt. Die Vögel drehen kreischend sofort wieder ab und bleiben hinter der »Maret H« zurück, um sich vom Wind Richtung Sylt wehen zu lassen.

Inez Schulz hat sich auf der Schiffstoilette eingeschlossen, sie ordnet notdürftig ihre Klamotten und rubbelt mit einem Handtuch die Haare trocken.

Danach kommt es auf dem engen Flur vor der Toilette zu einem lautstarken Streit zwischen der Bankerin und dem Klein-Mafioso, bei dem sie sich gegenseitig als »Flittchen« und »Loser«, als »puttana« und »Papptiger« beschimpfen.

»Wo ist mein Geld, verdammt? Wieso bist du nicht in der Lage, diesen Scheißbeutel wiederzubeschaffen?«, schreit Inez Schulz mit sich überschlagender Stimme. »Was bist du nur für ein Schlappschwanz. Nicht mal mit diesen Deppen hier auf der Insel wirst du fertig.«

»Schlapp-e… wie bitte?!« Auch Aldos Stimme überschlägt sich.

Die Blankeneser Lady im karierten Burburry, die es ebenfalls dringend aufs Klo zieht, blickt pikiert, aber höchst interessiert. Inez Schulz dreht sich wütend um und steigt allein die kleine Stahltreppe zu Raik Rettmer in die Kombüse hinunter. In dem kleinen Raum, in dem man sich kaum drehen kann, entsorgt Rettmer mit eingezogenem Kopf gerade die Reste des kalten Buffets.

Inez Schulz kommt gleich zur Sache. »So läuft das nicht«, zischelt sie. »Du kannst nicht einfach bei mir in die Wohnung spazieren und irgendwelche Sachen mitgehen lassen.«

Rettmer spielt den Begriffsstutzigen. »Ich weiß überhaupt nicht, was los ist.« Raik kratzt sich an seinem Möwenschiss-Shirt, das unter der aufgeknöpften Küchenjacke herausguckt.

»Du kleine Ratte weißt ganz genau, wovon ich rede.« Der bleichen Inez steigt Zornesröte ins Gesicht.

Rettmer grinst sie provozierend an. »Ich weiß nich, wat wir noch zu beschnacken haben. Hast du doch gestern Mittag selbst gesagt, wir haben alles beredet.«

Während Inez flüstert, macht Raik keine Anstalten, leiser zu sprechen. Ein paar Gäste gucken schon zum Abgang der Kombüse.

»Ich will diesen Amrum-Beutel zurück.«

»Jo, den Beutel kannst gerne wiederhaben. Der stinkt nämlich ganz schön nach Fisch. Hast da Fischabfälle drin gehabt, oder wat?«

»Du Komiker weißt genau, was ich meine. Wenn ich dieses Päckchen morgen nicht wiederhabe, dann passiert hier was.« Bankerin Schulz holt alles aus ihrer Piepsstimme heraus. »Dann bekommst du richtig Ärger, das kann ich dir versprechen!«

»Willst du mir noch mal deinen Spaghetti-Kasper vorbeischicken, oder wat? Will er die andere Backe auch noch dick haben?« Rettmer spricht jetzt leiser und das Grinsen ist aus seinem Gesicht verschwunden.

»Da gibt es noch ganz andere Möglichkeiten, du dämliches Arschloch. Das war nichts anderes als Raub. Dafür dürfte sich auch die Polizei interessieren.« Inez sieht Rettmer giftig an.

»Dann musst du den Bullen aber auch erzählen, wo du die Kohle herhast. Das könnte ein Problem werden, oder?«, rotzt Rettmer.

»Wenn du dich da man nicht täuschst«, giftet Inez schnippisch zurück. »Damit kannst du mir keine Angst machen. Was erlaubst du dir überhaupt? Ich werde dich der Polizei ans Messer liefern, du wirst schon sehen.«

Sie tritt ganz nah an Rettmer heran und fasst mit spitzen Fingern in sein Möwenschiss-Shirt. »Ich könnte der Polizei noch ganz andere Dinge erzählen, mein Freund«, zischt Inez drohend.

Rettmers Blick ist inzwischen nicht mehr unverschämt, sondern lauernd. Eine fettige Haarsträhne fällt ihm ins Gesicht.

»Ich hab Beziehungen zur Polizei und damit meine ich nicht die Figuren, die hier auf der Insel rumturnen, sondern die Behörden in Hamburg. Ein guter Freund ist Oberstaatsanwalt. Der weiß, wie man Ungeziefer wie dich aus dem Verkehr zieht.« Sie fasst ihn jetzt fester am Shirt. »Mein Freund, ich will meine Kohle wiederhaben, und zwar ganz schnell. Sobald wir an Land sind, hab ich meinen Beutel zurück, okay?!«

Rettmer will ihr grad etwas entgegnen, als einer der Blankeneser Herren in der Kombüsentür erscheint.

»Junger Mann, an Deck wird das Bier knapp.« Der Blankeneser lacht leutselig.

»Jaja«, stöhnt Rettmer, »geht sofort los.« Eigentlich ist er ganz froh, dass sein Disput mit Inez Schulz unterbrochen wird. »Darf ich Ihnen einfach 'ne Buddel in die Hand drücken?«

»Aber sicher, wir Seeleute müssen zusammenhalten, was? Herrlich. Haha!« Der nicht mehr ganz junge und auch nicht ganz nüchterne Blankeneser hat Mühe, auf der steilen Stahltreppe die Balance zu halten. Rettmer reicht ihm zwei Flaschen.

Das Wetter hat sich beruhigt, aber den nicht so seeerfahrenen Immobilien-Anlegern ist die nächtliche Schiffspartie auf den Magen geschlagen. Die zunächst von der Seeluft und vom Schampus geröteten Gesichter der Ausflügler haben mittlerweile die Farbe von Kartoffelbrei angenommen. Die Stimmung an Bord ist gekippt.

Unter Deck leert Happy Puttkammer in ungewohnter Eintracht mit Vogelwart Nils Gerckens den Rest der Ginflasche.

»Nils-Darling, ich glaub, ich muss dir ein Geständnis machen.« Sie strubbelt sich verlegen durch die Haare und klimpert mit dem Silberschmuck.

»Du hattest eigentlich schon immer ein Herz für die Seevögel?«

»Ach was«, lallt Happy, »das heißt, ja. Aber ich mein was anderes. Warst du in den letzten Tagen mal bei dir auf der Vogelstation im Schuppen?«

»Im Schuppen? Ja, wieso?« Nils spielt den Unschuldigen.

»Ist dir da nichts aufgefallen?«

Nils Gerckens sieht Happy durchdringend an. »*Du* hast mir den Golfer da abgeladen? Echt?«

»Ja«, druckst Happy herum, »der lag plötzlich bei mir in einem der Apartments und musste da ganz schnell weg. Ich wusste auch nicht, wohin, und … na ja… da wollte ich dich ein bisschen ärgern.«

»Weil ich dich mit meinem Vogelschutz genervt hab?«

»Na ja, eigentlich hast du ja recht mit all dem.« Sie nimmt den letzten Schluck Gin aus der Flasche. »Und wo ist er jetzt abgeblieben?«

Nils Gerckens zuckt mit den Schultern, dann geht er nach draußen auf das Vorderdeck, um frische Luft zu schnappen.

Im Augenblick ist es ruhig. Es hat aufgehört zu regnen. Ein paar Sterne kommen durch die Wolkendecke. Der Mond schwebt milchig über dem Meer. Inez sieht die Leuchttürme und vereinzelte Lichter auf Föhr und Langeness über dem Wattenmeer glitzern. Von ferne hört sie Vögel. Ihr ist jetzt auch ein bisschen übel. Sie muss schon wieder nach den Austern aufstoßen. Es schmeckt nach Meer, leicht modrig. Aber sie behält alles bei sich. Dann legt sich die »Maret H« mit einer Bö plötzlich, aber ganz sanft ein Stück auf die Seite. Inez stört das nicht. Sie ist einigermaßen seefest.

Dieser »Island Resort Investment Fund« wird ein Supererfolg, denkt sie noch. Dann spürt sie auf einmal einen Stoß an ihren Schultern, der Handlauf der Reling drückt sich kurz an ihren Bauch, und sie verliert den Boden unter den Füßen. Für einen Moment sieht sie die Schiffswand, darunter die schäumende Gischt. Und plötzlich sind alle Lichter verschwunden, und sie hat ein diffuses Dröhnen auf den Ohren. Es ist stockdunkel, kalt und nass. Zappelnd versucht Inez aufzutauchen und nach Luft zu schnappen. Doch das Wasser schlägt wieder und wieder über ihr zusammen. Weit unter sich hört sie das dumpfe Grollen der Schiffsschraube. Ohne sich dagegen wehren zu können, wird ihr Körper um die eigene Achse gedreht und immer tiefer hinabgezogen. Das Dröhnen ist jetzt ganz laut.

29

Das Thermometer hat über Nacht einen Riesensprung gemacht. Von einem Tag zum anderen ist es Sommer geworden. Sämtliche Urlauber haben sich befreit die Regenklamotten vom Leib gerissen und sind jetzt in Shorts und bunten Hemden unterwegs. Die Familien mit Kindern schieben mit Fahrradanhängern und Bollerwagen, bepackt mit farbigen Schaufeln, Bocciakugeln, Badezeug und allerlei Spielgerät zum Strand. Die Strandkorbvermieter bringen zusätzliche buntgestreifte Strandkörbe ans Wasser.

Sogar Piet Paulsen trägt heute Shorts und zeigt seine kalkweißen Beine, die seit Jahrzehnten keinen Sonnenstrahl gesehen haben. Der ehemalige Landmaschinenvertreter hat ausnahmsweise mal am morgendlichen Strand-Yoga teilgenommen und ist seltsam euphorisiert. Knut Boyksen hat sich die Schiffermütze in den Nacken geschoben. Bei dem Wetter sitzen die beiden draußen auf der Bank und Paulsen raucht sein Morgenzigarillo nach dem Yoga mit noch mehr Genuss. Boyksen isst ausnahmsweise mal Mettbrötchen.

In dem Steenodder Hafen haben sich bei Niedrigwasser ein paar Jollen auf die Seite gelegt. Eine Gruppe schwarz-weißer Austernfischer segelt laut schimpfend über das in der Sonne glitzernde Watt, als Thies und die Zwillinge auf ihren Oldtimerrädern an dem kleinen Strandpavillon vorfahren.

»Guck mal, Papa, die Schafe würden sich heute auch gern Sommerklamotten anziehen.« Tadje zeigt auf die Schafe, die in ihrem dicken Pelz phlegmatisch kauend auf der Deichkrone liegen. Thies trägt heute Morgen statt Polizeijacke ebenfalls sein Sommeroutfit. Dafür hat Telje ihre überdimensionierte weiße Polizeimütze auf dem Kopf. Thies ist mit den Zwillingen auf dem Weg zum Minigolfplatz.

»Ja, wir gehen golfen«, verkündet Telje stolz. »Hat Papa uns versprochen.« Thies winkt hinter ihrem Rücken ab.

»Dat darf doch nich wahr sein, Mädels«, krächzt Paulsen. »Fangt ihr jetzt auch schon mit dem Unsinn an?«

Vor dem Steuerhaus auf dem Anleger steht eine lange Schlange. Doch heute gibt es keinen Fisch, nur ein paar Krabben. Bei dem Sturm in der letzten Nacht war der Fischer nicht weit draußen. Die Leute ziehen erstaunlich gelassen mit ein paar Krabbentüten wieder ab. Nicht nur Piet Paulsen, auch die Urlauber sind heute Morgen wie ausgewechselt.

Nur Knut Boyksen blickt etwas besorgt, als jetzt auch Nicole Stappenbek in ihrem Zivil-Mondeo an der Hafenmole vorfährt.

»Na, ihr seid mir vielleicht so Freunde und Helfer«, höhnt Knut Boyksen mit einem Bissen Mettbrötchen im Mund. »Alarmierende Vermisstenmeldung – und von den ermittelnden Kommissaren keiner erreichbar.«

»Wat denn? Vermisstenmeldung?«, fragt Thies.

»Der Käpt'n von der ›Maret H‹ hat mich gestern Nacht aus'm Bett geklingelt. Da is einer über Bord gegangen.«

»Wie bitte?«, schnieft Nicole Stappenbek.

»Die hatten wohl so 'n Treffen von 'ner Hamburger Bank auf der ›Maret H‹.«

»Ja, klar, die hab'n wir auslaufen sehen«, fällt Thies seinem alten Kollegen ins Wort. »Direkt vor unserer Nase sind die uns entwischt. Diese Bankerin Frau Schulz muss uns nämlich dringend ein paar Fragen beantworten.«

»Tschja, dat wird wohl erst mal nix werden.« Knut Boyksen harkt sich mit den Fingern einmal durch den Bart. »Die is seit gestern Nacht vermisst. Ich hab gleich Nis Nissen auf Föhr Bescheid gesagt und Seenotrettung. Die hab'n nachts wohl noch die ›Gerhard Stoltenberg‹ losgeschickt. Bei euch beiden war mal wieder Funkloch, oder wat?« Boyksen sieht Thies und Nicole mit vorwurfsvollem Blick an.

»Gerhard Stoltenberg?«, fragt Thies.

»Dat is der Seenotrettungskreuzer.«

»Weiß man Genaueres?« Die Kommissarin zündet sich eine Benson & Hedges an.

»Zuerst hat dat wohl keiner mitgekriegt. Erst als die in Wittdün wieder angelegt haben. Na ja, die Bank von dieser Frau Schulz hat den ganzen Törn schließlich organisiert. Und als die dann von Bord gingen … ja, dann hab'n die wohl mal durchgezählt. Und wer war nich dabei?«

»Frau Schulz!«, antwortet Thies prompt. »Nicole,

ich hab dat gleich gesacht. Dat is die Mafia. Dieser kleine Italiener lässt die Leute hier reihenweise über die Klinge springen.«

»Hat an Bord denn jemand etwas beobachtet?«, will die Kommissarin wissen.

»Gab wohl 'n büschen Zoff zwischen dieser Schulz und ihrem Italiener und auch mit dem Hamburger Makler und mit Raik Rettmer. Aber viel war aus den Leuten nich rauszukriegen. Alle besopen oder seekrank«, brummt Boyksen. »Und Nis Nissen war auch keine große Hilfe. Nissen is in puncto Vernehmungstechnik ... Na ja, ihr wisst schon, er fragt nich viel.«

»Hat jemand beobachtet, wie Inez Schulz über Bord gegangen ist?«, fragt Nicole Stappenbek.

»Nee, will keiner wat gesehen haben«, mault Boyksen. »War aber ja auch spät, mitten in der Nacht, waren alle müde.«

»Wat ham die Leute denn genau gesagt?«, will Thies wissen.

»Ja, ihr macht mir Spaß, wie wär's denn, wenn ihr dat mal selbst ermittelt? Ich bin immerhin in Rente und außerdem will ich jetzt den Sommer genießen.« Mit einem Mord auf Amrum will Boyksen immer noch nichts zu tun haben und eine Wasserleiche käme jetzt, wenn es bei diesem Wetter endlich mit dem Badebetrieb losgehen soll, höchst ungelegen.

»Der tote Kurdirektor und diese ganzen Vermissten, die sind doch alle vom Festland hier eingeschleppt worden.«

Thies geht auf die Bemerkungen seines alten Chefs

gar nicht ein. »Knut, dat nützt ja nix, wir müssen trotzdem ermitteln.«

»Wir sind mittendrin«, schnieft Nicole und zieht einmal Luft durch die Nase. »Ich hab heute Morgen mit Carstensen telefoniert, dem Gerichtsmediziner.«

»Und? Was sagt er?«

»Todesursache bei Griepenstroh war aller Wahrscheinlichkeit nach eine toxische Eiweißverbindung. Carstensen hat im Blut hohe Dosen von Serotonin nachgewiesen …«

»Sero-tonin?«, wiederholt Thies langsam.

»Is dat nich eins von diesen Haarwuchsmitteln?«, krächzt Piet Paulsen dazwischen.

Nicole muss sich das Grinsen verkneifen. »Nee, ist in Schokolade drin, aber eben nicht in dieser hohen Dosierung.«

Die Zwillinge finden die biochemischen Details der kriminaltechnischen Untersuchung nicht ganz so spannend.

»Papa, wir wollten doch zum Minigolf«, quengelt Telje und dreht den Schirm ihrer Polizeimütze nach hinten.

»Jetzt mal Ruhe, Papa muss nachdenken«, ermahnt Thies seine Tochter. »Carstensen hat bei dem Toten mehrfach starke Schwellungen feststellen können«, fährt die Kommissarin fort, »im Magen, in der Speiseröhre und auch im Rachen. Man muss sich das wohl wie so eine Art allergischen Schock vorstellen.«

»Oha!« Thies setzt kurz seinen Kuhblick auf. Nicole sieht ihn fragend an. »Na ja, Nicole, du hast doch auch fix mit Allergien zu tun.«

»In meinen Augen is dat 'ne Modeerscheinung mit diesen ganzen Allergien«, hustet Paulsen.

»Also, sag ich doch, dat war gar kein Mord«, triumphiert Knut Boyksen.

»Nee nee, Knut, das heißt erst mal noch gar nichts, ganz im Gegenteil«, protestiert Nicole.

»Heißt dat nu', dass er vergiftet wurde?«, will Thies wissen.

»Es ist zumindest recht wahrscheinlich«, sagt die Kommissarin. »Eine so hohe Konzentration dieses Serotonins kommt manchmal bei Medikamentenmissbrauch vor, sagt Carstensen. Aber das scheidet hier ja wohl aus.«

»Da hat also jemand wat gedreht, oder?« Thies ist auch ohne Polizeijacke und in kurzer Freizeithose voll bei der Sache.

»Es hat vermutlich wirklich mit diesem Petermännchen zu tun.«

»Aber dat Petermännchen war ja gekocht und Fischer Andreesen hat doch erzählt ...« Boyksen deutet zum Steuerhaus auf der Mole.

»Petermännchen? Onkel Knu-u-ut, was is dat denn für 'n Männchen?«, fragt Tadje mit großen Augen.

»Mensch, Tadje, das is doch kein Mann«, kichert ihre Zwillingsschwester Telje.

»Dat is 'n Fisch, min Deern«, erklärt Boyksen.

»Durch das gekochte Petermännchen ist Griepenstroh nicht umgekommen«, fährt Nicole Stappenbek fort. »Wenn die Eiweißverbindung erhitzt wird, zerfällt das Serotonin. Aber irgendwie muss es ungekocht in seinen Körper gekommen sein. Jemand muss das präpariert haben.«

»Giftmord!«, ruft Thies begeistert.

Knut Boyksen schiebt sich nachdenklich den Elbsegler in den Nacken.

»Kann man zumindest nicht ausschließen«, sagt Nicole. »Ich wüsste nicht, wie das Gift sonst in seinen Körper gekommen sein soll.«

»Aber all den anderen aus dieser Runde in der ›Kombüse‹ soll doch auch schlecht gewesen sein, ohne dass die gleich dran gestorben sind«, wendet Boyksen ein.

»Carstensen hat mir erklärt, dieses Gift muss irgendwie ins Gewebe gelangen«, führt die Kommissarin aus, »durch einen Stich dieses Petermännchens oder eben durch eine offene Wunde. Und Carstensen hat eine Verletzung und Schwellung im Rachen des Opfers feststellen können, Griepenstroh hatte außerdem ein offenes Magengeschwür und auffällig verengte Herzkranzgefäße.«

»Aber wer soll ihm das Gift verabreicht haben?« Thies zeigt Ansätze seines Kuhblicks. »Vor allem, wie? Und wann?« Dass es sich um Mord handelt, davon war Thies ja von Anfang an überzeugt. Aber die Auflösung des Falles scheint doch komplizierter zu sein als gedacht. Hat einer aus der Immobilienrunde ihm das ins Essen getan? Oder der Wirt des Lokals? Oder seine Küchenhilfe? Aber hätten die überhaupt ein Motiv?

»Giftmord? Dat spricht für ’ne Frau«, hustet Piet Paulsen. Er nimmt die Gleitsichtbrille von der Nase und wischt sich mit dem Taschentuch den Schweiß aus dem Gesicht.

»Onkel Piet, wat is ’n Giftmord?«, fragt Telje interessiert dazwischen und lässt ihre Spielzeughandschellen baumeln.

»Sei mal ruhig jetzt«, mahnt Thies, der voll auf den Fall konzentriert ist.

»Raik Rettmer war mächtig stinkig auf ihn, eigentlich auf die ganze Runde, auf Griepenstroh, Happy Puttkammer und diesen Hamburger Makler«, sagt Boyksen. »Bei seinem Hausverkauf und den Genehmigungen für die Neubauten soll wohl nich alles mit rechten Dingen zugegangen sein.«

»Das sieht ganz so aus«, nickt Nicole Stappenbek. »Ich hab in der Sache Griepenstroh heute Morgen die Auskünfte von der Bank und vom Notar bekommen, die der Staatsanwalt beantragt hat. Das ist jetzt offiziell. Griepenstroh hatte in dieser Woche einen Termin für die Beurkundung einer hübschen Eigentumswohnung mit Seeblick im Friesenpark am Watt zum Preis von hundertfünfzigtausend Euro.«

»Hundertfünfzigtausend, für ’ne Wohnung mit Wattblick auf Amrum?« Boyksen zieht unter seiner Schiffermütze die Stirn kraus.

»Ganz schön teuer, nä, Knut?«, bemerkt Thies.

»Nee, im Gegenteil, dat is ’n echtes Schnäppchen.«

»Kein realistischer Marktpreis?«, will Nicole von Boyksen wissen.

»Na ja, vor zehn Jahren vielleicht, aber heute? Die drehen doch alle durch. Ich bin ja keiner von diesen Maklern, die hier jetzt rumrennen, aber hundertfünfzigtausend? Nee.« Boyksen schüttelt den Kopf. »Dafür kriegst auf der Insel nix mehr.«

»Dat heißt, die Wohnung hat er nur bekommen, weil er denen die Baugenehmigung besorgt hat«, kombiniert Thies.

»Und wisst ihr, was das Beste ist?« Nicole zündet sich triumphierend eine Zigarette an. »Auch diesen Freundschaftspreis hätte er nie und nimmer bezahlen können. Der gute Herr Kurdirektor war nämlich blank. Der hatte auf all seinen Konten keine hundertfünfzigtausend, nicht mal zehntausend Euro. Der hatte überall Miese.«

Bei Thies fällt sofort der Groschen. »Aber vielleicht schwarz im Schließfach? Im Beutel mit 'm Leuchtturm drauf?« Boyksen und Paulsen verstehen das nicht ganz. Aber Nicole wirft ihm einen anerkennenden Blick zu.

»Spricht alles für die Immobilienrunde oder den Koch aus der ›Kombüse‹.« Nicole bläst den inhalierten Rauch in die laue Brise.

»Und wat is mit dem Lütten von der Mafia?«, gibt Thies zu bedenken.

Motiv, Mittel, Gelegenheit, schießt es Thies durch den Kopf. Aber das bringt ihn auch diesmal nicht weiter. Nein, der Mordfall Griepenstroh ist noch lange nicht gelöst. Und dann haben sie jetzt noch zwei weitere Mordfälle, da gibt es noch nicht mal eine Leiche. Denn dass es sich bei dem verschollenen Golfer und der Bankerin, die letzte Nacht über Bord gegangen ist, um Mord handelt, ist für Thies sonnenklar.

Auf Thies und Nicole wartet ein arbeitsreicher Tag.

Sie haben etliche Befragungen durchzuführen, und um die verschollene Bankerin müssen sie sich auch kümmern. Es gilt, unbedingt den Funkkontakt zur »Gerhard Stoltenberg« zu halten, und Nis Nissen bekommt den Auftrag, Aldo und seine Alfetta ausfindig zu machen und zu beschatten.

30

Aldo ist ziemlich durch den Wind. Dass seine blonde Inez gestern Nacht auf einmal von der Bildfläche verschwunden war, hatte ihn geschockt. Plötzliche Todesfälle gehören eigentlich zu seinem Geschäft. Normalerweise beeindruckt ihn das nicht weiter. Vorausgesetzt er hat das selbst in der Hand. Aber jetzt war alles außer Kontrolle geraten. Inez war wie vom Erdboden verschluckt. Was war mit ihr geschehen? Sie hatte Streit gehabt mit dem dicken Makler und natürlich auch mit diesem verwahrlosten Hilfskoch in seinem geschmacklosen T-Shirt. Hatte einer der beiden sie etwa über Bord gestoßen?

Bella Inez war sehr verschreckt gewesen, nachdem sie den Mann mit den karierten Socken auf dem Wasser gesehen hatte. Irgendwie versteht er die deutschen Frauen nicht. Sie gaben sich so unterkühlt und clever in ihren schicken Business-Kostümen. Das imponiert Aldo, das gefällt ihm sogar sehr. Aber wenn sie dann einen gelben Pullover im Meer schwimmen sehen, bekommen sie es mit der Angst zu tun, dann fließen die Tränen. Wo war das Problem? Er hatte alles geregelt. Dieser Typ mit seinen blöden Socken würde nie wieder auftauchen. E basta cosi.

Aber auch bella Inez wird nicht wieder auftauchen, da macht Aldo sich nichts vor. Ihr »Gran Tourismo«

stand heute Morgen immer noch am Fähranleger. Jetzt gibt es eigentlich nichts mehr, was ihn auf dieser idiotischen Insel hält. Außer dem Geld, das Inez gehört, das will er sich unbedingt holen.

Deswegen muss er dringend Raik Rettmer aufstöbern. Der war heute Morgen nach der turbulenten Schiffsfahrt nirgends zu finden, nicht in dieser Wellnesspension und nicht in dem maritimen Ristorante. Seine Chefin, diese Happy Puttkamer, hatte sich schon gewundert, dass er nicht zur Gartenarbeit erschienen war. Hans-Rüdiger Jungius hatte angeblich auch schon nach ihm gefragt. Was spielte der dicke Makler für eine Rolle?, fragt sich Aldo. Der »Blanke Hans« weiß ganz offensichtlich auch von dem stinkenden Stoffbeutel mit dem Leuchtturm. Hat er etwa seine Inez auf dem Gewissen?

Aldo lässt seine Alfetta unter einem strahlend blauen Himmel über die Inselstraße gleiten. Die Seitenscheiben hat er heruntergekurbelt. Von ferne hört er leises rhythmisches Trommeln. Von überall strömen ihm Urlauber mit Badesachen im Gepäck entgegen. Von einem Tag auf den anderen herrscht hier eine vollkommen andere Atmosphäre. Es ist nicht Italien, aber immerhin, denkt Aldo fast anerkennend. Er sitzt schwitzend im Auto. Nach der klatschnassen Liebesnacht mit Inez hatte er Probleme, seinen Anzug wieder trocken zu bekommen. Aber er braucht unbedingt eine Jacke, um seinen Revolver zu verdecken. Aldo hat seine Smith & Wesson dabei. Er hat die leeren Kammern mit neuen Patronen bestückt und würde nicht zögern, einem dieser idiotischen Friesen eine davon zu verpassen.

Aldo fährt ziellos die Insel auf und ab. So recht weiß er nicht, wo er Rettmer suchen soll. Aber viele Möglichkeiten, auf der kleinen Insel unterzutauchen, gibt es eigentlich nicht.

Dann hätte er Rettmer trotzdem fast auf seinem Fahrrad in dem Knäuel mehrerer Familien mit Fahrradanhängern übersehen. Aber dann biegen die Urlauber zum Strandweg ab und Rettmer radelt auf dem Fahrradweg allein Richtung Odde. Der Italiener schleicht mit seinem Alfa im Fahrradtempo auf der parallel führenden Landstraße entlang. Die ersten ungeduldigen Urlauber hupen schon. Aldo schwitzt und flucht. Die schwere Smith & Wesson drückt in der Achselhöhle.

Als Rettmer die Landstraße kreuzt und jetzt auf einem der kleinen Waldwege Richtung Meer radelt, folgt Aldo ihm mit einigem Abstand. Doch nach kurzer Zeit hat Rettmer den Alfa entdeckt. Er dreht sich um, aber ganz so provozierend ist sein Blick nicht mehr. Rettmer verschärft das Tempo und Aldo folgt ihm. Das Zufahrt-verboten-Schild beachtet er nicht weiter. Gut hundert Meter weiter wird der Weg so eng, dass er mit dem Auto nicht mehr befahrbar ist. Rettmer radelt weiter und verschwindet aus Aldos Blickfeld. Der Italiener lässt seinen Wagen am Wegrand zurück und jagt dem Hilfskoch zu Fuß hinterher. Er schlüpft hastig aus seinen italienischen Slippern, krempelt sich die Hosenbeine ein Stück auf und hetzt über den weiten Strand.

Bei dem guten Wetter heute ist der Strand dicht bevölkert. Raik Rettmer kann er in dem Gewusel nirgends entdecken.

In seinem Anzug kommt sich Aldo zwischen Strandkörben, Eisverkäufer und Surfstation reichlich deplatziert vor. Mehrere Windsurfer präparieren ihre Boards. Zwei kleine Jungen graben, assistiert von ihrem Opa, einen Kanal vom Wasser zu ihrer Sandburg. Ein Vater müht sich, den Drachen seiner Kinder in die Luft zu bekommen. Ein braungebrannter Rentner mit Kapitänsmütze, aber ohne Hose, und eine bleiche Berliner Familie, die ihren ersten Sonnenbrand gar nicht erwarten kann, blicken Aldo in seinem Jackett staunend hinterher.

Als der kleine Italiener gerade das Wasser erreicht hat, sieht er am Strandaufgang, dort, wo er grade hergekommen ist, das Möwenschiss-Shirt in den Dünen verschwinden. Wütend hastet Aldo wieder zurück. Doch als er den Übergang durch die Dünen erreicht, ist Rettmer wie vom Erdboden verschluckt. Und als Aldo zu seinem Auto kommt, sieht er gerade noch rechtzeitig einen Polizisten in Uniform, der bräsig an dem Kotflügel seiner Alfetta lehnt und sein Gesicht in die Sonne hält.

31

»Thies, ihr seid aber schnell durch. Normalerweise dauert Minigolf doch länger«, ruft Heike ihnen gut gelaunt aus einem der Deckchairs vor ihrer Ferienwohnung zu und schiebt sich die Sonnenbrille ins Haar. »Ich war mit der Klangschalenmassage noch gar nicht dran.«

»Mama, wir waren gar nich golfen, wir haben Tante Nicole getroffen«, schreit Tadje quer über die Grünanlage der Wellnessoase »Pidder Lyng«.

»Tante… wie bitte?« Heikes Miene verfinstert sich augenblicklich.

»Tante Nicole«, echot Zwillingsschwester Telje fröhlich.

»Sag mal, Thies, ich glaub, ich spinne.« Sie schiebt die Sonnenbrille energisch zurück auf die Nase. »*Tante Nicole!* Jetzt hört's aber langsam auf.«

»Heike, ich kann doch auch nichts dafür.« Thies sortiert verlegen seinen blonden Frontspoiler. »Wir hab'n hier jetzt drei Mordfälle …«

»Drei?«

»Heike, du hast den ersten Toten doch schließlich selbst entdeckt, der zweite ist der Touristikchef und diese Bankerin, die jetzt über Bord gegangen ist, haben wir noch nich gefunden.« Thies wird auch langsam ungnädig.

»Und die soll ich jetzt wohl auch noch suchen, oder was?«, blafft Heike ihn an.

»Oh ja, Mama, los, komm!« Tadje und Telje sind von der Idee gleich begeistert. Tadje zückt sofort ihre Erbsenpistole und Telje hat gleich das Fingerabdruck-Set zur Hand.

»Nächstes Jahr mach ich 'ne Kreuzfahrt. Mit dir oder ohne dich! Das kannst du dir bis dahin ja überlegen.«

Heike rauscht schwer beleidigt in Richtung Wellnessbereich ab. Thies winkt resigniert ab und wechselt im Zimmer sein Freizeithemd gegen die Polizeijacke.

»Dürfen wir mit, Papa?«, quietschen die Zwillinge im Chor.

Nicole steht derweil schon bei Happy Puttkammer in der Rezeption und befragt sie zu den Vorgängen auf der gestrigen Nachtfahrt der »Maret H«. Vor allem will sie natürlich wissen, ob Inez Schulz irgendwelche Auseinandersetzungen mit anderen Teilnehmern hatte. Happy erzählt mit spöttischem Grinsen von Streitereien zwischen Inez und ihrem italienischen Lover.

»Aber kurz vorher... ich sag Ihnen... da sah das noch ganz anders aus bei den beiden. Mitten auf dem Achterdeck! Und bei strömendem Regen! Das hätte ich der spießigen kleinen Bankerin gar nicht zugetraut.«

Happy Puttkammer fährt sich lachend durch die verzottelte Frisur, Nicole zieht die Luft durch die Nase und Thies, der gerade erst dazugekommen ist, guckt betreten und kommt in seiner Polizeijacke gleich ins Schwitzen.

»Und wo ist der Italiener nu' abgeblieben?«, will er wissen.

»Das kann ich Ihnen auch nicht sagen, Herr Detlefsen«, flötet Happy und klimpert mit den Silberringen an ihren Handgelenken. »Ich weiß sowieso nicht, wo sie heute alle geblieben sind. Raik ist gar nicht erst erschienen. Ich musste die Sonnenschirme selbst aufspannen.«

Ihr Gesichtsausdruck verrät, dass sie das als unerträgliche Zumutung empfindet. »Und Hans-Rüdiger ist auch irgendwie verschwunden. Er will wohl irgendwas erledigen. Aber seine Frau Bernadette sucht ihn schon.«

»Der Vogelwart, der neulich in der ›Kombüse‹ auf den Touristikchef losgegangen ist, war doch gestern Nacht auch mit an Bord?«, will Nicole Stappenbek wissen.

»Nils Gerckens, klar. Der war ja sogar für einen kleinen Vortrag an Bord engagiert. Aber das hatte sich die gute Inez wohl ein bisschen anders vorgestellt.«

»Sind die beiden denn auch in Streit geraten?«

»Inez und Nils Gerckens? Nein.« Happy zupft an ihrer Frisur. »In seiner Rede hat er ziemlich vom Leder gezogen, aber danach war er ganz friedlich. Wir haben zusammen ein bisschen Gin getrunken.« Happy grient vielsagend.

Es ist schon seltsam, die wichtigen Zeugen, die Thies und Nicole jetzt unbedingt befragen müssten, sind alle nicht greifbar.

Die Ermittlungen laufen trotzdem auf Hochtouren. Jütte im Haus des Gastes ist mit den Nerven am Ende.

Sie steht in ständigem Funkkontakt mit der »Gerhard Stoltenberg«, die jedoch die vermisste Inez Schulz bisher nicht orten konnte, die Suche aber fortsetzt. Außerdem wurde bei ihr gerade ein linker Golfschuh, der in der Nähe der Bushaltestelle »Nebel/Mühle« aufgefunden wurde, abgegeben. Und dann steht eine immer länger werdende Schlange von Kurgästen auf der verzweifelten Suche nach einem Zimmer vor ihrem Schalter.

»In den Schulferien? Und dann bei diesem Wetter? Die Leute haben vielleicht Vorstellungen?« Jütte schüttelt den Kopf.

Thies und Nicole suchen die ganze Insel nach ihren Verdächtigen ab, nach Rettmer, dem »Blanken Hans«, nach dem Vogelwart Nils Gerckens und dem kleinen Italiener. Der dunkelblaue Alfa mit dem sizilianischen Kennzeichen steht immer noch auf einem Waldweg wenige Meter hinter einem Zufahrt-verboten-Schild, aber von seinem Fahrer keine Spur. Nis Nissen steht daneben und zuckt mit den Schultern, als Thies und Nicole bei ihm vorbeikommen.

»Zufahrt verboten.« Nissen zeigt auf das Schild. »Und außerdem Halteverbot, oder wie ist dat? Soll ich ihn aufschreiben?«, fragt Nissen verlangsamt.

»Aufschreiben und auf jeden Fall beschatten«, bestimmt Thies knapp. »Keiner verlässt die Insel!«

32

Heute hat die »Kombüse« Labskaus auf der Tageskarte. Auf dem Herd kocht ein Topf mit Roten Beeten. In dem großen Kessel daneben rührt Raik Rettmer gepökeltes Rindfleisch, Corned Beef und Kartoffeln zusammen, die er eben durch den Fleischwolf gedreht hat. Der gräulich-bräunliche Brei blubbert in dem großen, fast bis zum Rand gefüllten Topf vor sich hin. Er selbst mag kein Labskaus. Seine Mutter hatte ihn seit seiner Kindheit damit gequält. Aber die Touristen lieben es, zwischen Schiffslaternen und Fischernetzen diese Pampe in sich hineinzuschaufeln und sich dabei wie Käpt'n Ahab zu fühlen.

Raik fährt mit dem Holzlöffel hektisch durch den Blasen werfenden Brei. Er ist nervös. Irgendwie nimmt ihn das alles mehr mit, als er dachte. Dabei hatten das Arschloch Griepenstroh und auch die arrogante Bankerin es einfach nicht anders verdient. Alles war wie von selbst passiert. Er hatte doch eigentlich gar nichts getan und fühlte sich absolut unschuldig.

Den Beutel mit dem Geld hatte er auf die Schnelle nur provisorisch verstecken können. Nur zu gerne würde er mal nach seinem Schatz sehen, aber Raik kann das Gefühl nicht loswerden, dass alle hinter ihm her sind, der kleinwüchsige Italiener, die Polizei, der dicke Makler. Seinen Dienst in der »Kombüse« konnte er jetzt auch nicht einfach schwänzen. Damit würde er sich erst recht verdächtig machen.

Rettmer ist klar, dass er von der Insel nicht wegkommt, solange er den Amrum-Beutel nicht aus dem Versteck geholt hat. Aber wenn er mal ehrlich ist, will er ja eigentlich auch gar nicht weg. Sein Traum von dem Strandkiosk in den Dünen mit Blick auf den Kniepsand scheint plötzlich wieder ganz real.

Raik sticht mit einem spitzen Messer einzeln in die kochenden Rote-Beete-Knollen, um zu kontrollieren, ob sie gar sind. Aus der Küche hört er, dass die Tür des Restaurants geöffnet wird. Was sind das schon wieder für Idioten? Das Lokal öffnet erst in einer halben Stunde. Wann kapierten diese Flachpfeifen von Touristen das endlich?

Raik ist schon wieder in Rage. Er schiebt die Tür seiner Küchendurchreiche auf, durch die er in den Gastraum sehen kann. Da sieht er ihn wohlgenährt und provozierend unter der Galionsfigur stehen, den »Blanken Hans« Jungius.

»Hab ich mir doch gedacht, dass du hier steckst.« Hans-Rüdiger Jungius streicht sich die pomadigen Haare zurück, wobei ihm beinahe die im Haar steckende Sonnenbrille herausfällt.

Raik hält in der Rechten das Küchenmesser und eine darauf gespießte Rote Beete. »Is noch geschlossen«, ranzt er Jungius an.

Aber Jungius macht nicht den Eindruck, als wolle er für abends einen Tisch bestellen. Sein Gesichtsausdruck verrät, dass ihm ausnahmsweise nicht nach Witzeerzählen zumute ist. Ganz im Gegenteil. Selbst der blasierte Zug um die wulstigen Lippen ist gewichen. Er hat ein gefährliches Lodern in den Augen. Rettmers Hinweis überhört er einfach und stampft direkt in die Küche.

»So geht dat hier aber nich«, protestiert Raik. Mit dem Messer samt aufgespießtem Gemüse deutet er auf die Küchentür. »Nur für Personal!«

Jungius interessiert das wenig und kommt gleich zur Sache. »Du hast etwas, das nicht dir gehört, und das hätte ich gern zurück.« Er baut sich in der kleinen Küche vor Rettmer auf.

»Keine Ahnung, wovon Sie reden«, sagt Rettmer lauernd.

»Freundchen, so wollen wir gar nicht erst anfangen. So konntest du vielleicht mit unserem Fräulein von der Bank umspringen. Aber mir musst du solchen Mist nicht erzählen.« Jungius scheint die kleine Küche vollständig auszufüllen. »Was hast du mit unserem Geld gemacht?«

»Ich weiß von keinem Geld«, beteuert Rettmer. Aber er klingt dabei nicht sehr überzeugend.

»Bevor sie über Bord gegangen ist, hat mir unsere Freundin Inez aber noch erzählt, dass du ihr den Beutel mit dem Geld geklaut hast.«

»Weiß auch nich, wat die da erzählt hat.« Rettmer tritt einen Schritt zurück. Die Rote Beete rutscht dabei vom Messer, fällt herunter, streift kurz sein Möwenschiss-Shirt, wo sie einen zusätzlichen roten Fleck hinterlässt, und kugelt dann über den Küchenboden. Raik hebt die Knolle auf und wirft sie in den Topf zurück.

»Du weißt ganz genau, wovon ich rede«, schnaubt Jungius, dessen Gesichtsfarbe der Roten Beete immer ähnlicher wird.

Rettmer wendet sich betont desinteressiert von ihm ab, legt das Messer beiseite und widmet sich wieder dem Riesentopf mit dem brodelnden Labskaus.

»Verdammte Scheiße, ich rede mit dir«, schnauzt Jungius ihn an. Seine aufgeworfenen Lippen zittern.

»Und ich muss mich hier jetzt um dat Essen kümmern.« Rettmer zieht den großen Löffel durch die wild blubbernde, fast überkochende Pampe.

»Lass doch jetzt mal das Scheiß-Labskaus in Frieden.« Jungius packt Rettmer an seinem Shirt, um ihn zu sich umzudrehen. »Ich hab dich doch auf dem Schiff beobachtet, als Inez dich wegen der Kohle angegangen ist und als du ihr aufs Vorderdeck hinterhergegangen bist, und danach war Inez für immer verschwunden. Ist doch irgendwie seltsam, oder?«

Rettmer sieht ihn mit flackerndem Blick an.

»Los, komm Freundchen, jetzt spuck's aus, wo hast du die Kohle?« Er versucht Rettmer an seinem Hemd zu sich heranzuziehen.

Da spürt Raik plötzlich diese Wut in sich aufsteigen, wie eine riesige heiße Welle, die seinen ganzen Körper durchflutet. »Fass mich nich an!«, schreit er Jungius an.

Er schubst ihn von sich weg. Der behäbige Jungius kommt ins Stolpern, kann sich aber sofort wieder fangen und stürzt sich auf den Hilfskoch. Raik bringt zwar nur halb so viel auf die Waage wie der dicke Makler, aber er ist einfach schneller. In seinem ganzen Körper pulsiert jetzt ein unbändiger Zorn. Als er den Makler auf sich zukommen sieht, weicht er ihm blitzschnell aus. Jungius stürzt an ihm vorbei Richtung Herd. Ein rascher, zusätzlicher Schubser von Raik verleiht dem Ganzen unerwartet mehr Dynamik. Jungius rutscht die Sonnenbrille aus den gegelten Haaren auf die Nase. Mit der einen Hand versucht er noch, die Brille wieder zurückzuschieben. Den anderen Arm reißt er nach vorne, um sich abzustützen, und landet dabei in dem Topf mit den kochenden Roten Beeten. Er schreit auf und zieht panisch seine Hand aus dem Topf. Die ohnehin schon wurstigen Finger wirken noch dicker und knallrot. Sein Hemdsärmel hat sich augenblicklich mit dem roten Saft vollgesaugt. Jungius blickt für einen Moment erschreckt auf den kochend heißen Ärmel und fasst sich mit schmerzverzerrtem Gesicht an den Arm. Anscheinend hatte er das Rot für Blut gehalten. Als er den Irrtum erkennt, brüllt er auf wie ein verletztes Tier und wirbelt wutentbrannt herum. In der Bewegung greift er sich ein Küchenmesser von der Arbeitsfläche und geht auf Rettmer los.

Aber dem wendigen, in unzähligen Kneipenschlägereien kampferprobten Insulaner ist der Hamburger Maklerschnösel hoffnungslos unterlegen. Raiks gesamte Muskulatur ist angespannt. Aufmerksam registriert er jede der plumpen Bewegungen des Angreifers.

Als Jungius erneut auf ihn zuwalzt, packt ihn Rettmer an seinem weiten Hemd und versetzt ihm einen Kopfstoß auf das Nasenbein. Der dicke Makler taumelt und lässt das Messer fallen. Er weiß nicht, wie ihm geschieht. Für einen kurzen Moment steht er mit offenem Mund und erschrecktem Blick da. Er will sich an seine Nase fassen, aber da hat Raik ihn schon am Kragen gepackt. Er zieht ihn zum Herd hinüber, greift ihm in seine pomadigen Haare und drückt sein Gesicht mit aller Kraft in den Topf mit dem kochenden Labskaus.

Jungius versucht verzweifelt, sich aus dem Griff zu befreien. Ganz kurz gelingt es ihm, mit dem Kopf aus dem Topf herauszukommen. Keuchend schnappt er nach Luft. Sein aufgedunsenes rotviolettes Gesicht ist fast vollständig von Labskaus überzogen, wie bei einer kosmetischen Gesichtsmaske. Aber dann drückt Rettmer ihn erneut mit aller Kraft in den heißen Brei. Der Hamburger Makler rudert wild mit den Armen, schlägt unkontrolliert um sich und stößt dabei den Topf mit den Roten Beeten um. Die siedende rotbraune Brühe ergießt sich über den Herd. Die Flüssigkeit zischt auf der heißen Platte. Nicht nur Jungius' Hemd, auch Rettmers Shirt, seine karierte Kochhose und das Geschirrhandtuch, das er sich statt einer Schürze in die Hose gesteckt hat, bekommen Spritzer der heißen roten Suppe ab. Ein gutes Dutzend der Knollen trudelt zu Boden. Rettmer nimmt das gar nicht richtig wahr. Wütend behält er den Kopf des Maklers fest im Griff. Einen Moment lang schlägt Jungius noch mit den Armen um sich. Dann werden die Bewegungen immer müder und schließlich fallen die Arme leblos herunter.

Der Kopf des Maklers steckt jetzt fast vollständig in dem Labskaus. Mit einem letzten Blub taucht die Ray-Ban-Pilotenbrille des Maklers wieder an der Oberfläche der braunbeigen Pampe auf. Dann sackt der

»Blanke Hans« vor dem Herd in sich zusammen und zieht beinahe den ganzen Topf Labskaus mit sich zu Boden. Im letzten Moment kann Rettmer den Kessel gerade noch festhalten. Jungius schlägt mit dem Kopf dumpf auf den gefliesten Küchenboden auf.

»Scheiße«, zischt Rettmer. Er starrt auf den leblosen Körper. Rettmer hat in seiner Schlägerkarriere schon einige zu Boden geschickt. Mancher sah böse aus. Aber bisher sind seine Gegner immer wieder aufgestanden. Mehr erstaunt als erschreckt starrt er den Hamburger Makler an. Das Labskaus läuft an seinem Gesicht herunter. Überall bleiben Placken des bräunlichen Breis kleben, in den Haaren, den Ohren und auf den Augenlidern.

»Das hast du nun davon«, murmelt er, mehr um sich selbst zu beruhigen. Denn jetzt fühlt Raik Rettmer auf einmal Panik in sich aufsteigen. Sein Herz hämmert wie wild gegen den Brustkorb. Was hat er nur gemacht? Der erste Gedanke, der ihm durch den Kopf schießt: Er muss den dicken Makler ganz schnell aus dem Restaurant bekommen.

Rettmer wirft einen nervösen Blick aus dem Fenster des Gastraumes. Am Eingang hinter dem kleinen Vorgarten steht ein Touristenpärchen und studiert die aufgestellte Schiefertafel mit der Aufschrift »Heute Labskaus«. Hektisch schließt Raik die Eingangstür des Restaurants ab. Er hat im Augenblick absolut keine Idee, wo er mit dem toten Jungius hin soll. Auf alle Fälle raus aus dem Lokal! Kurzentschlossen will Rettmer ihn erst mal durch die Hintertür in den kleinen Schuppen hinter dem Parkplatz der »Kombüse« verfrachten.

Nach Feierabend, in der Nacht, würde er sich dann nach einem ruhigen Plätzchen für den »Blanken Hans« umsehen.

Er zerrt den schweren leblosen Körper über den gefliesten Boden in den Gastraum. Er will gerade zur Hintertür, um den Hamburger Makler die paar Schritte zum Schuppen zu schleppen. In dem Moment hört er Stimmen vor dem Eingang, die immer lauter werden. Panisch zieht er den Toten in eine Ecke des Raumes, die durch die Fenster von außen nicht einsehbar ist. Raik hört Klopfen an der Tür. Es ist eine ganze Gruppe.

»Wir haben noch geschlossen«, ruft Rettmer nach draußen.

»Machen Sie doch mal kurz auf, wir wollen einen Tisch bestellen«, ruft einer der Gäste.

»Is im Augenblick schlecht.«

»Kommen Sie, nur eine Reservierung«, ruft eine durch die geschlossene Tür gedämpfte Stimme.

Diese Idioten scheinen sich nicht abwimmeln zu lassen. »Wir sind sowieso ausgebucht«, schreit Rettmer Richtung Tür.

»Sie wissen doch gar nicht, wann wir einen Tisch wollen«, ruft einer der Touristen. Diese Idioten vom Festland werden immer lästiger, denkt Raik. Fluchend und ächzend schleift er den toten Jungius kurzerhand zu der großen antiquarischen Seekiste, auf der üblicherweise die Krabbencocktails abgestellt werden. Fahrig räumt er die Schnapsflaschen und die hölzerne Löffelente, die zur Dekoration auf der Kiste stehen, beiseite.

»Moment«, schreit er nach draußen. Er öffnet den Deckel der großen Holzkiste und wuchtet den schweren toten Körper in die Kiste. Beim ersten Versuch rutscht ihm der Makler aus den Händen, aber dann kann er ihn über den Rand hieven. Schon rumst der »Blanke Hans« polternd in die maritime Antiquität.

Die alte Seekiste ist Raik Rettmers letzte Rettung. Vor der »Kombüse« warten bereits etliche Gäste und auch Wirt Jan und Barfrau Elke treffen ein. Den toten Jungius hätte er jetzt unmöglich noch aus dem Lokal bekommen.

Als der Restaurantbetrieb wenig später in vollem Gang ist, sieht er immer wieder nervös durch die Küchenluke in den Gastraum, wo auf der Seekiste Tabletts mit Krabbencocktails abgestellt werden. Als er die ersten Portionen Labskaus mit Spiegelei, Hering und Roten Beeten aus seiner Küchenluke herausgibt, bekommt er ein mulmiges Gefühl im Magen.

33

Mit der Ruhe ist es bei diesem grandiosen Wetter erst mal wieder vorbei. Die Leute wandern um die Odde. Beim Picknick an der Nordspitze zeigen sie zum Sylter Leuchtturm hinüber und reißen die Absperrungen der Brutgebiete ein. Ganze Heerscharen wandern durchs Watt nach Föhr.

Nils Gerckens kann sich bei seiner vogelkundlichen Führung vor Teilnehmern kaum retten. Aber die Vogelfreunde sind ja noch die netteren Touristen, das muss sogar Nils zugeben.

Als er vorhin eine Gruppe durch seine Vogelwarte geführt hatte und seine Käfige, mit denen er verletzte Vögel transportierte, zeigte, war irgendetwas anders. Die Kästen standen nicht mehr genau an ihrem Platz. In einem der Käfige lag etwas, was dort vorher nicht gelegen hatte. Ein Paket oder ein Beutel? Und er war sich ziemlich sicher, dass dies der Vogelkäfig war, in dem er zwischen Stroh seine Geheimwaffe, die angerostete Handgranate aus dem Zweiten Weltkrieg, versteckte. Nils fand das höchst seltsam. Aber während seiner Führung, im Beisein von vierzig Vogelfreunden, hatte er das natürlich nicht näher untersuchen können.

Als Nils jetzt nach dem Ende seiner Tour allein zu seinem Vogelwarthäuschen zurückläuft, sieht er schon von Weitem einen ganzen Schwarm Krähen über dem Haus kreisen.

»Scheiß Krähen«, denkt Gerckens. Aber sein Gewehr hat er jetzt natürlich nicht dabei. Er klatscht in die Hände und wedelt mit den Armen, die Vögel beeindruckt das wenig. Als er näher kommt, sieht er zwei Krähen auf einem der Käfige herumflattern. Er zückt sein Fernglas. Eine der beiden hüpft in das Innere. Der Kasten ist offen. Von Weitem kann Gerckens beobachten, wie der Vogel in dem Käfig umherhüpft. Er scheint mit seinem Schnabel auf den Beutel einzupicken. Dann zieht er plötzlich einen metallenen Ring aus dem Stroh. Gebannt beobachtet Gerckens durch das Fernglas die Krähen vor seinem Schuppen. Was machen diese blöden Viecher da, um Himmels willen?

Die Familie, die auf zwei Tandems in der Nähe seines Häuschens laut juchzend entlangradelt, bemerkt Nils zunächst gar nicht. Der Junge auf dem Sitz hinter seinem Vater zeigt auf die lärmenden Vögel.

»Wie in dem Film vorgestern«, ruft er seiner Schwester auf dem anderen Rad zu.

Jetzt hat auch Gerckens die Radler bemerkt. Aber er stiert weiter wie gebannt durch sein Fernglas auf die Vögel.

Gerade ist die zweite Krähe der anderen zur Hilfe gekommen und beide ziehen mit vereinten Kräften an dem ringförmigen Zünder der alten Handgranate. Nils weiß nicht, ob die Granate noch scharf ist. Aber er muss damit rechnen, dass das Ding jeden Augenblick hochgehen kann. Panisch wedelt er mit den Armen und klatscht in die Hände. Er ruft. Vergebens.

Die beiden Krähen sind so in ihre Tätigkeit vertieft, dass sie überhaupt nicht reagieren.

Dafür winken die beiden Kinder auf den Tandems dem Vogelwart eifrig zurück. Eines der Räder kommt dabei etwas ins Schlingern. Mutter und Tochter kommen aus dem Tritt und müssen anhalten. Da stoppt auch das Tandem mit Vater und Sohn – genau auf Höhe des Vogelwarthauses. Nils Gerckens versucht, sie mit hektischen Armbewegungen zum schnellen Weiterfahren zu bewegen. Die Kinder und dann auch die beiden Eltern winken fröhlich zurück.

»Weiter! Weg da!«, schreit er zu ihnen hinüber. Die Mutter zuckt mit den Schultern, der Vater blickt erstaunt zu dem aufgeregten Vogelwart.

Inzwischen hacken mehrere Vögel auf den Stoffbeutel ein, als wäre er eine Beute. Die erste Krähe hat die alte Granate halb aus dem Vogelkasten herausgezogen und hält das eiförmige rostige Ding mit seiner Kralle umklammert. Der andere Vogel hat sich mit seinem Schnabel in dem Ring verhakt und zerrt wild daran herum.

Beide Tandems liegen mittlerweile am Wegrand im Gras. Der Vater zückt eine Kamera. Das kleine Mädchen winkt Nils weiter vergnügt zu.

34

Den ersten richtigen Sommertag hat Heike Detlefsen statt im Wellnessbereich des »Pidder Lyng« ausnahmsweise am Strand verbracht. Aber abends will sie unbedingt wieder ins Kino.

»Thies, ich sach dir, dat is viel spannender als diese blöden Krimis im Fernsehen. Ich werd noch richtig zum Hitchcock-Fan. Gestern gab's den perfekten Mord, na ja fast. Der Film spielte nur in einem Zimmer und da lag die ganze Zeit über 'n Toter in so 'ner Holztruhe und darauf haben sie dann Cocktails serviert. Ich sach dir, Thies, gru-u-uselig!«

»Ach, Heike, dat is Kino. Unsere Mordfälle in der Realität sehen anders aus. Außerdem, ich versteh dat nich, bei dem herrlichen Wetter, da gibt dat Sonnenuntergang am Strand.«

»Ach was.« Sie sieht ihn provozierend an. »Dat sagt ja genau der Richtige!«

Thies fasst sich verlegen in seinen Frontspoiler.

»Und heute Abend will ja sogar auch deine Kommissarin ins Kino mitkommen. Dat soll einer der besten von Hitchcock sein. Da geht es um einen Mann, der Höhenangst hat, genauso wie du, und der soll dann jemand anderem hinterher, auf'n Kirchturm hoch.«

»Nee, Heike, dat is nix für mich!« Schon bei dem Wort »Turm« bekommt Thies augenblicklich seinen

Kuhblick. »Ich hab sowieso noch 'ne Befragung in diesem Restaurant zu machen.«

»Thies, merkst du eigentlich gar nich, wie diese Nicole dich ausnutzt? Während du arbeitest, sitzt sie am Strand und holt sich 'n Sonnenbrand.«

»Woher willst du dat denn wissen?«

»Ist bei ihrer großen Nase ja nich zu übersehen.«

Die »Gerhard Stoltenberg« hatte die Suche nach Inez Schulz gerade aufgegeben, da meldete sich ein Krabbenfischer per Funk von Bord seines Kutters. Zwischen den Krabben, Schollen und Seezungen hatte er den zerfetzten Ärmel einer goldfarbenen Steppjacke inklusive menschlichem Unterarm im Netz. Nicole hatte sofort die Spurensicherung benachrichtigt. Und dann mussten sie unbedingt noch mal Hans-Rüdiger Jungius vernehmen. Sie trafen dessen Frau Bernadette samt den Söhnen Ernst und Askan zwar im »Pidder Lyng« an, aber die wussten auch nicht recht, wo das Familienoberhaupt abgeblieben war.

Mittlerweile war klar, dass Jungius, Bauunternehmer Pohlmann und Bankerin Inez Schulz vom Tod Griepenstrohs profitiert hatten. Die drei hatten ja offenbar zusammengelegt, damit der Touristikchef seine Beziehungen zu seinem alten Freund bei der zuständigen Baubehörde, die für die Prüfung des Projektes Friesenpark zuständig ist, spielen lassen würde. Nicht nur, dass sie ihm die günstige Wohnung reservierten, sie trieben auch das Geld für Griepenstroh auf. Der Vertragsentwurf beim Notar war hinfällig. Aber das Geld musste noch irgendwo auf der Insel umherschwirren.

Die Pinnwand auf der Tapete in Nicoles provisorischem Büro im Haus des Gastes musste laufend umdekoriert werden. Heute Nachmittag hatte die Kommissarin den Zettel »Inez Schulz« von den Verdächtigen zu den Mordopfern umgesteckt.

»Der Makler Hans-Rüdiger Jungius ist als Einziger übrig geblieben.« Nicole hatte sich eine Benson&Hedges angezündet und eine kühlende Creme auf die rot leuchtende Nase getupft.

»Der dicke Makler? Als Einziger?« Thies war noch nicht ganz überzeugt.

»Theoretisch könnte Inez Schulz erst Griepenstroh vergiftet haben, um sich das Geld zurückzuholen, und dann hat Jungius die Bankerin über Bord geschubst, um an diesen ominösen Beutel mit dem Leuchtturm heranzukommen.«

Die Kommissarin pustet den inhalierten Rauch aus dem offenen Fenster. »Vielleicht haben sie auch zusammen dem Kurdirektor das Fischgift ins Essen geschüttet. Es ist auch egal. Jetzt bleibt uns nur noch der Makler Jungius. Wenn der mal nicht auch seinen verschollenen Golfkameraden auf dem Gewissen hat.«

»Nicole, wat is mit Happy Puttkammer und mit dem Vogelwart? Und der Koch aus der ›Kombüse‹?« Thies redet sich in Rage. »Vor allem, wat is mit dem Typen von der Mafia?«

»Wo ist das Motiv, Thies?« Nicole schnieft und betastet vorsichtig die verbrannte Nase.

»Motiv? Na ja. Dafür aber reichlich ›Mittel und Gelegenheit‹«, zitiert Thies aus »Vernehmungstechniken I«. »Und dat fehlt mir bei dem dicken Makler. Wie soll er Griepenstroh dat Gift denn verabreicht haben?«

»Der hat sich aus seinem Stammlokal so ein Petermännchen mitgeben lassen oder so …«

»Oder so?«, fragt Thies.

»Das könntest du den Wirt der ›Kombüse‹ heute Abend noch mal fragen.«

»Oder auch diesen Raik Rettmer.«

»Würd'st das machen, Thies? Morgen früh erreichen wir da niemanden, außerdem müssen wir uns als Erstes sowieso Jungius vornehmen.«

»Ich hab den in unserer Ferienanlage ja im Blick.«

»Mit der Befragung warte aber bitte auf mich.« Nicole sieht Thies streng an.

»Jaja, is schon klar.« Thies guckt leicht beleidigt.

»Heute Abend passiert sowieso nichts mehr. Ich geh erst mal mit deiner Frau ins Kino. Dann hast du mal einen Abend Zeit für deine Mädchen. Ist für die Stimmung bei euch in der Familie vielleicht gar nicht schlecht.«

Eigentlich ist Thies ja strikt dagegen, Berufliches mit Privatem zu vermischen. Aber jetzt hat er die Zwillinge ausnahmsweise mal zu seiner Befragung in die »Kombüse« mitgenommen. Ist ja vielleicht gar nicht verkehrt, dass die beiden mal einen Einblick in den Beruf ihres Vaters bekommen, denkt Thies, zumal sie neuerdings in seine Fußstapfen treten wollen. So haben Tadje und Telje selbstverständlich Handschellen und Erbsenpistole dabei.

Das Restaurant ist wieder bis auf den letzten Platz

besetzt. Wirt Jan ist wenig begeistert, dass Thies hier zur Hauptessenszeit in Polizeijacke aufkreuzt und Fragen stellt.

»Dat is jetzt schlecht, siehst ja, wat hier los is. Müsst ihr 'n Augenblick Geduld haben, in der Küche geht grad 'n Schwung Labskaus raus, danach vielleicht.« Er weist ihnen einen Platz auf einer kleinen Bank zu, die sonst nur als Ablage dient.

Auf der großen Seekiste daneben stellt Barfrau Elke gerade ein Tablett mit Krabbencocktails ab. Die Gäste am Tisch unter dem Dreimaster vor Sansibar blicken erwartungsfroh. Belustigt sehen sie zu Thies und den Zwillingen.

»Na, seid ihr die Assistenten von eurem Vater?«, fragt eine Frau in einer Bluse mit kleinen Kompassen drauf freundlich.

»Unser Papa und Tante Nicole müssen drei Morde aufklären«, erklärt Telje wichtig und klimpert dabei mit den Handschellen, die sie lässig am Gürtel hängen hat.

»Das ist ja allerhand«, sagt die Frau mit gespieltem Staunen. Thies lächelt verlegen. Dann werden die Krabbencocktails serviert.

Telje blickt mit großen Augen fasziniert auf den großen runden Holzbusen der Galionsfigur, die in den Raum hineinragt. Tadje hippelt derweil auf der engen Bank herum. Interessiert verfolgt sie das Servieren der Krabbencocktails. Und dann entdeckt sie plötzlich einen kleinen rosaroten Stofffetzen, der aus der alten Seekiste heraushängt. Vorsichtig zieht sie daran.

»Tadje! Lass das!«, ermahnt Thies seine Tochter.

Doch da hat Tadje schon mehr Stoff aus der Kiste gezogen.

»Guck mal, Papa, das ist ja ganz rot!«

»Tadje!«, tadelt Thies, starrt aber gebannt auf den rot durchtränkten Stoff.

»Papa, das ist Blut«, analysiert die aufgewecktere Telje. »Dat is bestimmt eine wichtige Spur.« Sie kramt in ihrer Tasche nach Vergrößerungsglas und Pinsel zum Sichern von Fingerabdrücken.

Ihre Schwester zerrt eifrig weiter an dem Stoffstück. Es sieht aus wie die Knopfleiste eines Hemdes. An der unteren Kante ist ein Golfspieler eingestickt. Thies fixiert konsterniert den roten Stoff.

»Tadje, lass mich mal machen!« Doch seine Tochter lässt nicht locker.

»Tadje!«, wird Thies lauter. Die Leute am Kapitänstisch sehen kurz auf, aber dann widmen sie sich gleich wieder ihrem Krabbencocktail. Thies schiebt seine Tochter zur Seite. Ohne zu zögern nimmt er die Schnapsflaschen und die antiquarische Löffelente von der Seekiste und hebt vorsichtig den Deckel an. Er zögert kurz, dann klappt er den schweren Holzdeckel der Truhe mit Schwung ganz auf und lässt ihn gegen die Wand fallen.

Thies starrt in die Kiste und bekommt augenblicklich seinen Kuhblick.

Auch Telje und Tadje stehen mit offenem Mund vor der großen Seekiste. Telje hat als Erste ihre Sprache wiedergefunden.

»Dat is ja der Papa von Ernst und Askan!«

»Nee, nä.« Mehr bekommt Thies im Augenblick

nicht raus. Er hat ja in den letzten Monaten schon mehrere Tote gesehen, aber ein solch groteskes Bild hat sich ihm noch nicht geboten. Der Mann liegt seltsam verrenkt in der Kiste, große Flächen seines einstmals rosa Hemdes sind rot durchtränkt, und auf seinem Gesicht klebt eine graubraune Paste. Wie bei Heike, wenn sie in Fredenbüll im »Salon Alexandra« zur Kosmetik ist, schießt es Thies durch den Kopf.

»Um Gottes willen… Nein!«, schreit die Frau in der Kompassbluse. Die anderen Gäste am Kapitänstisch drehen sich um oder recken die Hälse.

Die Gespräche an den anderen Tischen sind schlagartig verstummt.

»Der wohnt bei uns in der Pension ›Pidder Lyng‹«, erklärt Telje den umstehenden Restaurantgästen mit wichtigem Blick.

»Lassen Sie doch meinen Mann mal durch!«, ruft eine Frau mit sich überschlagender Stimme. »Mein Mann ist A-r-z-t.« Bei dem Wort Arzt betont sie jeden einzelnen Buchstaben.

»Dat is nur noch ’n Patient für unsern Gerichtsmediziner«, gibt Thies knapp zurück. Er hat bereits sein Handy gezückt. Sowohl bei Nicole als auch bei der »Mord Zwei« in Kiel springt nur die Mailbox an und bei Knut Boyksen geht gleich gar keiner ran. Das ist nicht gut! Thies wird unruhig.

Der Frau in der Kompassbluse weicht von oben nach unten die Urlaubsbräune aus dem Gesicht, wie Flüssigkeit, die aus einem Behälter herausläuft. Mit leicht verdrehten Augen kippt sie Richtung »Dreimaster vor Sansibar«, einer der Männer kann sie rechtzeitig auffangen.

»Ist das Blut?«, fragt ein Mann vom Kapitänstisch.

»Nee, dat sieht mir nach Rote Beete aus«, bemerkt »Kombüsen«-Wirt Jan, der sich gemeinsam mit Barfrau Elke einen Weg durch die Schaulustigen gebahnt hat, knapp.

»Was ist denn bloß mit seinem Gesicht passiert?«, fragt die Arztgattin.

»Dat is Labkaus. Hab'n wir heute auf der Tageskarte.«

»Und wie kommt dat ins Gesicht des Herren dort?«, stellt Thies die entscheidende Frage. »Und wie kommt er vor allem hier in die Kiste?«

Wirt Jan blickt in Richtung Küche. »Labskaus muss ich mich nicht drum kümmern. Dat macht …«

Im selben Moment hört man die Hintertür des Lokals knallen. Rettmer!, schießt es Thies durch den Kopf.

Durch das Fenster sieht er Raik Rettmer, der im Fahrradständer auf dem Restaurantparkplatz hektisch nach einem nicht angeschlossenen Rad sucht.

»Der will weg!« Thies zeigt nach draußen. Er sieht, wie Rettmer sich auf ein Leihfahrrad eines Restaurantgastes schwingt und auf dem Sandweg Richtung Kirche verschwindet. Jetzt muss Thies schnell handeln. Er muss sich sofort entscheiden. Er kann schließlich nicht alles gleichzeitig machen, den Tatort sichern und die Verfolgung des Mordverdächtigen übernehmen. Denn dass Rettmer den dicken Makler auf dem Gewissen hat, ist für Thies auf einmal sonnenklar. Dumm, dass er jetzt nicht mal eine Dienstwaffe dabeihat, keine Handschellen… nichts.

»Telje, Tadje, ihr bleibt hier sitzen…« Er wendet sich an Wirt Jan. »Geht das, kann ich die beiden solange hierlassen?« Der Wirt sagt gar nichts. »Ihr bleibt hier schön sitzen und fasst nichts an. Habt ihr dat verstanden?«

Die Zwillinge nicken und nehmen ungewöhnlich artig auf der engen Bank neben dem toten Makler in seiner Kiste Platz.

»Dat gilt auch für Sie alle«, wendet sich Thies an die umstehenden Restaurantgäste. »Nix anfassen! Tatort sichern is jetzt keine Zeit.« Er schließt den Deckel der Seekiste mit dem Toten darin, greift sich kurzerhand ein »Reserviert«-Schild vom Nebentisch und stellt es auf die Holztruhe.

»Versuch's bitte auch noch mal bei Knut Boyksen und bei Nis Nissen«, bittet er Wirt Jan. »… nee, vergiss es!«

Thies will gerade zum Ausgang stürzen, dann macht er noch mal kehrt und flüstert: »Telje, gib mir vorsichtshalber mal deine Handschellen mit.«

35

Auch Thies ist heute Abend mit dem Rad unterwegs. Er schnappt sich seinen Fahrrad-Oldtimer und steigt voll in die Pedale. Das Hinterrad dreht auf dem Sand knirschend durch. Er gibt Vollgas und schlittert, ohne sein Tempo zu drosseln, auf den Sandweg, über den Rettmer eben geflüchtet ist. Als er auf den Uasterstigh, die Hauptstraße durch den Nebeler Ortskern, einbiegt, ist von Rettmer nichts mehr zu sehen, nur jede Menge Urlauber, die fein gemacht nach dem Essen zwischen den historischen Friesenhäusern flanieren. Thies versucht verzweifelt, den flüchtigen Hilfskoch zu entdecken. Aber von Raik Rettmer keine Spur.

»Habt ihr hier einen langfahren sehen? Auf'm Rad?«, ruft Thies einem Paar zu.

»Radfahrer? Hier ist eben 'ne ganze Gruppe durch. Hier lang.« Der Mann zeigt Richtung Norden.

»Nee, so einer in der karierten Kochhose!«, ruft Thies ungeduldig.

»Ach so, ja, der ist in dieselbe Richtung«, weiß die Frau. »Der hatte das mächtig eilig.«

Thies fährt sofort weiter und strampelt auf dem schmalen asphaltierten Weg aus dem Ort heraus über die Wiesen Richtung Norddorf. Hinter Wald und Dünengürtel lässt sich noch der Sonnenuntergang über dem Meer erahnen. Der rotorange Horizont geht unmerklich in Rosa und Violett über, das zum Himmel hin langsam dunkler wird. Die ersten Sterne sind schon zu sehen. Aus dem Abendrot heraus blinkt der Sylter Leuchtturm herüber.

Thies hetzt die kleine Steigung über die Wiesen hinauf und überholt die Radlergruppe. Er hat jetzt einen Rundumblick über die ganze Landschaft, doch Raik Rettmer ist wie vom Erdboden verschluckt.

Dann entdeckt er ihn plötzlich auf seinem Rad mitten unter den Teilnehmern eines heimatkundlichen Abendspaziergangs auf dem parallel führenden Sandweg am Watt, der an dem ehemaligen Teehaus vorbei zur Odde hinaufführt. Thies hat Rettmer aus der Entfernung jetzt immer im Blick. Wo will der bloß hin?, fragt sich Thies. Hier oben ist die Insel zu Ende und übers Watt wird er ja wohl jetzt bei auflaufendem Wasser nicht wollen.

Dann ist Rettmer plötzlich hinter einem Deich verschwunden. Thies kommt eine Familie auf zwei Tandems entgegen. Ein Stück weiter sieht er den Vogelwart mit seinem Fernglas in der Landschaft stehen. Thies radelt auf ihn zu, in dem Moment gibt es einen gewaltigen Knall, gefolgt von einem Echo, das unheimlich durch die Abendstimmung hallt. Gleichzeitig scheint die ganze Landschaft von einem dumpfen Stoß erschüttert.

Was war das, verdammt noch mal? Es sieht aus, als sei das gesamte Vogelwarthaus in die Luft geflogen. Holz und Plastikteile, Drahtgeflechte, Sand, Vogelfedern und unendlich viele Papierschnipsel werden wie mit einer Konfettimaschine in den Abendhimmel katapultiert. Dutzende Krähen fliegen schreiend auf. In diesem Moment gibt es eine zweite, nicht ganz so laute Explosion und eine Stichflamme schießt aus einem der Vogelkästen.

»Verdammte Scheiße«, schreit der Vogelwart, neben dem Thies gerade sein Fahrrad abbremst. »Scheißkrähen«, schimpft Gerckens.

»Wat is da los?« Thies begreift das alles nicht. »Dat war doch 'ne Bombe, oder?«, fragt er Gerckens. Der Vogelwart reagiert nicht. Völlig reglos starrt er auf die Rauchsäule, die sich vor dem leuchtenden Himmel abzeichnet.

»Wer hat die gezündet?«, will Thies wissen.

»Die Krähen«, nuschelt Gerckens in seinen Bart.

»Krähen? Wat?«

»Ja, haben sich selbst in die Luft gejagt.« Nils Gerckens schüttelt den Kopf. »Dabei sollen die doch so intelligent sein.«

Vor dem Schuppen stehen zwei oder drei Vogelkisten in Flammen, im Holzschuppen klafft ein beachtliches Loch, aber das Vogelwarthaus scheint unbeschädigt.

Nils Gerckens ist plötzlich aus seiner Schockstarre erwacht und rennt durch die Dünen zu seinem Haus.

Ein paar Möwen ziehen lachend über Thies hinweg. Eine der Möwen hat ein violettes Papier im Schnabel. Was ist das eigentlich für Papier, das hier durch die Luft fliegt? Irgendwelche alten Flugblätter von dem Ökoaktivisten? Eigentlich erinnert es eher an Geldscheine. Aber violett? Thies überlegt. Er will gerade

Gerckens folgen, als er plötzlich Raik Rettmer auf dem Weg am Kinderheim vorbei Richtung Süden davonjagen sieht.

Augenblicklich schwingt sich Thies wieder auf sein Fahrrad und rast Rettmer hinterher. Er muss mächtig in die Pedale treten. Aber der Abstand verringert sich kaum. Rettmer ist offenbar in guter Kondition.

Die Vogelkoje im Wald, die prähistorischen Fundstellen, die alten Grabsteine auf dem Nebeler Friedhof fliegen an Thies vorüber. Es ist, als wolle Rettmer auf einer abendlichen Inselrundfahrt alle Sehenswürdigkeiten mit ihm abklappern. Da war gerade das zerschossene Fahrradverbotsschild zu sehen. Wo will Rettmer hin? Eigentlich kann er auf der kleinen Insel nicht entkommen. Aber sicher gibt es irgendwelche Verstecke, die Thies nicht kennt.

Rettmer dreht sich immer wieder nach ihm um, er hat seinen Verfolger also entdeckt.

Thies ist schon völlig außer Atem. Es ist immer noch nicht richtig dunkel. Hinter den Dünen leuchtet es rötlich. Aber die Lichter der verschiedenen Leuchttürme sind jetzt schon deutlich zu sehen. Der Wittdüner Leuchtturm, dem Rettmer und Thies entgegenstrampeln, lässt seinen Lichtkegel majestätisch über die ganze Insel kreisen.

Auf der parallel führenden Hauptstraße kommt ihnen ein Feuerwehrwagen mit Blaulicht entgegen. Und dann sieht Thies Aldos blaue Alfetta mal wieder mit deutlich überhöhter Geschwindigkeit die Inselstraße entlangrasen. Will der noch die letzte Fähre erreichen, fragt sich Thies, und vor allem, wo bitte ist eigentlich Nis Nissen, dieser Idiot? Verdammt noch mal, muss er denn hier alles alleine machen?

Vom Zeltplatz klingt das vertraute Trommeln herüber. Bum-bum-takata-bum-bum. Vor dem Leuchtturm pilgern Oberschamane Odin alias Jörg-Peter und einige seiner Jünger trommelnd Richtung FKK-Zeltplatz. Als erst Raik Rettmer und dann Thies keuchend an ihnen vorbeihetzen, schicken sie ihnen ein freundliches »Seid gegrüßt, liebe Menschen!« hinterher.

Thies ist dem Amrumer Hilfskoch jetzt dicht auf den Fersen. Rettmer sieht sich nervös immer wieder nach ihm um, fährt dann die Auffahrt zum Leuchtturm entlang, wirft das Leihfahrrad in eine wilde Rosenhecke und stürmt die Treppe hinauf zum Eingang des Turms.

Thies schwant Böses. Im Kino ist er um die schwindelerregende Turmkletterei herumgekommen. Dafür soll er jetzt im echten Leben auf diesen Leuchtturm einem Mörder hinterherklettern? Schon bei dem Gedanken an die enge dunkle Wendeltreppe dreht sich alles vor seinen Augen. Was hat Rettmer eigentlich vor? Dieser Turm ist für ihn doch eine Falle. Thies könnte ihm ja ganz gemütlich hinterhersteigen und ihn oben verhaften. Plötzlich kommt Thies ein beunruhigender Gedanke. Er blickt die rot-weißen Streifen des Turmes hinauf und bekommt augenblicklich weiche Knie.

»Verdammte Türme«, schimpft Thies mehr zu sich selbst. Da löst sich ein Schatten aus dem Dunkel. Thies erschreckt sich fast zu Tode. Es ist einer der Schamanen, der Typ mit dem geflochtenen Bart, der neulich noch mit einem Baum geredet hatte und heute Abend ausnahmsweise eine Turnhose trägt.

»Der Turm ist dein Freund«, behauptet er jetzt und lächelt Thies an.

»Davon hab ich noch nichts gemerkt«, brummt Thies. »Ja, wat denn, noch nix von Höhenangst gehört?«

»Es gibt nichts Festes«, verkündet der Zopfbartmann. »Deine Energien und Schwingungen tragen dich von selbst auf den Turm hinauf.« Thies winkt ab und nähert sich zögernd den Stufen.

Dann hält er inne und fummelt das Handy aus der Polizeijacke. Diesmal ist Nicole sofort dran.

»Rettmer hat den Makler ermordet«, hechelt Thies in sein Handy. »Lag in so 'ner Kiste in der ›Kombüse‹… «

»Tatwaffe? Ja, vermutlich Labskaus! Täter is flüchtig. Aber ich bin an ihm dran. Jetzt ist er grade hier den Leuchtturm hoch… Wie? Wat heißt hier, genau wie im Kino… Nicole, Kino is vorbei, wir hab'n hier 'n neuen Mordfall! Und ich brauch dringend Hilfe!«

Empört steckt Thies das Handy wieder ein und atmet tief durch. Dann betritt er zögernd den Leuchtturm. Mit starrem Blick auf den Boden erklimmt er die ersten Treppenstufen nach oben. Weit über sich hört er die Schritte von Rettmer, der inzwischen die Metallstiege in der Turmspitze erreicht hat.

»Rettmer, dat bringt doch nichts. Komm da wieder runter«, ruft Thies den Turm hinauf. Thies stolpert im Dunkeln die steinerne Wendeltreppe weiter hinauf.

Auf dem nächsten Absatz hält er kurz inne. Ihm ist schwindelig. Alles dreht sich. Thies klammert sich mit beiden Händen an das Geländer. Der ganze Turm scheint plötzlich zu schwanken. Von oben hallen Rettmers Schritte durch das Innere des Turms.

»Verdammt, komm da runter.« Thies' Stimme klingt deutlich kleinlauter. Er schnappt nach Luft und bleibt wieder stehen. Warum wartet er nicht einfach unten auf Rettmer? Irgendwann muss der ja mal wieder runtersteigen von dem Turm und dann könnt er ihn einfach so verhaften. Aber irgendwie geht das Thies gegen seine Ehre. Er wird doch wohl noch diesen lächerlichen Turm hochkommen? Er nimmt all seinen Mut zusammen und kämpft sich Stufe für Stufe die dunkle Wendeltreppe hinauf. Auf der steilen Stahlstiege zum Aussichtsbalkon drohen ihm die Beine zu versagen. Er hat Probleme mit dem Gleichgewicht. Er muss sich auf jeden seiner Schritte konzentrieren, damit er nicht stolpert. Dabei geht sein Blick unweigerlich nach unten in den Treppenschacht. Die ganze Treppenkonstruktion scheint sich zu drehen. Thies schwankt. Er hat kurzzeitig Angst, ohnmächtig zu werden, aber er schafft es schließlich.

Als er schwer atmend die Galerie des Leuchtturms betritt, blendet ihn das durch die gewaltigen Prismen gebrochene Licht. Thies wirft einen kurzen Blick über die bläulich leuchtenden Dünen zum Meer, über dem im Westen unter dem Abendstern ein letztes rötliches Schimmern liegt. Eigentlich ganz schön, denkt er sich. Aber nur nicht nach unten sehen! Er konzentriert sich jetzt ganz auf den Umlauf und tastet sich, eng an die

Turmwand gepresst, Schritt für Schritt um den Turm herum. Rettmer kann er zunächst nirgends entdecken. Seltsam, wo sollte er sich hier oben verstecken?

Plötzlich sieht Thies dann doch nach unten. Keine gute Idee! Augenblicklich wird ihm wieder schwindelig und er schwitzt wie an einem Hochsommertag am Strand. Doch der kurze Blick hat genügt, um die kleine Ansammlung von Zuschauern zu erkennen, die sich unten am Turm zusammengefunden hat. Nicole ist endlich da, zusammen mit Heike, und ein paar Schamanen vom Zeltplatz haben sich auch dazugesellt. Alle haben ihren Blick angestrengt nach oben gerichtet.

»Achtung, Thies!«, ruft ihm die Kommissarin, die ihr Handy am Ohr hat, gerade zu. »Er will springen.« Sie zeigt zur Seite, um Thies zu signalisieren, wo Rettmer steht. »Ich versuch schon, die Feuerwehr hierherzukriegen. Aber die ist bereits im Einsatz, Brand im Vogelwarthaus.«

»Ich weiß«, ruft Thies zurück und kämpft verzweifelt gegen das Gefühl an, gleich hinunterzustürzen.

»Th-i-e-s!«, schreit Heike.

Thies stiert krampfhaft auf den Boden des Balkons und geht vorsichtig ein paar Schritte weiter in die Richtung, wo Raik Rettmer stehen soll.

Rettmer ist bereits über das Geländer geklettert und steht auf der äußersten Kante der Plattform. Die Prismen werfen alle acht Sekunden ihr gleißendes Licht über ihn hinweg. Thies macht das rotierende Licht ganz verrückt. Jetzt scheint sich auch der Boden unter ihm zu drehen, wie in einem dieser idiotischen Drehrestaurants. Er drückt sich mit dem Rücken an die

Wand des Leuchtturms. So eine Situation wurde in »Vernehmungstechniken I« leider nie berücksichtigt.

»Mach keinen Scheiß, Rettmer«, schreit Thies dem Mann jenseits des Geländers zu. »Dat bringt doch alles nichts.«

Bei den Zuschauern unten geht ein Raunen durch die Reihen. »Ich spüre schlechte Energien«, murmelt ein Schamane.

»Mensch, Thies, sei bloß vorsichtig!«, ruft Heike mit besorgtem Blick nach oben.

Angesichts der Menschenmenge wird Rettmer auf seinem Posten unruhig. Er hat beide Hände hinter sich um das Stahlgeländer geklammert. »Ich bin fertig mit euch, ihr Arschlöcher«, schimpft er. »Ihr habt mir mein Haus geklaut und jetzt ist auch noch die ganze Kohle in die Luft geflogen. Ich mach dat nich mehr mit.«

»Da krieg man nichts durcheinander, wir hab'n dir gar nichts geklaut«, geht Thies dazwischen. »Das waren, wenn überhaupt, andere.« Er überlegt einen Moment. »Und die reiben sich doch die Hände, wenn du hier runterspringst.«

Rettmer hangelt sich außen am Geländer etwas weiter. »Die machen sich hier alle breit auf der Insel. Kaufen alles auf. Und ich darf euch dann den Rasen mähen. Wie gnädig von den Herrschaften!« Er rutscht mit einem Fuß von der Kante ab und ein Aufschrei geht durch die Zuschauer. »In Zukunft könnt ihr Arschlöcher euern Rasen selbst mähen!« Rettmer hat sich in Rage geredet.

»Mensch, Rettmer!« Thies weiß nicht recht, was er

sagen soll. Als Polizeiobermeister von Fredenbüll ist er auf eine solche Situation einfach nicht vorbereitet. »Lass uns schnacken.«

»Auf einmal habt ihr alles wat mit mir zu beschnacken. Dat hättet ihr euch mal früher überlegen sollen.«

Thies weiß, dass er Rettmer jetzt irgendwie beschäftigen muss. Vielleicht kommt die Feuerwehr bald, mit einem Sprungtuch. Aber macht ein Sprungtuch bei einem so hohen Turm überhaupt Sinn? Er hat keine Ahnung und vor allem weiß er nicht, was er reden soll. Thies ist eben kein großer Schnacker.

»Hören Sie auf den Kollegen Detlefsen«, ruft Nicole Stappenbek von unten herauf.

»Komm, Rettmer… ich weiß, sieht im Augenblick nich gut aus für dich … Aber dat Leben geht irgendwie weiter.« Thies merkt selbst, dass er sich um Kopf und Kragen redet.

Plötzlich reckt Raik Rettmer eine Faust nach oben und ruft in den Nachthimmel hinein:

»Frii es de Feskfang,
frii es de Jagdt,
frii es de Strönthgang,
frii es de Naght.«

Oha, denkt sich Thies, dass Rettmer plötzlich Gedichte aufsagt, hält er für kein gutes Zeichen.

Auch Nicole hat die schlimmsten Befürchtungen. Sie spricht zwar kein Nordfriesisch, aber »Frei ist der Fischfang, frei ist die Jagd, frei ist der Strandgang, frei ist die Nacht« kann sie sich zusammenreimen. Der Mann wird sich doch jetzt nicht wie dieser friesische Freiheitskämpfer Pidder Lyng opfern wollen?

»Bitte seien Sie vernünftig und kommen Sie zusammen mit Kollege Detlefsen herunter!«, schreit sie nach oben.

»Mensch, Rettmer, die Kommissarin hat recht, hör auf sie!« Thies wird das hier langsam alles zu viel.

»Lewwer duad üs Slaav!«, brüllt Rettmer heiser in die Nacht. Dann verstummt er und bleibt mit starrem Blick auf die Nordsee vor dem Geländer stehen.

Zehnmal oder auch öfter kreist der Lichtkegel über die beiden Männer auf dem Turm und über die ganze Insel hinweg. Thies kommt es wie eine Ewigkeit vor. Dann steigt Rettmer über das Geländer zurück auf den stählernen Aussichtsbalkon. Er wirft sich die Haare aus dem Gesicht und wischt sich die verschwitzten Hände an dem rotgefärbten Möwenschiss-Shirt ab.

»Komm, gehen wir«, sagt Thies knapp. Er wedelt kurz mit Teljes Handschellen. »Die können wir uns sparen, nä?«

36

Nach einer Nacht in den offiziellen Polizeihandschellen von Hauptkommissarin Nicole Stappenbek im Lesesessel des Hauses des Gastes wurde Raik Rettmer am nächsten Morgen mit der ersten Fähre aufs Festland und im Anschluss in die Untersuchungshaft in die Justizvollzugsanstalt nach Flensburg gebracht. Sogar die überregionale Boulevardpresse hatte den »Labskaus-Mord« in großen Buchstaben auf der ersten Seite.

Thies, Heike und die Zwillinge verbrachten im Anschluss doch noch ein paar unbeschwerte sonnige Strandtage. Um Heike aus dem Wellnesskeller herauszulocken, hatte Thies einen Strandkorb gemietet, und als kleinen Ersatz für die Kreuzfahrt hatte er die Familie mit einer abendlichen Bootspartie »Die Halligen bei Sonnenuntergang« überrascht.

Doch dann endeten die Sommerferien, wie sie begonnen hatten, mit einem Schock. Zurück in Fredenbüll machten die Zwillinge am letzten Ferientag an der heimatlichen Badestelle Neutönninger Siel eine grausame Entdeckung. Im müde auflaufenden Wasser vor der DLRG-Station dümpelte ein alter Bekannter. Telje hatte sofort den gelben Pullunder gesichtet. Ansonsten war von dem toten Horst Pohlmann nicht mehr viel zu erkennen. Die Stürme, die gefräßigen Vögel und das warme Wetter hatten dem Bauunternehmer übel zugesetzt. Nur die blau-gelben Rhomben der Socken hatten auch nach der ausgiebigen Wäsche ihre Farbechtheit bewiesen.

Durch den langen Aufenthalt im Wasser war es kaum möglich, Todeszeitpunkt und Ursache genau zu bestimmen. Hinweise auf eine unnatürliche Todesursache konnte die Gerichtsmedizin in Kiel allerdings nicht feststellen. Vermutlich war Horst Pohlmann an einem Herzinfarkt beim Wild-Golfen gestorben. Der Frage, wer den Bauunternehmer wann, warum und wohin verfrachtet hatte, wurde vonseiten der Polizei nicht weiter verfolgt.

Raik Rettmer wurde nach einem aufsehenerregenden Prozess zu einer mehrjährigen Haftstrafe verurteilt. Dass er die Investmentbankerin Inez Schulz über Bord geschubst hatte, konnte ihm jedoch nicht nachgewiesen werden. Die mit dem Gift des Petermännchens präparierten Krabbencocktails wurden als mehrfache Körperverletzung und »Körperverletzung mit Todesfolge« ausgelegt. Im Fall Hans-Rüdiger Jungius entschied die Erste Große Strafkammer des Flensburger Landgerichts dank seines gewieften Strafverteidigers auf »minderschweren Fall von Totschlag«. Seitdem sitzt Rettmer in der Justizvollzugsanstalt Hamburg-Fuhlsbüttel und bekommt reichlich Besuch. Ein großer Verlag hat den nordfriesischen Rebellen überredet, ein Buch über die Ereignisse zu schreiben. Schon während des Prozesses war er von einigen Zeitungen mit dem friesischen Volkshelden Pidder Lyng, der die damaligen dänischen Besatzer der Inseln ebenfalls in einem Kochtopf erstickt haben soll, verglichen worden. Auf Sightseeing-Touren über die Insel wird der ehemalige Hilfskoch bereits zum friesischen Freiheitskämpfer stilisiert und dabei aus der berühmten Pidder-Lyng-Ballade von Detlev von Liliencron zitiert. Bei guter Führung kann Rettmer nach zwei Dritteln der Strafe auf seine Freilassung hoffen. Die Tantiemen des geplanten Buches möchte er dann in seinen Strandkiosk investieren.

Die Tische in der »Kombüse« sind nach dem spektakulären Leichenfund jetzt Monate vorher ausgebucht. Statt der Immobilienrunde haben Happy Puttkammer und Nils Gerckens dort zusammen jetzt einen Ornithologen-Stammtisch eingerichtet. Bei den Immobilienbewertungen auf den Inseln hat nach den brutalen Morden allerdings eine deutliche Korrektur stattgefunden, wie der Senior von Jungius & Schacht es formuliert. Das Bauprojekt »Friesenpark am Watt« wurde daraufhin erst mal auf Eis gelegt. Aldo hat den Nord-Ostsee-Kanal nie wieder überquert und beschränkt sich bei seinen Kundenbesuchen auf das Hamburger Umland. Heike träumt von einer eigenen farbig leuchtenden Biosauna neben dem Heizungskeller. Und die Löffelente soll wohl »Vogel des Jahres« werden.

Die Stammbesetzung in »De Hidde Kist«, Wirtin Antje, Thies, Bounty und Postbote Klaas, wundern sich, dass Piet Paulsen zwischen zwei Bieren neuerdings Meditationspausen einlegt. Und dann soll es angeblich Pläne geben, auf der Schafswiese zwischen

Fredenbüll und Neutönninger Siel den ersten Golfplatz mit einem Fairway über mehrere Deiche anzulegen. Die Besetzung von Stehtisch Zwei ist skeptisch.

»Hör bloß auf«, krächzt Piet Paulsen. »Sport is Mord.«

»Kann ich bestätigen«, sagt Thies, »zumindest wat Golf betrifft.«

LESEPROBE

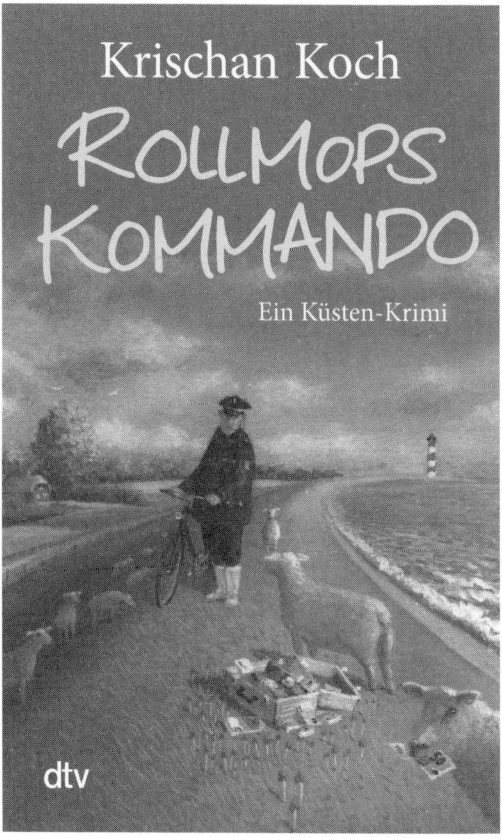

ISBN 978-3-423-21583-1

1

»Rollmops to go« steht handgeschrieben auf dem Klappschild vor »De Hidde Kist«. In diesem Sommer hat Antje in ihrem kleinen Stehimbiss an der Fredenbüller Dorfstraße die moderne Fischküche eingeführt. Die Rollmops-Burger mit der sauer-scharfen Spezialsoße nach Antjes Geheimrezept sind der Renner der Saison. Vor der Abfahrt der Fähren zu den Nordseeinseln stehen die Durchreisenden regelmäßig vor »De Hidde Kist« Schlange. Kürzlich war Antje mit ihrer Imbisskreation sogar in der Zeitung, im ›Nordfriesland Boten‹ und in der ›Landlust‹. Selbst der Imbisshund, Schäfermischling Susi, seit einer üblen Wurstvergiftung eigentlich überzeugter Vegetarier, hat kürzlich einen liegen gebliebenen Rollmops-Burger verputzt. Und neuerdings ordert Piet Paulsen, normalerweise auf »Putenschaschlik Hawaii« abonniert, zwischendurch mal die neue Spezialität.

»Antje, denn mach mir noch mal einen von deine Rollmöpse ›a gogo‹, oder wie die Dinger heißen.«

»Mensch, Piet …!« Postbote Klaas schüttelt den Kopf, stellt seine Briefträgertasche ab und zieht die Postjacke aus. »… *to go*!«

»Ja, ja«, krächzt Piet Paulsen, Landmaschinenvertreter im Ruhestand und einer der drei Stammgäste in

»De Hidde Kist«. »Für mich is dat 'ne reine Modeerscheinung.« Er wischt sich den Schaum seines ersten Bierchens von der Oberlippe und bleckt dabei die zu groß geratenen dritten Zähne.

»Läuft aber wie verrückt«, verkündet die vollschlanke Imbisswirtin enthusiastisch und zieht energisch den Frittierkorb mit einer Portion Pommes aus dem heißen Fett.

»Antje muss auch mit der Zeit gehen«, gibt Klaas zu bedenken.

»Ich weiß nich recht«, kräht Paulsen, »wat soll ich mit Kaffeebecher und Brötchen *draußen* rumlaufen, wenn ich hier ganz gemütlich mein Bier an Stehtisch Zwei trinken kann.«

»Hast auch wieder recht, Piet.« Die Imbisswirtin serviert Paulsen sein Rollmops-Brötchen auf einem Teller, den sie auf den Glastresen stellt. »Und für dich Klaas, wie immer? Ladde Macchiato mit wenig Milch?«

Klaas nickt und hängt die Postjacke an den Garderobenhaken. Von der Straße dringt ein lautes Motorengeräusch in den kleinen Imbiss. Der satt dröhnende Motorsound bringt die Scheiben der Imbissstube zum Wackeln. Schäfermischling Susi stellt die Ohren auf. Ein Saugnapf-Schild mit der Aufschrift »Sauerfleisch. Hausgemacht. 3.80 €« rutscht halb von der Scheibe und hängt jetzt nur noch an einem Saugnapf. Antje, Klaas, Piet Paulsen und Hündin Susi starren gebannt auf die Dorfstraße. Ein zerbeulter leerer Coffee-to-go-Becher wird von einer müden Nordseebrise klöternd über den Asphalt geweht. Die gläserne Eingangstür klappert im Rahmen. Das Motorengeräusch wird immer lauter, bis es sogar das Brutzeln der Fritteuse übertönt.

Ein riesiger zerbeulter alter Ford Granada stampft grollend die neblige Dorfstraße an dem Imbiss vorüber. Das Auto hat eine currygelbe Lackierung und ist mit rostigen Beulen übersät. Der Fahrer trägt Cowboyhut und eine Spiegelsonnenbrille. Auf der Rückbank sitzen zwei Indianer.

Piet Paulsen rutscht seine Gleitsichtbrille von der Nase. Klaas stiert mit offenem Mund nach draußen. Und Antje starrt, den fetttropfenden Frittierkorb in der Rechten, dem Auto hinterher.

»Wat sind dat denn für Pappnasen?«, krächzt Paulsen.

»D-d-dat waren Indianer«, stammelt Antje.

»Halloween, oder wat?« Klaas wischt sich ein paar Schweißperlen von der Stirn.

»Eigentlich 'n büschen früh«, überlegt die Imbisswirtin. »Und Karneval ham wir in Fredenbüll auch nich. Bisher.«

Das Sauerfleisch-Saugnapfschild pendelt noch einmal hin und her, dann fällt es scheppernd zu Boden. Susi jault kurz auf. Der große Minutenzeiger der Uhr mit dem altmodischen runden roten Sinalco-Logo, die schon immer über der Eingangstür hängt, springt auf fünf vor zwölf. Piet Paulsen schiebt die schwere Brille auf die Nase zurück. Danach verliert sich das Motordonnern hinter dem Ortsausgang Richtung Schlütthörn.

2

Bounty traut seinen Augen nicht. Neben einem satten Placken getrockneter Schafscheiße mitten in einem üppigen Büschel Spitzkegeliger Kahlköpfe lugt ein Stück Leder oder Plastik hervor. Was ist das? Es sieht aus wie der Griff einer Aktentasche oder eines Koffers, der hier am Rande der großen Weide des Biohofes unter dem Deich vergraben ist.

Zuerst hatte Bounty nur die Pilze entdeckt. Er muss diese Prachtexemplare des Spitzkegeligen Kahlkopfs, diesen kleinen Pilzdschungel nur sehen, schon schießt ihm ein in den schönsten Farben leuchtender Regenbogen durch den Kopf. Wenn die Tage schon wieder etwas kürzer werden und bei Sonnenaufgang der Nebel über den weiten Marschwiesen und Deichen liegt, macht sich der Fredenbüller Althippie regelmäßig auf Pilzsuche. Dabei hat Bounty keine Wiesenchampignons im Blick, die nimmt er sozusagen als Beifang für eine abendliche Pilzpfanne mit. Der einzig übrig gebliebene Bewohner der früheren Landkommune ist auf der Suche nach dem Spitzkegeligen Kahlkopf, dessen halluzinogene Eigenschaften ihm mit einigen bunten Abenden über den bevorstehenden grauen Herbst helfen sollen.

Auf der großen Schafweide des Biohofs Brodersen

gedeiht der Zauberpilz besonders üppig. Der Kahlkopf mag keine Gülle, er liebt natürliche Dungablagerungen und das salzige Klima. Ein echter Nordfriese, sagt Bounty immer, und vor allem hundert Prozent Bio. Irgendwie findet er sich in dem champignonartigen, langstieligen Pilz mit dem fingernagelgroßen ockerfarbigen Hut wieder. Der Althippie und Leadgitarrist der Fredenbüller Band »Stormy Weather« hat sich über die Jahre zum echten Pilzexperten entwickelt.

Man muss schon aufpassen, dass man den »Spitzkegeligen Kahlkopf« nicht mit dem »Kegeligen Düngerling« oder dem »Halbkugeligen Träuschling« verwechselt. Die seidig glänzende Hutoberfläche und der flockig genatterte faserschuppige Stiel sind ähnlich. In der Wirkung allerdings gibt es dann doch unverkennbare Unterschiede. Während der Träuschling bestenfalls für eine zünftige Magenverstimmung taugt, sorgt der Kahlkopf dank der enthaltenen Wirkstoffe Psilocybin und Baecocystin bei geringer Dosis für Rauschzustände, bei mittlerer für Halluzinationen und bei hoher Dosis für verzerrte Wahrnehmung, Gleichgewichtsprobleme und Orientierungslosigkeit. Bereits in den späten Siebzigern hatte Charly Krotke, Bountys WG-Genosse aus der Landkommune, nach einer ausgiebigen Pilzparty gleich alles auf einmal erlebt. Vom Deich aus hatte er Störtebeker zusammen mit Jimi Hendrix auf einem Dreimaster die Nordseeküste vor Neutönninger Siel vorbeisegeln sehen, ›The Wind Cries Mary‹ intonierend. Danach war er statt in seinem Bett versehentlich in der damals neuen Waschanlage der Schlütthörner Tankstelle gelandet, hatte dort das Gleichgewicht verloren und war in die meterhohen blau leuchtenden Bürsten gesackt.

Die Vorgänge in der berüchtigten Landkommune in der alten Kate mit dem hohen Heuboden waren damals von der einheimischen Dorfbevölkerung mit wachem Interesse verfolgt worden. Allerdings hatte sich die Kommune schon nach kurzer Zeit wieder aufgelöst, und die einzelnen Mitglieder zerstreuten sich in alle Winde. Sie waren Lehrer, Heilpraktiker oder Verwaltungsangestellte geworden, was ehemalige Hippies eben so werden. Nur Bounty ist übrig geblieben. Das Haar ist inzwischen dünner geworden und gibt nur noch einen mickrigen grauen Pferdeschwanz her. Aber er trägt noch immer eine blau-weiß gestreifte Latzhose. Er lebt zufrieden mit seiner Ziege Jimi, benannt nach seinem musikalischen Vorbild Jimi Hendrix, in der alten Kate und ist inzwischen in die Fredenbüller Dorfgemeinschaft integriert. Regelmäßig holt er sich in der »Hidden Kist« die von ihm heiß geliebten Schokoriegel mit Kokosfüllung oder guckt mit der Stammbesetzung an Stehtisch Zwei am Samstag Bundesliga.

»Geil«, summt Bounty vor sich hin und durchtrennt mit dem mitgebrachten Küchenmesser die ganze Pilzkolonie an den cremefarbenen Stielen direkt über dem feuchten Boden. Er schüttelt einen Rest getrockneter Schafscheiße aus den Pilzen und lässt sie in einem alten Stoffbeutel verschwinden. Dabei fällt sein Blick wieder auf diesen seltsamen Griff, der aus dem Boden herausschaut. Er kratzt ein bisschen an ihm herum, aber mit dem schmalen Küchenmesser bekommt er den feuchten schweren Marschboden kaum gelockert. Kein Zweifel, hier ist etwas vergraben worden. Nicht erst kürzlich, sondern vor langer Zeit. In Bounty erwacht der Schatzsucher. Immer hektischer sticht er mit dem Messer in die Erde. Dann nimmt er die Hände zu Hilfe und versucht, die feste Erde wegzukratzen. Der Griff liegt jetzt frei, und darunter kommt silbernes Metall zum Vorschein. Es sieht aus wie ein Alukoffer. Ein fetter Regenwurm räkelt sich müde über das Aluminium. Bounty zieht und zerrt an dem Griff, aber der Koffer ist wie festgebacken in der klebrigen Erde. Er hält kurz inne. Was macht er hier eigentlich? Was soll schon in dem Koffer sein? Aber er kann nicht anders, er muss weitergraben. Wie ein Hund scharrt er in der Erde. Die feuchte körnige Erde drückt sich unter seine Fingernägel.

Der Nebel liegt immer noch milchig über den Wiesen. An einem hellen Fleck lässt sich die Sonne nur erahnen. Aus der Ferne durchschneidet das lang gezogene Signal der Nord-Ostsee-Bahn die Stille. Mehrere müde über den Deich trottende Schafe ragen aus den Nebelschwaden heraus. Sonst ist weit und breit niemand in Sicht. Bounty überlegt kurz, ob er schnell einen Spaten holen soll. Aber dann gräbt er mit Händen und Küchenmesser weiter. Er hat keine Ahnung, wie lange er hier schon buddelt, er hat jedes Zeitgefühl verloren. Und dann lässt sich der Koffer auf einmal ein bisschen bewegen. Bounty zieht mit aller Kraft an dem Koffergriff, bis es plötzlich keinen Widerstand mehr gibt. Mit dem Koffer in der Hand fliegt er rücklings in die feuchte Wiese. Zwei Eiderenten ziehen schnatternd über ihn hinweg Richtung Inseln.

Mühsam rappelt Bounty sich wieder auf und betrachtet seine über und über mit Erde verschmierte Beute. Er wischt den gröbsten Dreck vom Metall und kratzt die beiden Kofferschlösser mit dem Messer frei. Das erste Schloss springt dabei wie von selbst auf, das zweite lässt sich erst nach einer Weile knirschend öffnen. Er stellt den Metallkoffer ins Gras und klappt ihn auf. Zwei prall gefüllte Plastiktüten kommen zum Vorschein, deren Inhalt deutlich zu erkennen ist. Bounty schießt das Blut in den Kopf. Ihm ist, als hätte er bereits eine gute Dosis Spitzkegeligen Kahlkopf intus. Der Alukoffer ist randvoll mit Banknoten gefüllt.

Bounty zieht eine der Plastiktüten aus dem Koffer. Mit zittrigen Fingern nimmt er ein Geldbündel aus der Tüte. Es sind 50-Dollar-Noten. Mit seinem erdverschmierten Daumen blättert er einmal durch die Scheine. Er fummelt ein zweites Geldbündel aus der Tüte und hält jetzt 100-Dollar-Scheine in der Hand, die auf der Vorderseite einen Typ mit Stirnglatze und langen Haaren zeigen. »Is ja geil«, murmelt Bounty. Er hat so einen Schein zwar noch nie gesehen, und diesen Typen mit der Matte auch nicht. Lincoln oder Washington sind das nicht, aber irgendein Präsident wird es schon sein.

Die Banknoten in der zweiten Tüte sind eindeutig keine Dollar, überhaupt keine Währung, die er kennt.

Auf den grünen Scheinen steht eine dicke Fünfzig und daneben das Bild eines Waldschrats, auf der Rückseite eine Eule und Sterne. Die Nebelschwaden ziehen über die Wiese. Von der Bundesstraße ist ganz plötzlich ein auffälliges Motorengeräusch zu hören. Ein satter hämmernder Sound. Kein Trecker. Es klingt eher wie ein amerikanischer Straßenkreuzer. Das ist kein Auto aus Fredenbüll. Verschwommen sieht der Althippie einen currygelben Riesenschlitten durch den Nebel schimmern. Er meint unverbrannntes Benzin riechen zu können. Dann verliert sich das unheimliche Grollen hinter dem Deich Richtung Nordsee.

Ohne sich die Scheine näher anzusehen, verstaut Bounty beide Tüten wieder in dem Koffer und verschließt ihn. Ihm wird schwindelig, doch dann hat er sich sofort wieder gefangen. Er überlegt kurz, ob er den Koffer gleich wieder vergraben soll. Oder soll er in der Wache bei Thies Detlefsen vorbeifahren und den Koffer bei dem Fredenbüller Dorfpolizisten abgeben? Aber dann entscheidet er sich anders. Detlefsen trinkt um diese Uhrzeit vermutlich sowieso grad seinen Kaffee in »De Hidde Kist«. Und im Imbiss kann er mit dem Geldkoffer ja schlecht aufkreuzen. So ein Koffer voller Banknoten fordert ein gewisses Maß an Diskretion. So schlurft Bounty mit dem Beutel voller Pilze und dem dreckigen Koffer über die Biowiese zu seiner alten Zündapp-Zweigang. Er schnallt den Koffer auf seinen Gepäckträger, tritt das Moped an und fährt nach Hause. Nur ganz kurz durchfährt ihn dabei der Gedanke, dass dies möglicherweise ein Fehler sein könnte.

3

Thies Detlefsen sitzt am Schreibtisch in seiner kleinen Wache in dem Backsteinbau neben der Freiwilligen Feuerwehr. Nach dem nebligen Morgen verspricht es noch mal ein sonniger, warmer Spätsommertag zu werden. Die Mittagssonne bringt die bereits leicht verfärbten Blätter der Kastanien an der Dorfstraße zum Leuchten. In den Vorgärten strahlen rot und violett die ersten Herbstastern. Eben war Postbote Klaas mit noch prall gefüllter Posttasche wie immer um diese Zeit in Richtung »Hidde Kist« geradelt und hatte zu ihm herübergegrüßt. Oma Ahlbeck, die Mutter des Supermarktbesitzers und Fredenbüller Bürgermeisters, hat gerade den Friseursalon »Alexandra« verlassen und besteigt mit neuer Betondauerwelle und einem Einkaufstrolley den Postbus ins benachbarte Schlütthörn.

Auch Polizeiobermeister Thies Detlefsen ist voller Tatendrang. Nur das Problem ist: Es gibt nichts zu tun. Thies wartet mal wieder verzweifelt auf neue Straftaten. Der Schreibtisch ist penibel aufgeräumt. Auf der abgestoßenen grünen Linoleumplatte liegt keine einzige Akte, nur ein amtliches Schreiben mit der neuesten, äußerst dürftigen Kriminalitätsstatistik von Fredenbüll. Daneben stehen die alte Schreibmaschine

Marke »Olympia« und ein mehrfarbiges Kugelschreiberset der Nordfriesischen Raiffeisenbank.

Traurig blickt Thies auf das verblichene Fahndungsplakat der drei flüchtigen Bankräuber Besnik Sinsic, Hans-Rüdiger Zaczyk und Torben Voss, die nun schon seit Jahren höhnisch von der Wand grinsen. Das Trio hatte vor längerer Zeit mit einer Serie von Überfällen mit Geiselnahme und mehreren Toten eine blutige Spur durch die hessische Provinz gelegt. Die Hoffnung, dass Sinsic und seine Komplizen noch den Weg nach Nordfriesland finden, hat Thies längst aufgegeben. Das alte Fahndungsplakat kann ich langsam mal abhängen, denkt sich Thies.

In Fredenbüll ist wieder Ruhe und Ordnung eingekehrt. Leider! Die spektakulären Mordfälle, die das kleine nordfriesische Örtchen in Aufruhr versetzt hatten, sind über zwei Jahre her, und dass der tote Bauunternehmer Pohlmann an der Badestelle in Neutönninger Siel angespült wurde, ist auch fast vergessen. Die kleine Zelle mit der schmalen Liege aus der Zeit, als Thies' Kollege Knut Boyksen noch Revierleiter war und Kiel noch Geld hatte, war über die Jahre ungenutzt geblieben. Alles ist immer noch wie neu. Nur die Klospülung tropft inzwischen.

Mit sorgenvoller Miene studiert Thies zum wiederholten Mal die Kriminalitätsstatistik. Die Zahlen des letzten Jahres sind wirklich alarmierend. Thies hatte lediglich einen Fahrradunfall mit Beteiligung eines Bioschafes auf dem neuen Radweg nach Neutönninger Siel vorzuweisen, jede Menge Strafmandate wegen

Falschparkens am Deich und natürlich die obligatorischen Geschwindigkeitsüberschreitungen auf der Bundesstraße nach Schlütthörn: Nordseeurlauber und ein paarmal der Schimmelreiter, der wie bei Theodor Storm ebenfalls Hauke heißt und nachts in seinem perlmuttmetallicweißen Ford Mustang, Baujahr 1978, den Deich am Koog entlangfegt. Doch bei Straftaten herrscht absolute Ebbe. Was ist nur los mit den Fredenbüllern? Hundertprozentiger Rückgang bei den Tötungsdelikten. Dass es bei den Körperverletzungen lediglich achtzig Prozent sind, ist nur einer kleinen Rempelei beim letzten Schützenfest zu verdanken. Den Diebstahl einer Großpackung Grillkohle aus dem Edeka-Markt durch zwei Jugendliche aus dem Ort hatte Filialleiter und Bürgermeister Hans-Jürgen Ahlbeck leider gar nicht erst zur Anzeige gebracht. Treckerlärm vom Biohof und Jauchemief aus der Geflügelhalle zählten auch nicht zu den Offizialdelikten. Die wiederholten Beschwerden des Eppendorfer HNO-Professors Müller-Siemsen und seiner Gattin, die außerhalb von Fredenbüll ein proper renoviertes historisches Reetdachhaus besitzen, finden in keiner Statistik ihren Niederschlag. Und auch das Lieblingsprojekt von Bürgermeister Hans-Jürgen Ahlbeck – »Fredenbüll soll Luftkurort werden« – verspricht keinen Aufschwung der Kriminalität. Kürzlich hatte Thies Besuch von einem Beamten der Polizeidirektion Flensburg bekommen. Der arrogante Schlaumeier aus der Stadt hatte da schon wieder so verdächtige Äußerungen gemacht. Flensburg erwäge eine Schließung der Polizeinebenstelle in Fredenbüll, und Thies solle sich schon mal auf eine mögliche Versetzung einstellen. Die Vorstellung, nach Bredstedt oder sogar ins anonyme Husum versetzt zu werden, ist für ihn der blanke Horror.

In Thies' sorgenvollen Blick mischt sich Panik, und er bekommt seinen Kuhblick. Thies sieht ja eigentlich gut aus in seiner knapp sitzenden Polizeiuniform, besonders seit er die neue Frisur aus dem Salon »Alexandra« hat. Nach der tragischen Verletzung seines Lieblingsspielers vor der letzten WM hat ihm Friseurmeisterin Alexandra, assistiert von Lehrling Janine, statt des kleinen blonden Strubbelspoilers vorne jetzt eine Marco-Reus-Bürste verpasst, als Akt mitfühlender Solidarität sozusagen. Ein großes Foto der Frisur hängt seit einem halben Jahr auch im Schaufenster des Salons. Auf den Grillfesten kommt der neue Schnitt bei der Fredenbüller Damenwelt bestens an. »Irgendwie schnittig«, findet sogar Thies' Frau Heike. Aber wenn Thies panisch wird oder ein Bierchen zu viel intus hat, bekommt er eben immer diesen leichten Kuhblick, der nicht so recht zu der modernen neuen Frisur passt.

Thies' düstere Gedanken werden plötzlich von einem dumpf grollenden Motorengeräusch unterbrochen. Und das während der Mittagsruhe, denkt sich Thies empört. Wahrscheinlich wieder der Schimmelreiter. Aber der Motor klingt irgendwie tiefer, bedrohlicher. Das Grollen wird lauter.